张萍 编著

现代化
长株潭大都市圈

MODERN
CHANG-ZHU-TAN
METROPOLITAN
REGION

社会科学文献出版社
SOCIAL SCIENCES ACADEMIC PRESS (CHINA)

导　论

长株潭作为"一带一路"重要节点、"一带一路"的核心区域以及长江经济带发展的腹地，以占湖南省 1/7 的面积、1/3 的人口，创造了全省 40% 以上的经济总量、70% 以上的科技成果，成为创新引领、开放崛起的重要引擎。

长株潭发展的定型目标和发展模式是什么？第一次提出是 2001 年，2001 年我写了对长株潭发展的一个阶段性总结——《历史回顾与展望——长株潭经济一体化的由来曲折和发展新阶段》。长株潭 1982 年被提出，1984 年进入省委决策，1985 年成立长株潭规划办公室，经过三年的运作和初步试验取得显著成效，并总结为《长株潭经济区规划办公室 1986 年工作总结报告》。但由于湖南是一个农业大省，社会对提高长株潭的地位不能形成社会共识。

1994 年 10 月，中共湖南省代表大会期间，长株潭三市市委书记聚集在一起，共同认为湖南经济的发展从区域经济的角度说，关键是要发挥长株潭这个城市群体的带动作用和辐射作用，作好长株潭经济一体化这篇大文章。如何启动？会后长沙市委书记邀我商议。我认为靠个人意见、写报告无济于事，要靠集体，靠集体权威性的意见表达和诉求。

1996 年 11 月，长株潭三市市委、市政府和湖南省社会科学院联合，在株洲召开了"长株潭经济区研讨会"。参加会议的有三市市委、市政府主要领导，省直各部门负责人和专家学者 86 人。

研讨会引起了省委决策者的重视，1997 年 3 月，湖南省委、省政府主要领导主持召开了"长株潭座谈会"，参加会议的有三市党政的主要负责人和省直有关部门的领导。会议否定了 1995 年开始实施的"一点一线"区域经济带战略。要进一步突出长株潭的作用，把长株潭建成湖南发展的核心增长极、现代化网状城市群。

1998 年 7 月，成立了以省委副书记为组长的长株潭经济一体化协调领导小组，办公室设在省计委。并确定按"总体规划启动，基础设施先行"的思路和指导思想，由省计划委员会牵头组织省直各有关部门编制推进长株潭经济一体化的交通、电力、金融、信息和环保等五项网络规划。1999 年 2 月，召开专题座谈会讨论研究后决定付诸实施。2001 年，五项网络规划的实施取得显著成效。长株潭的影响力逐渐扩大，发展空间不断拓展，发展条件也越来越好。

长株潭经济一体化发展步入新阶段。新阶段发展的前景，也就是定型目标和发展模式是什么？通过对几种可能的比较分析，发现采用大都市区样式为好。大都市，即一个城市密集区，各个城市对所辖区域行使的行政管理权是独立的。相互之间的联系，如基础设施建设（如交通）、基本公共服务、环境保护治理、社会安全保障、社会保险转移等实现同城化。长株潭实施的五项网络规划是基础性的同城化,之后又获批国家资源节约型和环境友好型社会综合配套改革试验区,获批国家自主创新示范区,中信部批复关于长株潭创建"中国制造2025"试点示范城市群,等等。2016年,由张萍主编,史永铭、胡亚文副主编,出版了《长株潭一体化三十五年文献选编》,它是一体化、同城化走过三十五年实路的历史记录,说明长株潭大都市圈已经形成。在产业一体化发展上实施差别化、特色化战略。长沙是工程机械之都,长沙是从这里推进、从制造之都向智造之城转型的。2019年长沙工程机械产业集群实现工业总产值1639亿元,其混凝土机械产品占全球产量的80%。株洲是中国动力之谷,是全球最大的轨道交通装备研发制造基地。轨道交通产业产值2015年也达到1250亿元。打造两个世界级产业群,发展空间达一个小时通勤圈。

2019年2月,《国家发展改革委关于培育发展现代化都市圈的指导意见》(以下简称《指导意见》)发布。对应《指导意见》,长株潭已具备发展现代化大都市圈的条件。2019年6月始,我对此作系统研究。

2020年2月12日,我完成并提交了《关于发展现代化长株潭大都市圈的建议报告》。2020年2月19日,省委书记杜家毫对该建议报告作了肯定性批示,并批示由省长株潭服务中心承担推动和落实的责任。

张　萍

2020年2月12日

目 录
CONTENTS

加快发展现代化长株潭大都市圈的历史进程

第一编 头部——长沙

第二编　大城——株洲

第三编　不可或缺——湘潭

第四编　从区层看发展

第五编　圈　层

附　录

关于发展现代化长株潭
大都市圈的建议报告

——打造升级版长株潭中部崛起新高地

2019 年 2 月，《国家发展改革委关于培育发展现代化都市圈的指导意见》指出：以促进中心城市与周边城市（镇）同城化发展为方向，以推动统一市场建设、基础设施一体高效、公共服务共建共享、产业专业化分工协作、生态环境共保共治等为重点，培育发展一批现代化都市圈。

长株潭完全有条件有基础构建都市圈。

一 长株潭已形成大都市区

长株潭是沿湘江中下游呈"品"字形分布的城市群体，实际上是一个城市综合体。经过 30 多年一体化的推进，已实现公交同城、电力同网、信息同享、金融同城、环境同治、公共服务共担、社保同城转移、城市安全共管等，已形成大都市区。

二　拓展长株潭大都市圈

现在推行的一体化限于三个大城市，客观上围绕三个城市存在一个圈层。东向醴陵市，位于三市的东部，距离长沙市45公里，浙赣铁路干线，醴茶、醴浏地方铁路线，以及106和302公路干道在此交会，沟通湘赣的重要水道——湘江支流渌江穿过市区。醴陵市是湘东重要的交通枢纽和物流集散地，也是连接湘赣两省的枢纽城市，是湘东的物资集散中心。西向湘乡市，湘黔铁路和302干道由此通过，是以冶金、建材、食品工业为主的工业城市。北向宁乡市，位于三市的北部，距长沙市42公里，是长常公路的咽喉，与湘东地区、洞庭湖腹地以及湘西区域之间的交通都较便捷，是以机械、轻工、食品加工业为主的工业城市。

三　实施区圈同城化，打造升级版长株潭中国城市新高地

长株潭三市按已形成的城市同城化机制拓展到圈层城市，形成以醴、湘、宁为支点，相关县城和建制镇为环节的大都市圈层。

2018年长沙市GDP为11003亿元、株洲市GDP为2631亿元、湘潭市GDP为2161亿元，长株潭合计为15795亿元。圈层宁乡市GDP为122.2亿元、醴陵市GDP为590亿元、湘乡市GDP为448亿元，三市合计GDP为1160.2亿元。两者相加为16955.2亿元，远高于武汉市（14847亿元）、南京市（12820亿元），接近重庆市（20303亿元），已步入中国大都市

高地。

四　全面推进制造智能化形成、世界级智造产业集群加速现代化

1. 长沙

长沙是工程机械之都，长沙正是从这里推进、从制造之都向智造之城转型的。2019 年，三一重工是全球第一个应用 5G 技术在千里之外遥控挖矿的，其 18 号车间已经成为亚洲最大的智能车间、"最聪明的工厂"，其混凝土机械产品占全球产量的 80%，大直径全断面硬岩隧道掘进机产量占全球市场的 67%，起重机械、挖掘机产量居中国第一。同时发展相关产业，形成产业集群。长沙正在把工程机械，打造成世界级的先进产业集群，向全球产业链中高端迈进。2019 年，长沙工程机械产业集群实现工业总产值 1639 亿元。长沙市现有智能制造试点企业 668 家，国家试点企业和新模式应用专项项目 27 家（个），居全国省会城市第一位。2015 年 7 月，长沙率先发布智能制造三年行动计划。

抢占产业制高点，形成智能制造引领制造业高质量发展的新格局。人工智能、机器人、大数据、物联网等在长沙蓬勃发展。长沙智能制造装备产业获批国家首批战略性新兴产业集群。

2. 株洲

1949 年株洲由湘潭县所辖，是面积只有 0.5 平方公里的小镇。1951 年 5 月，从湘潭县划出成为县级市。1956 年 3 月升为

地级市。1936年粤汉铁路开通。新中国成立初期，株洲被确定为国家首批重点建设的8个工业城市之一。"一五""二五"计划时期，国家安排多个重点项目在此兴建。株洲电力机车出口份额居全球第一，国内中心航空发动机市场占有率达90%以上，自主产品混合动力公共汽车市场占有率全国领先。2015年，株洲市主导性产业——轨道交通产业产值突破千亿元大关，达到1250亿元。

近年来，湖南以智能制造为主攻方向，推进制造强省建设。中车株机的"横向架智能制造"，成为我国轨道交通智能制造新模式，实现了先进轨道交通装备产品全流程的智能化。株洲成为全球最大的轨道交通装备研发制造基地，电力机车产品占全球市场的份额超过20%，居世界第一位。

中车株机，以公司本部为中心，在广州、南宁、昆明、武汉、洛阳、宁波、乌鲁木齐等地建了生产基地或分公司，辐射全国。并先后在土耳其、南非、马来西亚等地建立生产基地，并实现在地生产，在亚洲、欧洲、非洲、大洋洲、南美洲获得订单，走国际化道路。

株洲在位于长株潭中心点的云龙示范区设立中国移动（湖南）大数据中心，项目一期投入运营，阿里、腾讯、百度、华为、浪潮等服务商也已签约进驻，株洲政务云、株洲警务雪亮云、株洲三合道科技公司也已开通运营。

3. 湘潭

湘潭"制造谷"与中科院科技政策与管理科学研究所共同编制了《湘潭高新区"制造谷"产业发展规划（2017－2025）》，

设计了"3+1"主导产业体系和19个子领域。选择机器人作为发展的主导产业，引进了国内机器人龙头企业新松机器人，投资120亿元，打造机器人产业园，分三期建设，其中一期规划建设"一平台四基地"。"一平台"，即智能产业服务平台；"四基地"，即机器人产业研发创新基地、机器人装备及零部件生产基地、工业4.0产业基地和机器人健康产业生产基地。整个项目计划用5~8年时间，以湘潭为核心，立足长株潭，辐射华中地区，形成以机器人产业创新研发生产应用为基础的智能制造聚集高地。现已有10家企业申请入园。

纵观长株潭主导性产业发展历程，可以作这样一个概括：大力发展新动能，做到智能产业化、产业智能化，制造转型为智造。这是产业高质量发展之路、基本之路。

五　建设新型长株潭智慧城市群

2016年4月19日，习近平总书记在网络安全和信息化工作座谈会上强调，"要以信息化推进国家治理体系和治理能力现代化，统筹发展电子政务，构建一体化在线服务平台，分级分类推进新型智慧城市建设"。

建设新型智慧城市就是集成运用大数据、云计算、物联网、移动互联网等新一代信息技术，并使之与城市规划、建设、管理、运行融合，是智慧化的新模式。

目前三市内各个部门之间、三市行政区之间均存在信息壁垒。建设智慧长株潭，各市首先要打破本市各部门之间的壁垒，形成统一的信息资源平台，实现信息互联互通、信息资源共享与合作利用。其次，三市要相互开放信息资源，形成城市群统一的信息资源平台，做到公共安全、交通、医疗卫生、文化教育、环境监测、信用、社保产业、地理气候等领域信息互联互通、数据资源共享和协同利用、引领和带动，以实现长株潭全面一体化、同城化。发展空间达一个小时通勤圈。

张　萍

2020 年 2 月 12 日

加快发展现代化长株潭大都市圈的历史进程

第一编

头部——长沙

奋力推进高质量发展，
全面建设现代化长沙

2019 年是新中国成立 70 周年。在党中央坚强领导下，中华民族迎来了从站起来、富起来到强起来的伟大飞跃。长沙作为一方红色热土、一座英雄城市，始终与祖国共奋进、与时代同步伐，实现了从贫困落后走向繁荣振兴、从封闭保守走向开放创新、从温饱不足走向全面小康的历史性跨越。

党的十八大以来，在以习近平同志为核心的党中央坚强领导下，我们坚持以习近平新时代中国特色社会主义思想为指引，深入贯彻习近平总书记对湖南工作重要讲话指示精神，扎实推动党中央各项决策部署落地生根，加快实施创新引领开放崛起战略，建设富饶美丽幸福新湖南，奋力推进高质量发展，全面建设现代化长沙，星城大地呈现欣欣向荣的景象。

踏着老一辈英勇奋斗的足迹，承接七十载砥砺奋进的步履，我们已站到新的历史起点。面向未来，我们将高举习近平新时代中国特色社会主义思想伟大旗帜，乘着"不忘初心、牢记使命"主题教育的东风，继续沿着习近平总书记指引的方向，扬帆新征程，奋进新时代。

坚守忠心，坚持党的领导，坚定信仰信念。坚持和完善党的领导，是党和国家的根本所在、命脉所在，是人民群众的利益所在、幸福所在。进入新时代，我们将强化理论武装，学习贯彻习近平新时代中国特色社会主义思想、党的十九大精神和习近平总书记对湖南工作重要讲话指示精神，进一步在融会贯通、学以致用、解决问题上下功夫；强化党性锤炼，部署开展"不忘初心、牢记使命"主题教育，引导党员干部锤炼忠诚干净担当的政治品格；强化工作落实，坚持把"两个维护"作为最高政治准则和根本政治规矩，增进理性认同和情感认同，增强维护定力和维护能力，全面贯彻落实党中央和省委各项决策部署，确保政令畅通、令行禁止。

秉持恒心，践行新发展理念，推进高质量发展。以新发展理念为引领，深化供给侧结构性改革，打好"三大攻坚战"，推动质量变革、效益变革、动力变革，坚定不移推进高质量发展，不断提升城市竞争力和影响力。以制造业高质量发展为主引擎，贯彻落实习近平总书记在推动中部地区崛起工作座谈会上的重要讲话精神，把推动制造业高质量发展放在经济工作首位，促进产业链建设和融合发展，提升制造业发展能级、竞争优势和综合实力，把工程机械培育成世界级产业集群，将长沙打造成国家智能制造中心；以改革创新为主动力，发扬"心忧天下、敢为人先"的长沙精神，用好用活改革关键一招和创新第一动力，聚集国内外创新资源，持续推进长株潭城市群一体化发展，高质量地建设湖南湘江新区、国家自主创新示范区和岳麓山国家大学科技城、马栏山视频文创产业园等重点片区；

以优化营商环境为主抓手，以便利化、可预期为目标，围绕构建营商环境评价体系、考核体系和工作推进体系，在流程再造、效能革命、权益维护、承诺兑现四个方面下功夫，形成"尊重企业家、优待投资者、服务纳税人"的良好氛围。

顺应民心，关切群众期待，增进民生福祉。聚焦"人民对美好生活的向往"，自觉把习近平总书记以人民为中心的思想植根心底、见诸行动。尊重群众意愿，坚持人民主体地位，充分发扬人民民主，在精准扶贫、乡村振兴、生态环境保护、基层社会治理、城市有机更新等方面，广泛汇集民情、听取民意、集中民智，从群众中汲取无穷的智慧和力量；纾解群众困难，时刻心系老百姓安危冷暖，从解决读书、看病、停车、买菜、养老等操心事、烦心事做起，持续用力，久久为功，让幸福在家门口升级；做实群众工作，树牢唯实求真的精神，锤炼全面过硬的本领，拿出担当作为的行动，不断推进社会治理智能化、精细化、专业化，形成全民共建共享新格局。

下定决心，全面从严治党，构建良好生态。全面从严治党永远在路上。我们将以党的政治建设为统领，推进全面从严治党向纵深发展，稳固风清气正的良好政治生态。始终把纪律规矩挺在前面，进一步严肃党内政治生活，严守党内政治规矩，严格按党性原则、政策法规、制度程序办事，让守纪律、讲规矩成为长沙党员干部的政治操守和行动自觉；着力把作风建设变为常态，坚持真管真严、敢管敢严、长管长严，坚决纠正"四风"特别是形式主义、官僚主义，重点整治违规收送红包礼金等问题，推动形成清廉政风、清白家风、清纯民风；坚决把惩治腐败推向深入，坚持力度不减、节奏不变、尺度不松，坚持无禁区、全覆盖、零容忍，坚持重遏制、强高压、长震慑，形成不敢腐、不能腐、不想腐的有效机制，巩固和发展反腐败斗争压倒性胜利态势。

我欲因之梦寥廓，芙蓉国里尽朝晖。踏上新的征程，让我们紧密团结在以习近平同志为核心的党中央周围，在湖南省委坚强领导下，不忘初心、牢记使命，担当作为、团结奋斗，谱写推进高质量发展、建设现代化长沙的绚丽篇章！

（中共长沙市委书记胡衡华，
长沙市人民政府市长胡忠雄）
2019 年 9 月 25 日

"三位一体"的长沙经开区样本

两年前，长沙经开区提出"率先打造国家智能制造示范区，率先建设 5000 亿国家级园区"的目标，决定将园区推上更高的发展层次。

要怎样推进高质量发展？长沙经开区的主要负责人认为，要实现质量变革、效率变革、动力变革。

这些变革从哪里来？必须主动融入新一轮科技革命和产业革命，工业经济向数字化、网络化、智能化阶段攀升已经成为不可阻挡的时代潮流。

为此，长沙经开区将发展的思路厘清到三个维度上——智能制造、智慧园区、工业互联网，以"三位一体"的方式推进园区的整体提质增效，最终实现园区产业升级、政务服务、企业发展的智能化。

1. 数字化、智能化转型大闯关

经过 20 余年快速发展，长沙经开区已经成长为全省工业重镇，技工贸总收入超过 3500 亿元，年工业产值超过 2310 亿元。

但随着世界经济发展的不确定性增加，以及园区整体进入工业化后期，传统资源要素成本开始走高，园区"两主一特"产业面临的不确定性风险增加，经济增长下行的压力越来越大，潜在增长动力下降。

产业处在转换增长动力的特殊阶段，园区的决策层将"三位一体"作为园区动能转换的核心抓手：让智能制造"立起来"，智慧园区"用起来"，工业互联网"联起来"。

以"智能制造"为园区抓产业工作的"牛鼻子"；智慧园区成为各项业务开展的核心载体，提升服务效能；再让工业互联网成为园区人、机、物互联的基础设施，发挥各类要素基础联接作用。

就长沙经开区的角度而言，"三位一体"工作机制本质上是从智能制造、智慧园区、工业互联网三个维度来推进园区正在经历的一场数字化、智能化转型大闯关。

为此，长沙经开区引进中国信息通信研究院、苏州工业园智慧园区团队、树根互联技术有限公司（简称树根互联）三大机构协同作战，使之成为推动园区智能制造、打造智慧园区和工业互联网平台的强大助力。

其中，中国信息通信研究院从智能制造顶层设计、技术标准导入等方面为园区提供权威、专业指导，负责制定长沙经开区智能制造发展规划，明确阶段发展目标，形成各方认可的工作思路，编制可落地实施的工作计划，设计切实有效的工作机制，并不断滚动优化和完善。苏州工业园智慧园区团队按照苏州工业园区的成功模式，推动长沙经开区政务上"云"，打造"互联网＋公共服务"模范区，为智慧园区信息化建设提供路线图，助其实现跨越式发展。树根互联在长沙经开区建设全国领先的工业互联网云平台，为园区企业提供智能制造转型升级服务，推动形成智能制造和工业互联网产业生态。

2. 国家智库加持，构建智能制造的顶层方案

6月22日，中国信息通信研究院（以下简称信通院）中南基地在长沙经开区揭牌成立，作为国家在信息通信领域最重要的支撑单位之一落户长沙经开区，成为全区第一个国家级智库，也是园区建设智能制造创新基地的里程碑。

依照规划，信通院中南基地将为地方政府和企业提供工业互联网、智能制造、5G、车联网、人工智能、云计算、大数据、网络与信息安全等方面的专业服务，业务涵盖咨询规划、培训实训、评估诊断、测试认证、平台建设等内容。

2017年起，信通院进驻长沙经开区，为园区智能制造做顶层设计。开展智能诊断，牵头对59家区级试点项目从研发设计、生产工艺、订单排产等多个维度，分类分级开展了智能制造体系化评估；提出规划设计思路，明确方向，强化支持，完善机制，构建生态；编制政策体系，经过一年多的探索实践，创建了"规划—指南—政策—细则"层层相扣的智能制造政策体系。《长沙经开区智能制造中长期发展规划（2018－2025）》对标国家顶层设计，高要求规划园区智能制造发展目标，明确方向；《长沙经开区智能制造、工业互联网行动指南》着重解决实际问题，高标准引导企业智能制造落地实施；《长沙经开区关于推进智能制造发展的若干政策（试行）》拿出"真金白银"，大力度鼓励企业实施智能化改造；《长沙经开区关于推进智能制造发展的若干政策实施细则》科学设立补贴原则，最大化发挥专项资金效应；推进具体实施，推动区域高水平项目培育，指导企业申请国家智能制造项目，打造区域智能制造示范标杆；组织区域试点示范项目遴选，对获评项目给予资金奖励，提升区域企业改造积极性，扩大项目示范效应；开展供应商评级，对优秀供应商给予资金奖励，吸引国内顶级智能制造供应商，提升区域供给能力。比如，长沙经开区联合信通院开发了企业智能制造水平评估系统，免费为企业提供基础性的智能制造诊断服务。企业可以在项目预申报环节通过系统评估、专家诊断、供应商咨询、园区指导等多种方式，对照园区智能制造、工业互联网行动指南中明确的方向，深入梳理自身需求、系统规划实施内容、合理调整项目预算，做到科学性地开展智能化改造。

而新成立的信通院中南基地，将紧紧围绕"国家高端专业智库产业创新发展平台"的定位，在"三位一体"工作中发挥政府智库和产品平台的作用：一方面为政府政策制定提供决策参考，另一方面作为政府和企业间的纽带，务实推动各项政策有效落地和实施。

3. 智慧园区打破条块划分的信息孤岛，提高园区政务效率

所谓智慧园区，指融合新一代信息与通信技术，具备迅捷信息采集、高速信息传输、高度集中计算、智能事务处理和无所不在的服务提供能力，实现园区内及时、互动、整合的信息感知、传递和处理，以提高园区产业集聚能力、企业经济竞争力、园区可持续发展能力为目标的先进园区。

近年来，我国的产业园区都在朝智慧化、创新化、科技化转变。2017年，长沙经开区制定《长沙经济技术开发区智慧园区中长期发展规划》，开启智慧园区建设的新篇章。

2018年底，长沙经开区智慧园区实施的首个项目——"一档两库一平台"顺利通过预验收，正式奠定了长沙经开区智慧园区建设的基石。

什么是"一档两库一平台"。

"一档"，即实现历史档案数字化；"两库"，即围绕提升企业服务目标，建设长沙经开区企业法人库和地理信息库；"一平台"，即建设公共信息大数据平台，汇聚整合各部门的现有数据资源，建立数据更新和共享机制，遵循"无条件归集，有条件使用"原则，为后期应用拓展提供基础平台保障。

"现在我们的基础库和平台在持续运转运行，同时收集了两年多的数据，能够全面反映经开区的城市建设以及社会经济发展的各方面情况。"苏州城方信息技术有限公司总经理陶虹介绍。

在"一档两库一平台"项目，有一张复杂而有序的数据流程图，清晰地呈现了从采集端的原始杂乱数据是如何流转，最后在输出端形成数据资源进而支撑业务应用的，看上去特别像一个人的"大脑神经网络"。

项目负责人介绍，该平台有三大特性，即数据的时空性、全新性及交互性。

其中，地理信息库可展现1992年建区至目前所有影像地图数据的地理变化，从中可以看到长沙经开区"成长"的每一个脚印。

企业法人库汇集了园区企业 23 个重点数据维度、260 个数据字段，打破了业务条块划分的信息孤岛，企业的工商、税务、经营数据等信息全部汇聚于此，可为政务服务提供最全最新的企业"画像"。

公共信息大数据平台相当于一个大水厂，分成了多个水池，每个水池之间有水管连通，以后在每个水池上建设应用系统产生新的"活水"，又通过公共信息大数据平台共享交互，实现数据的融通。

目前，长沙经开区正加速推进智慧园区二期项目建设，计划在 2020 年 1 月 31 日前，完成档案电子化及系统升级、企业服务管理系统、工业经济运行分析系统、智慧园区信息仓 4 个项目验收，并且在管委会各部门加快落地应用，强化应用推广，逐步推进相关业务流程实现电子化。

按照长沙经开区智慧园区中长期发展规划，在 2021 年之前将初步建成智慧园区，实现基础设施集约化、数据资源共享化、政府治理协同化、产业服务便捷化、产业发展智能化。在 2025 年，全面建成智慧园区，对外推广具有长沙经开区特色的智慧园区模式，成为湖南工业经济发展的新标杆。

4. 工业云使设备上云端，降低成本开拓新的利润点

工业互联网是通过设备物联，实现工业的数字化、网络化、智能化，实现企业、产业链在商业模式、运作效率、运营质量、安全合规等方面的全方位变革。依托工业互联网平台，制造企业可实现低成本、低风险、快速的数字化转型。在长沙

经开区，由树根互联牵头实施第一批项目，蓝思科技、优力电驱动等园区企业通过联网改造，在节能降耗、降本增效方面取得了明显成效。

自 2011 年涉足蓝宝石领域，蓝思科技已打通从蓝宝石长晶设备开发、生产、深加工到各种规格应用产品批量制造的全产业链。

在蓝思科技（长沙）有限公司蓝宝石长晶车间，数十名工人操控 500 余台设备。不断变化的生产指令数据瞬间输送到智能设备，同时，智能设备向云端反馈运行状态数据。

"所有的操作流程都在触摸屏上进行，像使用智能手机一样简单。"蓝思科技首席信息官陈运华介绍。2017 年底，蓝思科技以蓝宝石长晶车间为主要对象构建工业物联网平台，通过生产线智能化改造、云平台数据传输对接、大数据分析应用、系统架构搭建四部分，让整个生产环节实现智能化管控。

通过长晶控制系统，生产现场晶体的重量、温度等相关参数在显示屏上一目了然。一旦有环节发生故障，系统会自动报警，并将消息及时发送到工作人员移动终端工业 App 上。

此外，通过人工智能可找到最优工艺曲线和最优工艺管控，可以科学控制长晶炉生产的曲线，固化产品生产周期。

"以前 1 条生产线需要 3 个人管控，现在 3 条生产线只需要 1 个人，生产效率提高了 20% 以上。"站在长晶设备生产线前，陈运华介绍。实行技改后，车间工人由原来的 300 余人减少至 30 余人，不仅节省了人工成本，而且极大降低了能源消耗。预计 2019 年全年为长晶炉厂节能 6.2%，每年节省近千万元生产成本。

陈运华介绍，目前蓝思科技内部有生产设备数万台，基于业务诉求，需要对设备的物联集成以及设备状态、位置、加工工艺、温度、震动、电压等参数进行采集与程序管理，实现工业大数据的优化分析与深化应用，最终实现生产制造过程的智能化。

目前，除蓝宝石生产领域以外，蓝思科技还将超过1万台各种生产设备接入蓝思云，完成对蓝宝石长晶炉历史数据的分析与实时能效评估与展示，做好异常预测监控，实现多个智能生产场景和大数据应用场景的落地。

如果说这朵美丽的"工业云"给蓝思科技带来的是产品质量的稳定与综合成本的降低，而给优力电驱动带来的则是产品的转型。

"原来我想的是全国有3亿的电动车用户，我抓住百分之一就够了。"优力电驱动CEO王烁博对于电池卖给谁，原本并没有特定的用户目标。

去年，为了解决电动车电池不耐用、动力性能差、易丢失、充放电不安全等问题，优力电驱动与树根互联合力打造"优力云"工业互联网平台，构建起大数据分析以及人工智能支撑体系，实现产品研发、生产、销售到售后全周期生命管理。

"传统产品在到达用户手中后，厂家的跟踪管理几乎没有，一旦出现问题并不能提供很好的解决方案。而我们这款锂电池产品可以实时监控产品的温度、电流、电压等使用情况，'对症下药'解决问题，电动车常见的自燃等现象在我们这完全就可以避免了。"优力电驱动 CEO 王烁博介绍。"优力云"平台接入后，后台可运用大数据模型，不断优化完善产品性能，通过 OTA 迭代升级软件版本，完善个性化、定制化功能，不断提高用户黏性。

现在，用手机 App 操控，随意点开地图上一辆电动车，该车当前位置、电池状态、行驶里程等信息即刻展现出来。他告诉笔者，手机 App 绑定电池组后，用户不仅可以根据电池组定位电动车位置，实时查询车况，准确掌握电池电量，而且可以远程一键锁车和设电子围栏等。当用户自定义电子围栏区域半径后，在设防情况下电动车一旦超出围栏范围将立即报警。同时用户还可以一键远程切断电池续航，在动力来源上防偷盗。

这让优力电驱动这个过去纯粹卖电池的产品商一下子有了向服务商转变的契机。

去年下半年，企业将工业互联网技术与租赁商业模式深度融合，由"卖电池"向"卖服务"转变，通过解决快递物流车辆使用成本高与管理难的行业痛点问题，向快递企业提供车辆租赁等服务，仅一年时间就在长沙快递行业站稳了脚跟。据介绍，2018 年下半年产品推向市场就获得热销，当年实现营收 2300 余万元，企业也顺利由小企业成为长沙经开区规模以上企业。

"中国不缺锂电池的生产厂商，但工业互联网的出现为企业提供了一种全新的发展思路。'工业互联网＋新能源'的创新模式引领和驱动了产业升级。"王烁博介绍，"未来，优力电驱动将继续基于树根互联的大数据平台完善产品全生命周期管理，不断创新商业模式和服务模式，比如对快递企业提供保险和金融等服务，力争明年用户突破 20 万人。"

"我们旗下的 Rootcloud 平台有长达 11 年的技术积累和超 15 亿元的累计投入，已赋能 70 个工业细分行业，平台设备连接数超过 56 万台。"三一重工、树根互联首席信息官彭卓介绍。作为园区"三位一体"工作企业改造项目实施者，树根互联从 2017 年开始为蓝思科技、恒天九五、耐普泵业、优力电驱动等园区企业开展基于工业互联网的智能化技术改造，应用效果和价值提升已初见成效。

（作者：熊远帆、黄姿）

2019 年 8 月 26 日

读长沙地图

——40 年沧桑巨变之缩影

长沙有句老话，"南门到北门，七里又三分。"即从长沙南门步行到北门，7.3 华里（1 华里等于 500 米）。

这句话，从明朝流传至今。

最早的长沙城，可追溯到战国时期，东起如今的黄兴路与蔡锷路中间一带，南至坡子街，西临下河街，北抵五一路北侧。整座城东西长 700 余米，南北宽约 600 米。

当然，这要读历史遗留的长沙老地图。

10 月中旬，连续几天，笔者多次伫立最新版的长沙市地图前，不得不惊叹人类创造历史的巨大能量！

1. 格局之变：40 年坐标大转移

其实，到新中国成立前，长沙城区 2000 余年来一直以现在的五一广场为中心，向外扩展，一圈一圈慢慢长大，犹如时间老人刻画的年轮。提速发生在新中国成立后，加速在改革开放以来。

1952 年 5 月 1 日，五一路修建完工，到 1972 年 10 月 1 日橘子洲大桥建成通车，再到 1977 年 7 月 1 日，长沙火车站东移竣工。20 余年时间，拉开了长沙城区以五一路为轴、南北走向的新格局。

历史常常就是这样巧合。这个格局好像特意为改革开放准备的。

1978 年，中国改革元年，长沙城区面积为 53 平方公里。今年初，长沙城区面积为 435 平方公里，相当于 1978 年的 8.2 倍。

新版长沙市地图，东西窄长，南北扁平，东仰西摆，北脊南蹄，犹如奔驰的骏马。浏阳大围山助马头东仰；宁乡沩山似马尾西闲；长沙县飘峰山、影珠山，望城区黑麋峰、九峰山静卧马背；浏阳官桥、雨花跳马、天心暮云、宁乡道林，如马蹄疾奔。宽阔的湘江，像一条蓝色的飘带，优美地自南而北几乎从正中穿图而过。

改革开放之初，从河西进城，到溁湾镇才有一点从河东飘来的城市味道，那时有俗语说"河西是农村，到河东才叫进了城"。尽管火车站东移让五一路这个当年的城市主轴长了近 3 倍，也让城区向东推进了一大步，但五一路毕竟是"断头路"。翻过火车站，城市还在往东延伸。五一路显然已难以继续担当城市主轴大任。

随着长沙市委、市政府西迁，十几年光景间河西新城拔地而起。先是岳麓区南拓北伸，西接宁乡，连长张高速岳麓收费站也不得不向西推出 15 公里，为城市发展让路。接着，望城一边"让地"给岳麓区，一边华丽蝶变，由县改区，给城市伸展腾出 960 平方公里空间。

　　长沙城，像青春勃发的巨人，自由舒展、生长和呼吸。

　　河西的崛起，让城市主轴的重担不得不交给穿城而过的湘江。长沙，由五一路时代迈入湘江时代。

　　新的城市坐标，使长沙形成东西两大城市片区、两个副中心城市和一批重点镇的新格局。两大城市片区：河东二环以外，北至望城丁字湾区域，东至浏阳经开区，南至暮云区域；河西，即湘江新区。两个副中心城市：浏阳城区和宁乡城区。还有遍布各区域的如金井、铜官、跳马、大瑶、灰汤等重点集镇。全市城区人口从 40 年前的 74 万增加到现在的 426.75 万，城镇化率从 20.5% 提高到 77.6%。

　　伴随着城市坐标转移，交通格局既翻天覆地，也"飞天钻地"。1978 年仅有 3 条国道、10 条省道，域内总里程不过 700 余公里。到今年初，全市公路总里程达 15924.73 公里，相当于地球赤道半径的 2.5 倍。40 年前，出国人员回来高谈阔论外国的高速公路如何壮观。今天，长沙高速公路已形成"一环五射五纵"大网络。还有，5 条国家一级铁路纵横，高铁十字交汇，黄花机场双跑道、100 余条定期航线通往国际国内 73 个城市。如果把所有水、陆、空交通线路全部标示出来，地图上各色线条密密麻麻，令人眼花缭乱。这还不包括地下已纵横穿梭的地铁 1 号、2 号线，更看不见正在加速建设的 3 号、4 号、5 号线。

　　湘江，曾是阻隔长沙东西交流的屏障，改革开放之初也仅有一座湘江大桥。如今，城区跨江大桥已达 9 座，另有 2 条隧道。连湘江也感到奇怪：是谁赠予了如此多的金玉腰带？

这种交通格局，让长沙区位优势更加凸显：承东启西、连南接北、通江达海；也让长沙战略地位更加凸显："一带一路"重要节点城市，"一带一部"首位城市，长江中游城市群中心城市。

2. 厚重之变：40 年实力大提升

发展，终究靠实力。有实力，才有底气，显大气，能豪气。

自五一路静静退出主轴之后，另一条路的地位在悄悄隆起，在长沙版图上贯穿东西。往西，岳麓大道连长张高速，可达重庆；往东，三一大道连长浏高速，可抵江西；中间由银盆岭大桥相连与湘江主轴呈十字交会。应该说，这算得上长沙城东西向的主轴，重新将大长沙南北分边。

长沙有 5 个国家级园区、9 个省级园区，统称"五区八园一基地"，还不包括国家级湘江新区和新成立的临空经济区。大部分园区像珍珠一样镶嵌在东西主轴两侧，组成了东西向的工业走廊，称为"浏长宁制造产业带"。

这是一条集聚财富的金色飘带。

年纪大一点的湖南人都记得，改革开放之初，长沙中意冰箱、韶峰电视是那样的响当当，后来在市场冲击下相继偃旗息鼓。

1988 年，长沙尝试性地创建全市第一个开发区——长沙科技开发试验区，也就是现在的长沙高新区。

1992 年，邓小平南方谈话的东风吹拂湖南。长沙市委、市政府决定开发望城坡、捞霞、星沙 3 个经济开发区，由此加速了经济园区发展步伐。

从一片黄土到遍地厂房，到规模园区，到强壮的工业走廊，地图上依稀可见历史的痕迹。

长沙经开区的前身是星沙开发区，坐落在星沙，30多年来哺育了三一、远大等一大批著名企业。长沙县有一句经典：用1%的土地创造99%的财富。这个99%的核心能量，就在经开区。长沙县今年已挺进全国五强。

长沙工业，从20世纪90年代工程机械一枝独秀，逐步形成了新材料、工程机械、食品、电子信息、文化创意、旅游、汽车及零部件七大千亿产业集群，生物制药、节能环保等战略性新兴产业蓬勃发展，已构建覆盖37个工业行业的完备生产体系。

不仅如此，三次产业结构也从1978年的33.3∶44.2∶22.5，变成去年的3.6∶47.4∶49.0。别小看这组数字，差不多等同于城市格局"乾坤大挪移"！

第三产业占比达49%，这是曾经梦寐以求的事。

20世纪80年代，五大商业百货大楼以"五虎闹长沙"闻名遐迩，后来也陆续支离瓦解。取而代之的是，五一路商圈、袁家岭商圈、东塘商圈、红星商圈、滨湾镇商圈，像一个又一个玉盘，在长沙地图上闪闪发光。仅新城区望城，就成长了四大商圈。

那么，第一产业占比只有3.6%，是不是萎缩了？不用担心，变小是相对的，相对于高速增长的二、三产业，她是"化作春泥更护花"。只举一例：去年农产品加工业销售收入达

2060 亿元，休闲农业和乡村旅游收入达 520 亿元。

现代农业在省会，当有省会的特点。长沙地图上，城市中心地带，有近郊都市高效农业经济圈；向周边扩展，有中部保障性农产品生产经济圈；东西两头，有远郊特色生态农业经济圈；另有 5 大农业试验示范或科技园。还有，浏阳大围山一带，正在形成百里优质水果走廊；长沙金井一带，培育了百里优质茶叶走廊；望城乔口一带，流淌着百里优质水产走廊；天心暮云、雨花跳马一带，繁荣着百里花卉苗木走廊；宁乡中部一带，播种了百里优质水稻走廊。这一切，同当地各种文化景点和自然风景一起，构成了全域旅游新景象。

数字讲多了谁都不爱，但有些数字不得不讲。改革开放之初，有一个宏伟的目标叫"翻两番"。从 1978 年到 2017 年，长沙市地区 GDP 从 16.85 亿元增长到 10535.51 亿元，翻了 9.3 番；人均 GDP 从 370 元增长到 135388 元，翻了 8.5 番。

3. 福祉之变：40 年民生大充盈

长沙市委、市政府的位置，在地图上甚为醒目。就在市政府广场前，靠近岳麓大道边，有一块用花卉组成的标语："人民对美好生活的向往就是我们的奋斗目标。"

当然，标语牌在地图上找不到，但市民无时无刻不感受着这句话。

美好生活，字简单，容量无边。

20 世纪 70 年代，人们追求缝纫机、手表、自行车"三大件"，80 年代变成了电视机、洗衣机、电冰箱，90 年代是手机、电脑、摩托车，跨入新世纪，买车买房成时尚。

现在长沙市居民生活硬件怎么样呢？举两组数据。第一，去年，城镇居民人均可支配收入为 46948 元、农村居民为 27360 元，居中部省会城市第一位。第二，在全国 35 个主要城市中，长沙房价与收入比最小；城镇居民人均自有住房建筑面积 45.5 平方米，居全国大中城市第一位。

长沙连续 10 年获评"中国最具幸福感城市"。连续 10 年，绝非偶然。

在总结改革开放伟大成就时，长沙市用了这样几句话，记者觉得既实在、又精彩：让群众"有活干，多赚钱；有房住，住得好；有学上，上好学；好看病，看好病；有保障，享安康"。

每当傍晚，只要天气晴好，无论走到哪个小区，各种欢快的音乐此起彼伏，大妈们翩翩起舞，用优美的节奏和线条书写着美满幸福的群众文化生活。去年，市里举办"欢乐潇湘·品质长沙"文艺汇演，群众演员就有 10 万多名。"读有书屋，唱有设备，演有舞台，看有影厅，跳有广场"，成为城乡文化新常态。

这是下里巴人，还有阳春白雪。

长沙着力打造了一批高雅艺术殿堂，东岸"三馆一厅"与西岸梅溪湖演艺圈交映生辉，河东马栏山文创园与河西岳麓山大学科技城遥相呼应……2016 年长沙获评"东亚文化之都"，2017 年获评世界"媒体艺术之都"。一张又一张世界文化名片贴上长沙地图。

长沙市文广新局与新湖南长沙频道合作，发布全年高雅艺术演出海报，原以为每周也就一两次，现在居然每周更新 5 次以上！

从 1978 年到 2017 年，全市人均公共文化投入增长了228 倍。

今年以来，长沙市委、市政府着力打造居民"15 分钟生活圈"，上学、就医、购物、乘车、游园、文化娱乐等，出门15 分钟搞定。

在长沙市地图上，这会是多少个温暖的"圈"。

办证，曾是令人头痛的事，改革的呼声和步伐一直没停。近年来，长沙市加大"放管服"改革力度，从服务端破题，抓政务大厅建设；往需求端着手，抓网络平台建设；在满意端发力，抓审批质量提高。开展"减证便民"行动，取消各类证明材料 647 项，实行"43 证合 1"，办理时限由 173 个工作日缩减为 7 个工作日，提速 96%。

提速，何止这些？

环境污染，一直是令人恼火的事！湘江保护与治理，是省"一号重点工程"。长沙市大小河流水体，全部汇聚湘江。地图上，清晰可见的湘江一级支流有 6 条：东岸有浏阳河和捞刀河，西岸有沩水河、靳江河、龙王港和沙河。众多二级支流和沟港渠塘纵横连接，构成庞大水系。治水，必须从源头治起，可这源头也太多了。

怎么办？全市设立市级河长 9 名、县级河长 106 名、乡级河长 870 名、村级河长 2461 名，村管小微水体片区河长 5462名。所有水体责任全覆盖，监管无盲区。

河水污染，根在岸上；大气污染，责任在地面。为了还百姓一个舒适、清爽、干净的环境，省委常委、长沙市委书记胡衡华去年上任首抓战役：打响蓝天保卫战。

市蓝天办专门建了一个微信群，每天发布全市各地工作措施和信息在 10 条以上。

这是一场水、陆、空全方位的持续战斗，艰辛且艰难！

省委书记杜家毫曾寄语长沙：湖南不靠海，不沿边，走向世界靠蓝天。

扩大对外开放，湖南主要靠蓝天。

靠蓝天，首先必须保护蓝天。这就是省会担当。

蓝天是全球的，环境是人类的，幸福是大家的。这何止是省会担当。

（记者：周云武）

2018 年 10 月 31 日

揭秘长沙制造

2020 年大幕行将开启之际，三一集团宣布：过去一年中，装备板块终端销售收入突破千亿元。

长沙制造自此进入千亿企业时代。

工程机械何以"王者归来"？长沙制造业为什么能够异军突起？长沙高质量发展的动力来自何方？

工程机械凤凰涅槃。

三一集团已成为全球最大的混凝土机械制造商，挖掘机全国销量连续 9 年排名第一。目前拥有美国、德国、印度、巴西四大产业研制基地，以及覆盖非洲、亚太、中东、拉美等地区的 10 个销售大区。收购普茨迈斯特后，三一为其增加 13 个制造工厂，海外布局形成了从东北到远东的清晰脉络。海外市场销售额已经超过公司业绩的 40%，其中 70% 的收益来自"一带一路"沿线国家和地区。

今天的千亿企业还在打造千亿级的单体园区。2019 年 9 月，三一智联重卡项目动工。达产后，将实现 30 万台智联重卡、30 万套驾驶室、60 万台柴油发动机和新一代工程机械的高质量规模化生产。

道依茨柴油发动机项目与三一智联重卡项目同步开工，将致力打造成全球最具竞争力的柴油发动机生产基地。依托该项目，智联重卡业务将加快规模化发展。三一集团董事、三一重卡董事长梁林河笑称，十年前集团提出千亿目标时，不少人还觉得遥不可及。包括梁家一位叔叔，认为这辈子都看不到这天的到来。而眼下，包括三一智能重卡等多个项目都有望超过千亿元。

前些年，随着宏观经济趋紧，长沙支柱产业工程机械大幅下滑，三一重工员工锐减一半，中联重科 2016 年亏损 9.3 亿元。在低迷期，工程机械企业苦练内功，积极拥抱智能制造，通过完善本地产业配套、扩大海外市场、推出一批高技术产品等，走出一条凤凰涅槃般的转型重生之路。

在行业非常不景气的 2012 年至 2016 年，山河智能装备股份有限公司（简称山河智能）人员不减反增。董事长何清华说，作为一家有志于"做装备制造领域世界价值的创造者"的工程机械制造企业，山河智能永远不会忘记"兴企强国"的初心。

这家由中南大学教授领衔创办的企业，创造了中国工程机械领域的数个"第一"：第一台液压静力压桩机、全球首台智能化挖掘机、第一台隧道凿岩机器人、第一台工程化混合动力挖掘机、第一台一体化潜孔钻机、第一架全碳纤维复合材料轻型运动飞机，等等。不论行业发展的大环境怎么起伏，其拳头产品液压静力压桩机，20 年来市场销量稳居第一。

山河智能 2018 年在科研创新上投入 0.9 亿元，2019 年为

1.7 亿元，2020 年计划投入的资金将不少于 2 亿元。在研发创新上的资金投入，山河智能三年翻了一番多。增长的幅度，远高于山河智能这几年的利润增长幅度。

没有机器的轰鸣和此起彼伏的榔头声，机器人手臂顺畅实现原材料激光切割、工件焊接和部件喷涂，AGV 智能输送车替代传统人工完成上下物料移动和运送，RGV 有轨制导车和 EMS 空中输送线轻松实现精准配送，操作人员通过 LED 显示屏和生产看板了解终端实时滚动数据……望城国家经济开发区中联重科望城工业园内，中联重科高空作业机械智能制造工厂实现了信息技术与制造装备的深度融合。

2019 年岁末，在塔机年销量突破百亿大关后，中联重科又马不停蹄地推出了跨代 W 新品，新品订货会两个小时内斩获近 50 亿元订单。此次推出的新品，标志着中联塔机技术达到了一个新的高度，全方位体现了智能化的精髓。

中联重科塔机销量和市占率全球第一，拥有最大水平臂上回转自升式塔式起重机等一大批世界标志性产品，工程起重机、混凝土机械销量居全国前列。投资 1000 亿元的中联智慧产业城已启动建设，建成后，将成为工程机械行业国际领先的、规模最大的单体园区，成为环保、生态的高端装备智能制造基地和人工智能研究应用基地。

铁建重工是全球领先的同时具备全断面隧道掘进装备与钻爆法隧道智能成套装备全系列产品研制能力的地下工程装备企业，是国内地下工程装备产能规模、研发制造能力和再制造能力领先的企业。

2019年12月26日，莫斯科地铁阿米尼站至终止区间中线隧道实现贯通。至此，中国铁建承建的首个莫斯科地铁项目隧道实现全部贯通。这是中国在欧洲首个地铁工程，铁建重工的5台盾构机派上了大用场。俄罗斯施工方亲切地以该国热播电视剧《爸爸的女儿们》中5个女儿的名字为之命名。

"俄罗斯专家对我说，以前是我们帮中国修地铁，现在是中国帮我们修地铁，这种变化很大，中国很了不起！"每每提及，铁建重工党委书记、董事长刘飞香自豪之情都溢于言表。

2019年，长沙工程机械产业产值突破2000亿元。

长沙制造闻名遐迩。

在长沙制造激情涌动的风云画卷里，工程机械还不是全部。

走进苏科智能办公区，现代科技的魅力触目可及。员工只要面对摄像头看一眼，玻璃门就会无声开启。这家早两年在智能远程感知成衣穿戴上小有名气的企业，将其基于自主可控的物联网操作系统的行业应用进一步扩展到智慧厂区、智慧园区和智慧交通领域，为华北、华中和华南地区的近百家大型园区、轨道集团和客运集团提供智能解决方案，为助力"平安湖南""智造湖南"添砖加瓦。

航空发动机燃烧室火焰筒、导弹外壳、赛车立柱、汽车散热器、个性化人体植入物、义齿、眼镜……在华曙高科的3D打印中心，几乎没有什么是不能够被立体打印出来的。企业接待大厅上方，巨大的吊灯由有着东方神韵的灯笼组合而成，这也是3D打印的成果。凭借过硬的自主研发核心技术和国际化的经营思路，华曙高科已跻身全球增材制造产业链的前列。

和苏科智能、华曙高科同在长沙高新区的华诚生物是全球新一代天然甜味解决方案领导者，也是罗汉果提取物及罗汉果糖生产制造领域的翘楚，华诚生物用专利技术物理提取出罗汉果甜苷，生产出天然的罗汉果糖，在拥有和蔗糖同样甜味的同时，零热量、零 GI 值，不导致肥胖、不引起血糖波动、不引起龋齿，是糖尿病群体、肥胖人群及儿童非常理想的天然甜味来源。华诚生物为此构建了从罗汉果种苗优化、种植、萃取、生产、专利研发、终端应用解决方案的全产业链，行业领先，一头扛起产业扶贫的大旗，一头成功开拓出海外市场。可口可乐、星巴克咖啡等知名品牌的产品体系里，添加有罗汉果糖的产品渐受关注。

回望十多年来长沙制造业演进轨迹，大致可分为三个阶段：第一个阶段总量快速攀升，工程机械高歌猛进、一枝独秀，支撑起长沙制造业两位数的高增长；第二个阶段增长回归理性，工程机械大幅回落，汽车、电子信息等产业多点突破，及时补位，避免了长沙制造业大起大落；第三个阶段向高质量发展转变，2015 年以智能制造为统领加快传统产业转型升级，其后以"国家智能制造中心"为目标，构筑智能制造生态，并以产业链思维抓制造业，在全国首创"链长制"，推动制造业全面提质。

长沙近年来主动挤压房地产暴利，摆脱了"土地财政"沉疴，低房价洼地效应日增。目前正处于新旧动能转换关键时期，产业智能化和智能产业化的空间还很大。作为"一带一路"重要节点城市、"一带一部"首位城市、长江中游城市群中心城市和省会城市，要在未来抢占新一轮城市发展制高点，实现发展大跨越，长沙坚定不移地将推动制造业高质量发展作为主路径。

诚如省委常委、长沙市委书记胡衡华所言：对于长沙而言，发展的基础在制造业，发展的优势在制造业，发展的出路还是在制造业。没有高质量的制造业，长沙的高质量发展就难以为继。

长沙制造业的产销两旺，带动了城市经济稳步发展。预计2019年全市地区生产总值增长8%，规模以上工业增加值增长8.8%，固定资产投资增长10%，全体居民人均可支配收入增长8.8%，领衔新一线城市。

在多地工业经济持续回落、企业效益下降的背景下，长沙经济实现了逆势上扬，高质量发展的制造业居功至伟。

澎湃动力来自何方。

坐进阿波罗智行的无人驾驶汽车，瞬间犹如登陆到了小学课本和初中英语书上所畅想的未来世界。

无人驾驶汽车自动转弯，避开行人车辆，遇到红绿灯判断。从有独特造型的梅溪湖国际文化艺术中心前方道路起步，转到连湖路，再顺时针转回来，约20分钟车程，一直走在规定车道，异常平稳。"绝对不会违反交规，从没收到过任何罚单。"安全员笑着说。

设立一年半时间，国家智能网联汽车（长沙）测试区不仅成功升级"国家队",更吸引了百度、希迪智驾、赢彻科技、京东、中车等数十家企业在此测试千余场,测试里程5万公里。以千亿元为目标的长沙智能网联汽车产业链已激情绽放,未来可期。

长沙的产业规划适度超前,布局合理,又因地制宜。如作为智能网联汽车产业的一环,北云科技在高精度定位系统研发上独树一帜。基于高精度定位的核心技术,能够形成更具经济性的各种智能汽车垂直解决方案,包括自动驾驶系统、驾驶行为监控系统、汽车保险轨迹记录系统、高精度地图自动生成系统、精密农业自动驾驶系统等。

北云科技历经6年技术积累和产品打磨,耗资数千万元研发的 GNSS 高精度定位芯片也于2019年问世。随着新能源汽车、智能网联汽车、自动驾驶技术的兴起,车载行业正进入历史性的变革期。北云科技将利用自研芯片的技术优势与成本优势,快速抢占车载高精度定位市场份额,全面替代国外高精度定位产品,切入车载电子设备供应链,有望实现百万套的市场规模,达到十亿级的产值。

纵览长沙经济门类,智能制造是长沙制造业高质量发展的不竭动力。长沙深耕"三智一自主"(智能装备、智能网联汽车、智能终端、自主可控及信息安全)优势领域,抢占产业制高点,形成了智能制造引领制造业高质量发展的全新格局。人工智能、机器人、大数据、物联网、智能网联等产业在长沙蓬勃发展,长沙智能制造装备产业集群获批国家首批战略性新兴产业集群,长沙"智造"成为城市新名片。

杉杉能源正极材料智能制造数字化车间里，工人寥寥无几，从配料、混料、装钵、烧结、粉碎到除磁包装，各个环节都由机器自动完成。有了智能化车间，生产效率提高 30%，单位产品制造成本降低 32%，产品研制周期缩短 22%，产品不良率降低 50%，能源利用率提高 17%。

一大批企业纷纷以智能制造作为转型升级突破口，如金龙智造推出智慧 5G 通信井盖及传媒艺术类智慧井盖以及自主研发的智慧物联云平台系统；盐津铺子正布局的 15 条全国最先进的智能制造烘焙生产线，核心工艺区全部采用"万级"洁净标准建设，基本实现了无人作业、达到"黑灯工厂"标准。目前长沙拥有智能制造试点企业 668 家，其中"国字号"智能制造试点示范和专项项目数量位居省会城市第一位。上市企业总数达到 68 家，A 股上市公司数量稳居中部省会城市第一。

新年到来，在占地面积 14.34 平方公里、总投资 500 亿元的湘江智谷·人工智能科技城建设现场，大量工程机械设备忙碌依旧。科技城展览馆将于年中开放。目前已有 21 家人工智能企业与湘江智谷签订了框架协议，还有 50 家企业明确表达了入驻意愿，包括千玺机器人集团、财付通支付科技、德国人工智能研究中心等。这里将成为长沙智能制造新的增长极，为制造业高质量发展赋能。

智能产业化，产业智能化，离不开顶层设计不断优化，持续深化。2019 年，长沙发布《关于深入贯彻落实习近平总书记在推动中部地区崛起工作座谈会上的重要讲话精神大力推动制造业高质量发展的若干意见》，推动出台"七大工程"三年行动计划；密集出台《长沙市关于进一步促进人工智能产业发展的意见》《长沙市关于支持工业互联网平台建设和应用的若干政策》等系列文件，形成推动制造业高质量发展的系统体系。22条工业新兴及优势产业链全年完成投资875亿元，新增规模以上工业企业311家。

长沙产业链工作独辟蹊径，获得省委书记杜家毫"外学华为、内学长沙"的赞誉。

一场场席卷园区的改革还在深入推进，将对制造业产生更为深远影响。长沙按照"一区县（市）一园"的要求，以国家级园区和发展水平高的省级园区为主体，对区域相近、产业相似的园区，采取合并、托管等多种有效形式进行优化整合；鼓励园区走"产城人"深度融合发展之路，从生产型园区经济向综合型城市经济转型。对位于中心城区、工业比重低的园区，根据城市总体规划的布局和引导方向，积极推动向城市综合功能区转型。

"推动制造业高质量发展，园区是主阵地、主战场、主力军。"胡衡华表示，园区要紧扣产业定位，不断抢占发展制高点，围绕智能化、数字化、网络化、信息化，深耕"三智一自主"，发挥市场的力量、撬动资本的力量、释放速度的力量，抓好项目建设全过程。

着眼未来，长沙以建设国家智能制造中心为契机，结合制造业的发展优势和基础，推动制造业与服务业深度融合，大力发展生产性服务业。与此同时，抓住产业发展"窗口期"，聚焦高端装备与人工智能、电动汽车与新材料、信息终端与显示器件、生物健康与基因技术等产业，培育出一批批行业领军企业、隐形冠军和"独角兽"企业。

未来已来，时不我待。

（作者：李治、陈文成）

2020 年 1 月 12 日

楚汉名城奏华章

——新中国成立 70 年长沙发展掠影

岳麓巍巍，湘江北去。从静卧湘江江心的橘子洲头眺望，层林尽染的秋色，鳞次栉比的高楼，车水马龙的街道。湖南省会长沙一江两岸，一派繁华。

长沙是首批国家历史文化名城，历经三千年沧海桑田，城名、城址不变。新中国成立 70 年来，在党和政府领导下，心忧天下、敢为人先的长沙人民发愤图强，从根本上改变了古城面貌。

今天的长沙，城市建设日新月异。2018 年，长沙城区建成区面积达 567.32 平方公里，是 1949 年的 84.6 倍。

今天的长沙，产业兴旺发达、结构不断优化。2018 年，长沙地区生产总值达到 11003.41 亿元，是 1952 年的 3833 倍，经济总量居全国主要城市第 14 位、省会城市第 6 位。

今天的长沙，民生事业日臻完善，人民生活实现了由生存、温饱、小康走向富裕的历史性跨越。

70 年栉风沐雨，70 年春华秋实。长沙人民用智慧和汗水，奏出了长沙这座古城最华美的乐章。

1. 城市之变：从"七里之城"到"一江两岸"

长沙，因长沙星而得名，素有"楚汉名城""屈贾之乡"的美誉。1949年8月5日，湖南和平解放，当时长沙城区建成区面积仅6.7平方公里，全城最高建筑7层。1951年7月，长沙人民开始倾力建设五一路西段。1970年5月，长沙开始建设湘江大桥（橘子洲大桥），以实现横跨湘江的梦想。1976年，在国家支持下，长沙新火车站、五一东路（袁家岭至新火车站）抓紧建设。1978年9月30日，贯穿长沙东西、总长4.14公里的五一路全线竣工。

在20世纪，长沙仅河东才算"城里"。随着改革开放不断深入，五一路逐渐不再是长沙唯一的核心。

1996年，长沙市实施区划调整，原郊区改设雨花区，迅速崛起；东南西北四区改为芙蓉、天心、岳麓、开福区，面积各有增加。2000年，芙蓉路拓宽工程启动，长沙城不断向南北生长。2001年，长沙市委、市政府西迁，省会一江两岸比翼齐飞拉开大幕。老人们回忆，新中国成立初期，长沙城多为小街小巷，全城仅有11辆以木炭为燃料的公交车；过江要排一个多小时队等轮渡；去趟相邻的岳阳，要坐一夜的船。

从1994年长沙率先实现湖南省高速公路零的突破，到2009年迈入高铁时代；从2014年长沙地铁2号线正式运行，到2016年我国首条拥有完全自主知识产权的中低速磁浮线通车，改变的不仅是出行方式，更意味着这座古城跳出"单核心圈层蔓延式"樊笼，奔向"多中心组团化串珠式"发展。

如今，长沙有8座过江大桥、2条过江隧道，高铁可直达全国 23 个省会城市和直辖市，黄花机场旅客年吞吐量稳居中部第一，4 小时航空经济圈覆盖世界 1/3 的人口。

如今，长沙有 58 个商圈，高 452 米的国金中心创下湖南建筑第一高度。

如今，长沙常住人口超过 815.47 万人，城镇化率达到 79.12%。

"一带一路"重要节点城市、"一带一部"首位城市、首批国家物流枢纽城市——星城长沙已从一隅之地，成为长江中游城市群中的一颗璀璨明珠。

2. 产业之变：从"工商凋敝"到"智造之城"

2019 年 9 月 11 日，2019 世界计算机大会在长沙盛大开幕，国内外 150 余名行业专家学者、企业精英云集星城，为长沙抢占信息化时代"智"高点增添强劲动力。

再看 70 年前，新中国成立之初，长沙工商业凋敝，全市员工 100 人以上的工业企业仅 8 家，工业年总产值仅为 0.58 亿元，第三产业以低端商贸为主，而农业占据国民经济的大头。

20 世纪 60 年代开始，长沙积极推动工商业发展，掀起"兴工强市"的浪潮。八九十年代，中意冰箱、韶峰电视、湘江涂料、丽臣实业等，都是当时响当当的"长沙制造"。

1992 年，聚集了一批国内工程机械专家的长沙建设机械研究院，创办了中联重科。同时，三一集团、铁建重工集团相继诞生，为长沙成为"工程机械之都"打下了坚实基础。

历史巨轮滚滚向前，长沙人奋斗的脚步从未停歇。在工程机械产业加快发展的同时，长沙以壮士断腕的勇气淘汰落后产能，推动工业从劳动密集型向劳动资本技术密集型转变，并把发展现代服务业摆在优先位置。特别是党的十八大以来，长沙以发展智能制造为突破口，打造"智造之城"，推动传统产业改造升级和新兴产业发展壮大，重点发展 22 个工业新兴产业及优势产业链。2018 年，长沙实现工业增加值 3667.54 亿元，是 1978 年的 578 倍。

一届又一届长沙市领导班子励精图治。

如今，长沙拥有 13 个各具特色、各有所长的国家级、省级园区，岳麓山国家大学科技城、马栏山视频文创产业园、长沙临空经济示范区等新园区异军突起；县域经济发展迅猛，长沙县、浏阳市、宁乡市分别居"全国百强县"第 5、13、23 位。全市形成了新材料、工程机械、食品、电子信息、文化创意、旅游、汽车及零部件等七大千亿级产业集群。156 家世界 500 强企业抢滩长沙。

超级杂交水稻、千万亿次超级计算机、商用小卫星……2018 年，长沙高新技术企业达到 2359 家，高新产业对工业增长贡献率超过 40%。长沙用全省 5.6% 的土地，创造了全省 30% 以上的 GDP 和财政收入。

3. 民生之变：从"食不果腹"到"幸福满满"

中秋节前夕，"欢乐潇湘·品质长沙"群众文艺汇演在长沙湘江之畔风帆广场精彩上演，大家激情讴歌新时代、赞颂新生活。

丰富的精神文化生活，是人民美好生活的重要组成部分。在长沙，人民群众获得感、幸福感不断提升，已连续 11 年获评"中国最具幸福感城市"。

开福区新河街道的卢瑞雄老人出生于20世纪40年代初，他回忆，小时候饱经战乱、颠沛流离，吃了上顿没下顿，一件衣服老大穿了弟弟妹妹再穿。温饱尚不能满足，教育、医疗、住房、文娱更无从谈起。

新中国成立后，卢瑞雄一家人过上了安定的生活，虽然不富裕，但工作稳定，吃穿有保障，家里还有了收音机、自行车、缝纫机等。改革开放后，经济社会快速发展，卢瑞雄一家的生活水涨船高，越过越好。电视机、洗衣机、冰箱等成为寻常之物，大家从吃饱穿暖转变为追求吃得健康、穿得时尚，有好学校上学、有好医院看病等。单位给卢瑞雄分了一套两室两厅的新房，新房地址叫幸福桥。

据统计，1949年，长沙仅有医院、卫生所14所。2018年，全市卫生机构已达4523家，医院床位7.73万张，卫生技术人员8.15万人；全市医保覆盖率达95%以上，人均寿命从新中国成立时不到40岁提高到79.5岁。

1949年，长沙仅有在校小学生14.71万人，高校只有两所。如今，长沙九年制义务教育已全面普及，高中阶段毛入学率达95.6%，有51所高校，在校大学生70.35万人。

目前，长沙所有行政村实现通公路、通电、通电话、通有线电视和宽带，城镇居民每百户拥有空调、计算机、小车分别达239.1台、91.5台、69.2辆。

不仅物质生活富裕了，精神文化生活也越来越丰富多彩。湖南省博物馆、滨江文化园、梅溪湖国际文化艺术中心……有

"东亚文化之都""世界媒体艺术之都"美誉的长沙，一江两岸均拥有璀璨的文化地标，1491 个村（社区）建立了基层综合文化服务中心。

摩肩接踵的黄兴路步行街、郁郁葱葱的湘江大道、灯光熠熠的梅溪湖国际新城……如今若问长沙人，幸福是什么？有人会说，幸福是个"圈"，叫"15 分钟生活圈"，上学、就医、购物、乘车、游园、文娱等，在这个"圈"里应有尽有。

2018 年，长沙市 84 个省定贫困村全部出列，城乡居民人均可支配收入分别达到 50792 元、29714 元。

（作者：张颐佳）

2019 年 9 月 25 日

长沙：人工智能开启产业新篇章

1. 天时地利

在 2019 世界计算机大会上，来自德国汉堡的科学院院士张建伟等一批国际国内一流专家学者分享了对产业趋势的最新判断。

张建伟早就提出，当下我国的人口红利和流量红利正在消退，而人工智能日渐成为社会变革的巨大驱动力，将会驱动新的时代红利，人工智能也由此成为国家战略和市场投资的关注重点。

人工智能未来给产业带来的巨大变革就是提高效率——在各行各业的效率提升中能做出 70% ~ 80% 的贡献。现在通过大数据可以实现人类在有限认知、有限存储的情况下对全局的优化。借助大数据，人工智能已经可以在某些具体任务中提供超出多数人认知能力的结果。

从人工智能的应用角度看，最重要的环节是落地。人工智能只有参与到产业当中，才能实现真正的价值。

回望昨天，长沙的人工智能产业具有历史渊源。1981 年，中国第一届人工智能学会在长沙成立；1982 年，中国第一本人工智能科技刊物《人工智能学报》在长沙创刊；1988年，中国第一本人工智能专著在长沙出版；2011年，中国第一个人工智能项目在长沙验收。

技术基础上，1983年12月22日，我国第一台每秒钟运算达1亿次以上的"银河"计算机在长沙研制成功，中国成为继美国、日本之后，全球第三个有巨型计算机研制能力的国家。随后，10亿次的"银河Ⅱ"和100亿次的"银河Ⅲ"巨型计算机相继在长沙问世。

如今，以"天河"为业务主机，我国已建成天津、广州、长沙三大超算中心，构建起生物计算与个性化医疗、天文地球科学与环境工程、智慧城市大数据和云计算等多个应用服务平台，为国内外几千家用户提供高性能计算和云计算服务，支撑几千项重点课题研究。

此外，长沙境内各层级重点高校在人工智能领域陆续开设了人工智能专业，现拥有人工智能产业相关的院士10余名、科研人员2万余名，在校大学生3.5万余人、研究生1.5万余人，具备了科教人才优势。

强大的计算机研制开发能力和高校科研优势是长沙发展人工智能的底气。更难得的是产业方面，今天长沙有80%的企业对利用工业互联网、人工智能等技术进行智能化转型的愿望强烈。"大规模产业智能化"必将催生"智能产业化"的高速发展，而且长沙在计算芯片、图像处理、工业机器人、工业互联网等领域，已布局了一大批在全国有影响力的企业和研发平台。

长沙市结合自身信息技术产业和智能制造工作的良好基础，抢抓人工智能产业发展风口，于 2018 年将人工智能及机器人作为全市 22 条产业链之一重点推进。

2. 长沙力量

说到人工智能在长沙的实践应用，作为国际国内知名的工程机械之都，这方面的案例不胜枚举。

如全球工程机械行业第一个 5G 应用落地的场景，1000 公里外遥控挖矿。

栾川钼矿是全球三大钼矿之一，由于长期洞采挖空，进行露天开采已非常危险，亟须推进少人化、无人化智能矿山项目。

今年初，栾川钼矿的 5G 基站建成后，以一台 415 挖掘机作为原型机，三一重工和华为研发人员联合改造，使其匹配 5G 通信新标准。

在强大的 5G 网络支持下，设备的智能化水准完全提升了一个档次，远超预期。"即使千里之外，也仿佛现场驾驶，每一个指令都迅速到位，操作延迟几乎感受不到，操作误差控制在 10 厘米内。"栾川钼矿对长沙工程机械的人工智能水平赞不绝口。

从 2018 年 10 月开始，三一 SSR260C – 6 无人压路机就到京雄高铁某段开始进行测试。

刚到工地的时候，这台设备勾起了大家的好奇心，来了好几批人参观。其中，有一个操作手对它嗤之以鼻，觉得它一点都不实用，非常排斥这个"无人伙伴"。等到无人压路机不断试验，发现它行驶精度高，走出的路线都是笔直的，而且还可以不休息连续作业，比起旁边的人工操作路段，效果一目了然，让他心服口服。

长沙正从工程机械之都向智造之城转型升级，人工智能加速了这一进程。

工程机械传统施工过程中，展车、收车、挂配重等环节都需要人工进行操作，而操作安装了 SCIS 智能系统的三一全地面无人起重机 SAC1100S 时，操作手只需将车开到指定场所，然后轻按功能按钮，即可向起重机发出指令，实现整车一键收展、底盘一键调平、配重自动装卸等功能。

"比如费时费力的挂配重，通过自动挂配重系统，原来需要两三个工人来操作，SAC1100S 只需要一个工人进行辅助便可完成，大大减轻了劳动强度，操作也更简单、快捷。"工程师李松云说，SCIS 可以弥补人力在施工过程中的不足，还可以节省成本。

在 SCIS 的"黑科技"里，稳钩技术和展车技术也让人眼前一亮。通过稳钩技术，可以有效地将 60 米到 70 米的伸缩臂起重机的全伸臂额载幅度控制在 0.1 米以内，重物几乎可垂直离地，极大降低操作手的劳动强度，提高作业的安全性。

一台手机便掌握设备"一举一动"。远程语音控制功能成了 SAC1100S 的"标配"。操作手只需对着手机发出语音指令，起重机便可根据指令进行操作。即便是新手，通过此功能也可实现毫米级的精准吊装。更有意思的是，SAC1100S 还能够听得懂方言，所以丝毫不用担心普通话不标准。

同为全球工程机械行业巨子，中联重科通过移动互联网、云计算、大数据、物联网、人工智能等与工程机械制造行业的结合，从智能产品、智能服务、智能工厂三大方面推进智能制造。

如智能服务，中联重科以4.0智能产品为载体，通过物联网、大数据、移动互联网等技术连接设备、企业与客户，对经营模式进行了颠覆式创新，重构商业模式。利用物联网技术，中联重科连接了超过20余万台套的设备，结合大数据、人工智能等先进技术，通过工业互联网平台，为客户提供设备管理和智慧运营服务。中联重科实现了从"设备生产商"向"服务提供商"的转型。

中联重科在其总部所在地长沙规划建立一个近7平方公里的智慧产业城。建成后，其将成为工程机械行业国际领先的、规模最大的单体园区，成为环保、生态的高端装备智能制造基地和人工智能研究应用基地，让人文与工业交相辉映，让科技与梦想有机融合，承载起工程机械转型升级、智能制造的全球化愿景。

目前，长沙市人工智能产业链初步形成，基础层、技术层、应用层均有代表性企业，产业总体水平来势好，发展后劲足。其中基础层的数据采集、数据存储、数据挖掘、信息感知以及运算方面形成了一定基础，湖南超算中心、长沙工业云平台、证通电子数据中心等机构可为人工智能提供云计算服务、数据支撑；技术层的语音识别、图像识别等方面实现了一定技术积累，拥有机器人视觉感知与控制技术国家工程实验室、自兴人工智能研究院等多家科研机构以及一批创新型企业；而应用层则集中了全市 60% 以上的人工智能企业。

长沙人工智能产业年增速在 20% 以上，今年 1~8 月规模以上人工智能企业产值增长 44%，人工智能产业总体水平位于全国上游。

3. "火力"全开

今天的长沙"火力"全开，正全方位大力推进人工智能产业发展。

在智能制造领域，截至目前，全市智能制造试点企业 668 家，其中"国字号"27 家，总数位居全国省会城市第一，"长沙模式"声名鹊起。

在智能驾驶领域，长沙智能网联汽车测试区于 2018 年 6 月 12 日正式开园，并于 2018 年 11 月 28 日获得"国家智能网联汽车（长沙）测试区"牌照，已为 38 家企业 86 款车型提供了 1800 余场测试服务，累计测试里程达 6 万公里，累计发放 53 个路测牌照，编制 2 项智能网联汽车相关管理细则、4 项测试规程、2 项技术指南。在今年 9 月 16 日 EWC CHINA 创业者世界杯中国总决赛中，来自长沙的希迪智驾荣获了中国赛区总冠军。

9 月 26 日，由 135 公里城市开放道路和 100 公里智慧高速开放道路构建的开放道路智能驾驶长沙示范区将正式启用。135 公里城市开放道路，全线支持 L3 级别及以上的自动驾驶车辆测试，这是国内智能化改造范围最广、场景最丰富、道路类型最全面的城市开放道路，共计拥有车辆行驶安全、道路信息提示、路网管理等应用场景90余个，形成了人—车—路—云一体化系统架构，在支持智能驾驶车辆安全高效行驶的同时，实现海量交通运行数据与交警数据平台的互联互通，为城市交通效率提升提供解决方案。

政府部门不断加强人工智能平台供给和技术创新，成立了以长沙智能制造研究总院为全市推进智能制造顶层机构，为工业企业开展免费咨询、问题诊断、改造方案设计等服务；成立了长沙机器人研究院，推动机器人集成、关键零部件攻关；成立中电工业互联网有限公司，进一步深化长沙工业互联网布局，推动智能制造强国建设；同时还成立了智能驾驶研究院、西安电子科技大学研究院、湘江地平线人工智能研究院、中车新能源汽车研究院，推进关键技术和核心零部件的研发和产业化。

长沙正抓紧谋划抓住人工智能发展"战略机遇期"，积极推动制造业高质量发展。长沙市产业链工作推进领导小组办公室协同22条产业链办公室，在现有的"图""库"基础上，进一步细分到各个子领域，编制形成产业链地图。同时着手补齐短板，聚焦主体培育、招才引智、信息基础设施、产业化平台等，全面夯实产业基础，优化产业生态。

在支持场景应用上，长沙一方面持续推进智能制造、智能驾驶等有扎实基础、有核心技术和有先发优势的应用场景，形成本土特色鲜明的产业。另一方面，瞄准医疗、教育等长沙具备一定资源优势的领域，积极探索和推动智能教育、智能医疗的场景应用，形成新的经济增长点。

4. 开启未来

人工智能和大数据、地理信息产业同属于数字产业，相互依存、融合发展。天心区发挥大数据和地理信息产业优势和基础，加快促进人工智能产业发展，成立了企业产销对接服务中心，出台了诚意满满的《天心营商环境30条》，以"应用场景促产业"，以"市场换产业"，率先在中部地区布局5G，精选了"自主智能BIM系统、HiGIS高性能地理计算平台、城市电动自行车综合治理系统、可视化全景便民惠民服务地图"等12大应用场景进行推广。

今年5月，长沙市人工智能产业联盟来到天心经开区，筹建人工智能产业园。

人工智能产业联盟成员企业目前已达70家，相关专利数量过千，博士、教授等高端人才过百，同时联盟设立了专家委员会和产业研究中心，成为凝聚政府、企业和产业之间的桥梁。

短短几个月时间，长沙市人工智能产业创新联盟、湖南格纳蓝图信息科技有限公司、湖南深选智能科技有限公司、湖南善飞智联科技有限公司、湖南深望信息科技有限公司、湖南逸尚智联智能科技有限公司6家单位装修完成，有的已开始办公。宽敞明亮的办公室里，汇聚着这座城市发展人工智能的新梦想。

与此同时，软银资本投资的酷哇人工智能及大数据研究院，微软基金投资1000万元的梦图科技有限公司，以及潇湘大数据研究院、超能机器人、灵想大数据、灵想产业公司等企业正在办理园区入驻流程中，还有一批来自北上广深的优质企业频频伸来橄榄枝，有意来长沙开启新的征程。一位决定来长沙的知名企业工作人员说："天心区很懂人工智能，我们对建立在科学认知基础上的决策充满信心。天心区也很懂企业，知道我们的发展诉求，从规划到政策再到具体的沟通，条条都落在我们的心坎上！"

"3年时间，人工智能核心产业企业及产业链相关企业年营收超100亿。5年左右，集聚区内每年都将出现两三家上市公司，或具备上市条件的公司。"人工智能产业园相关负责人信心满满地表示。

长沙高新区正全力打造以智能装备为主的智能制造产业示范区，出台智能制造、"互联网＋"等行动方案；雨花经开区立足园区机器人产业集聚优势，提出"以超常规的手段推进超常规的工作"的发展新思路，出台《关于加快发展新一代人工智能 建设智慧园区的若干意见》；天心经开区以获评"湖南省大数据产业园"为契机，深耕大数据（含地理信息）产业，夯实人工智能产业发展基石；其他各园区也纷纷出台与人工智能相关的行动计划或推进政策。

2019年4月，长沙市委政研室、长沙市工信局对全市人工智能产业发展情况开展了专题调研，形成了《全面打造具有长沙特色的人工智能产业高地——关于加快发展我市新一代人工智能产业的调研与思考》，对长沙现状、机遇、不足及路径进行全面剖析，并依据调研成果完善政策体系，先后三次组织了专题会议，征求企业、工业园区、专家及相关部门的意见，于

6月21日召开新闻发布会发布了《长沙市关于进一步促进人工智能产业发展的意见》。政策发布后，取得了很好的社会反响，企业家称赞其为"干货十足的智能红利大礼包"，特别是设立5亿元专项资金、100亿元产业基金等内容，力度前所未有。

放眼全球，人工智能产业已成为国际公认的21世纪最具活力和广阔前景的"朝阳产业"，成为全球经济发展的新引擎。在中国，产业上升为国家战略后，人工智能产业已经进入"黄金窗口期"，"人工智能＋"行业应用百花齐放。错过这个稍纵即逝的机遇期，失去的可能是一个时代。长沙市工信局相关负责人表示，人工智能的产业篇章已经开启，长沙将以前瞻性思维啃下每一块制约人工智能产业发展的"硬骨头"，让人工智能深植产业土壤，为现代化建设和高质量发展提供强劲动力。

（作者：李治、陈文成）

2019年9月26日

智能制造，湖南何以风生水起

自 12 月 6 日起，每天 7 时 30 分，由中车株洲所研制的智轨首班列车从四川宜宾智轨产业园出发，驶经闹市区 17.7 公里后，抵达宜宾西站。

一辆全球首创的智能列车，是湖南智造"点"的突破；一条全球首次投入商用的智轨线，在轨道设计、安全技术、乘坐体验、运营维保等各方面的高度智能化，映射出湖南智能制造的系统能力。

放眼全球，"智"造大潮涌起，湖南迎潮而上。省会长沙，从第一条中低速磁悬浮投入商用，到各大顶级公司围绕无人驾驶汽车在星城"发力"。近几年智能制造的"长沙现象"蜚声全国；从三一重工的树根互联网在业内声名鹊起到一个个中小企业自觉进入"云端"，从示范引领到全面应用不断突破，全省智造生态系统雏形初现。

智能制造风生水起，形成独特发展的"湖南模式"，正大跨步推动传统产业转型升级、提质增效。在这背后，湖南靠的是什么？

1. 顶层设计"给力"，全省"智"造势如潮涌

一根麻辣鸭脖，最能触动吃货的味蕾。

走进生产绝味鸭脖的阿瑞食品有限公司制作车间，洁净如镜、卤香四溢。生品解冻、卤制包装、拣配发货，鸭脖生产全流程，都是通过自动化设备在流水线上完成。

一件漂亮衣裳，最能愉悦人们的爱美之心。

几秒钟量身，1分钟试穿，最快2小时拿到成衣。湖南苏科智能科技有限公司打造了全国第一个智能制衣云平台，实现了消费者下单到生产的全流程控制。

一栋楼几天之内平地而起，最能诠释住宅产业化的速度。

远大住工致力用最经济的方式建最好的房子，利用装配式建筑生产技术，让盖房子像搭积木，既快速又环保。

"智"造产品"飞入寻常百姓家"，是湖南智造飞速发展留下的鲜明印迹。这背后，市场"无形之手"在逼迫，省委、省政府更是以强有力的"有形之手"，从顶层开始，一项项政策、一个个务实的举措落地生根。

阿瑞食品是湖南最新认定的省级智能制造示范企业；苏科智能在场地、人才、税收等方面均得到了政府优惠和支持；远大住工智能工厂是"国字号"智能制造试点示范项目。

2016年，省第十一次党代会上首次明确提出"着力打造以中国智能制造示范引领区为目标的现代制造业基地，促进'湖南制造'向'湖南智造'跨越"。

铿锵之音，掷地有声；落地行动，迅速有力。

湖南成立了由省长挂帅担任组长、分管副省长任常务副组

长的制造强省建设领导小组，办公室设在省工信厅；颁发《湖南省智能制造工程专项行动计划》等政策文件；设立重点支持智能制造的制造强省专项资金和新兴产业发展基金；创新制定首台（套）重大装备认定奖励制度，推广应用智能装备和产品。

智造之势，潮涌而至，激荡三湘四水。

短短几年，湖南一批国家级、省级智能制造示范企业、示范车间获批下来，智能制造重点项目、智能制造推进平台雨后春笋般涌现。

截至目前，湖南共有 16 家企业列入国家智能制造试点示范项目，获批国家智能制造标准化和新模式项目 27 个，数量分别居全国第六、第七位；1 家企业中标国家智能制造系统解决方案供应商项目。

全省累计认定 53 家省级智能制造示范企业、74 个省级智能制造示范车间；省工信厅还公布了首批 30 家湖南省智能制造系统解决方案供应商推荐目录。

从示范企业、示范车间生产出来的产品，有世界最大起重能力的履带起重机、世界最高曲臂式高空作业平台、全球首台 5G 遥控挖掘机等，它们创下的世界第一，标注着湖南智造的高度。

走进车间，更可以深刻体会到湖南智造的速度。三一集团，5 分钟下线一台挖掘机；中信戴卡长沙基地，每 10 秒生产一件铝轮毂；湖南中粮可口可乐，每小时下线 4.8 万瓶可口可乐。大到工程机械"大块头"，小到生活一瓶小酱油，湖南智能制造的触角已经渗透到各行各业。

KUKA 机器人代理商施洋说，工业机器人在湖南，既走进了几万平方米的制造车间，成为生产"大国重器"的主力军；又化身"技能家""艺术家"，向湘人湘商展示下棋、雕刻等技艺。

智能制造的深度应用，大大提升着湖南的发展质量。

工程机械湘军以智能制造提升内生动力，在新一轮增长中发展结构更优、后劲更足，湖南世界级工程机械产业集群呼之欲出。

烟花爆竹有了智能自动化生产线助力，同样是实现年产值6000万元，华冠花炮用工从400余人缩减至8人。

依靠智能制造及人工智能等相关技术，新兴优势产业高起点占领市场，经济效益持续攀升。湖南移动互联网产业五年营收增长15倍，2018年突破千亿元大关；今年有望突破1300亿元，持续保持高增长。

2. 省会长沙"发力"，智能制造"长沙现象"勇立潮头

2018年12月8日，长沙格力暖通制冷设备有限公司注塑智能生产车间，机器人和传送带相互配合，完成全自动智能生产作业。

11月19日，首台"长沙产"格力大型中央空调机组在宁乡经开区下线。同一天，长沙格力电器冰箱洗衣机生产基地项目开工。

格力电器董事长董明珠表示，格力将在长沙投资上百亿元，让更多格力产品烙上"长沙智造"标记。

时下，智能制造已成全球趋势，湖南阔步向前，省会长沙一马当先！

目前，长沙市有智能制造试点企业668家，国家级智能制造试点示范企业和智能制造新模式应用专项项目 27 家，居全国省会城市第一位。

世界 500 强企业在长沙"引得进、留得下、长得好"，既为智能制造"长沙现象"的形成贡献力量，也为智造之城长沙写下生动注脚。

"快速的政府反应、厚实的产业基础、头部企业的自我革新，是长沙发展智能制造的最大优势所在。"前不久闭幕的 2019 湖南（长沙）网络安全·智能制造大会，与会专家分析表示。

2015 年 7 月，长沙率先在全国发布长沙智能制造三年行动计划，决策把握、顶层设计快人一步、抢占先机。

工程机械、汽车、食品、电池及新材料等产业链领军企业，在智能制造转型升级上很快发挥出试点示范效应。

三一集团 18 号厂房，不仅"块头"大，智能化水平更是首屈一指，被誉为"亚洲最大的智能化制造车间""中国最聪明的工厂"。

长沙博世 4.0 生产线，博世全球工业 4.0 项目运用智能化模块最多的生产基地之一，只需 2 名工人、5 台机器人、7.5 秒，就可以下线一台汽车防抱死制动系统电机。

盐津铺子在智能化技术升级时曾计算过成本：对比传统生产方式，智能化升级后，劳动用工可以减少近 70%；烘焙生产采用智能管控体系，减少人与食品接触，可以实现食品品质精准控制，并且生产效率至少提升 30%。

2018 年，长沙确定了 22 条工业新兴及优势产业链，纵深推进智能制造；《长沙建设国家智能制造中心三年行动计划

（2018—2020年）》也开始落地实施。

然而，智能制造转型门槛高、周期长、成本大，大企业"顶天立地"有基础、有优势，如何实现中小企业的"铺天盖地"？

以长沙工业云、三一根云、中电互联等为代表的长沙工业互联网平台发挥了巨大作用。

从古法酿造酱油到高能量密度锂电池，从数字化车间总体设计到智能制造设备技术攻关，多元化的企业、多样化的需求，都能在云平台上找到适合自己的解决方案模块和服务，就像在网上逛"淘宝"买东西一样。

高空作业机械领域"新星"星邦重工，低成本让公司设备接入云平台，没有巨额投入即让产品具备了远程监控功能。

湖大艾盛汽车零部件装备制造有限公司，"上云"找到了合适的智能化升级方案，车间生产效率提高20%，生产成本降低15%。

"工业云提供很好的研发设计工具和企业管理应用服务，可以帮助企业降低平均约三成的信息化成本。"中电工业互联网有限公司副总经理、长沙智能制造研究总院董事长邓子畏介绍。

目前，长沙工业云平台注册企业已达4万家左右，其中不乏外省、外市企业。

12月11日至12日，长沙市举行了重大产业项目建设流动观摩会，翻开今年长沙市的重大产业项目名单，"智能化"成为"标配"，智能装备、智能汽车、智能终端、信息安全及自主可控的"三智一自主"成绝对"主角"。

立足"制造"、深耕"智造",长沙正全力打造"国家智能制造中心"。

3. 智造生态"助力",智能制造点、线、面全面推进

临近年底,邵东县生态产业园内的湖南东亿电气股份有限公司愈发忙碌,新增的 10 条生产线有序运行。

东亿电气是世界最大的打火机制造企业,全球在售的打火机中,每 5 支就有 1 支东亿电气的产品。

公司副总经理白家宝告诉记者,东亿电气智能化改造前,工人数量约 1.4 万人,日产打火机 100 万只;智能化改造后,工人 1400 人左右,日产打火机 400 万只,而且产品走向全球、迈向中高端。

为东亿电气智能化转型升级"量身定制"方案的,是邵东智能制造技术研究院,它搭建了一个先进制造业与现代服务业融合发展的载体和平台,已为 120 多家企业提供了智能化改造服务。

11 月 25 日,该研究院与 29 家企业一道,入围第一批湖南省智能制造系统解决方案供应商推荐目录名单。

湖南编制这一名录,旨在进一步推动全省智能制造实现从"栽盆景"向"种苗圃"转变,由"点上示范"扩大到"面上推广"。

"点"上示范已成势。三一集团、中联重科、中车株机、铁建重工等重点企业,建起了自己的智能工厂、车间,甚至已经开发出自己的 App,向研发、管理、服务等"一网通""一键通"迈进。

"线"上延伸不可挡。以树根互联为例,该工业互联网平台覆盖 75 个细分行业，连接 58 万台高端设备，成功打造了包括铸造、流体机械、柴油机等工程机械垂直领域在内的 18 个行业云平台，能支持包括"一带一路"沿线国家在内的百余个国家的设备接入。

"面"上推广初见效。长株潭地区智能制造集聚发展态势明显，长株潭三市获批的国家级、省级智能制造试点示范和专项项目，占全省总数的 68%。在湘江新区的国家智能网联汽车（长沙）测试区，智能网联汽车产业生态集群渐成气候。

为构建智能制造产业生态系统，湖南省还多层面、多层次举办智能制造展览会、合作对接会等，广纳全球行业龙头企业的智能化项目和方案入湘。

长沙国际工程机械展览会，全球"智能化新一代工程机械"悉数亮相，现场订单和采购金额逾 200 亿元。

湖南（香港）智能制造项目推介会，现场签约智能制造项目 24 个、投资总额 117.5 亿元。

湖南（长沙）网络安全·智能制造峰会已连续举办 4 届，充分诠释了"全球视野、中国方案、湖南实践"。

大风起兮，湖南智能制造企业乘势而上。今年以来，全省申报省级智能制造示范企业和示范车间项目数量达 153 个，同比增长 72%。

湖南"智造"高地正在迅速崛起。

（作者：黄利飞、周慧佳、陈文成）

2019 年 12 月 17 日

中国智造，麓谷担当

1. 先行先试的"麓谷样板"

智能制造是基于新一代信息技术，贯穿设计、生产、管理、服务等制造活动各个环节，具有信息深度自感知、智慧优化自决策、精准控制自执行等功能的先进制造系统的总称。它以智能工厂为载体、以关键制造环节智能化为核心、以端到端数据流为基础、以网络互联为支撑，可有效缩短产品研制周期，降低运营成本，提高生产效率，以及降低资源消耗。

智能制造作为当下的"风口"，代表着中国制造业的未来。如何以智能制造驱动技术改造、模式创新以及产业转型升级，是摆在麓谷决策者面前的难题。

高新区全力打造以智能装备为主的智能制造产业示范区，出台了智能制造三年行动计划、移动互联网三年行动计划；智能装备、智能工厂、智能服务、工业软件和大数据等新兴产业加速融合，已基本形成"智能制造＋移动互联网"的特色产业。

作为长株潭自主创新示范区的"创新谷"，长沙高新区国家、省、市智能制造示范企业和项目达到 62 家（个）。其中，累计获批"国字号"智能制造企业（项目）10个，居中部园区第一。2017年，红太阳光电、九芝堂、中兴智能、湖南科霸获批国家智能制造综合标准化与新模式应用项目；中联重科、梦洁家纺、红太阳光电、中兴智能获批智能制造试点示范项目企业，占全省的67%。在此之前，威胜集团、华曙高科已经获批全国首批智能制造试点示范项目企业。

以先行者的姿态深耕智能制造领域，麓谷路走得稳、走得远。

"一带一路"的号角吹响，一大批麓谷企业"出海"，以更高标准的高端制造为输出，代表湖南制造走出国门，积极参与新一轮的全球市场塑造。

重峦叠嶂中，中联重科的2台大吨位平头塔机T630-32矗立于巍峨雄壮的喜马拉雅山脉之畔，如同巍峨的巨人，助力印度水电站建设。

在乌克兰，中冶长天成功中标AMKR烧结改造项目，用先进的绿色技术与成套装备，在"一带一路"沿线国家和地区，刻下中国高端制造的烙印。

"远大联合"计划已经落地百城，苏里南、白俄罗斯等"一带一路"国家崛起麓谷装配式建筑……

麓谷在智能制造领域形成的智慧积淀和影响力扩散，让国字号智能制造行业盛会在长沙举办，成为中国制造转型升级和智能制造产业发展的风向标，共同塑造着长沙新时期的文化软实力和城市品牌。

2017年12月6日，第二届中国（长沙）智能制造峰会长沙开幕。麓谷将自己的展区变成了一个智能装备的"黑科技"大秀场，80多家麓谷智造企业纷纷展出拳头产品。

中联重科4.0产品有"大脑"，可自适应、自诊断、自调节，产品智能化达到新水平；同时，以智能化产品为基础，实现物联互联，带动了自身和上下游商业模式的创新。

中兴通讯在长沙基地首次使用机器人，共配备了18台，最高每天可量产2万台智能机顶盒。

梦洁家纺靠自动化吊挂系统等智能设备，让床上用品在空中"飞舞"，从布料编号到花样繁多的个性化定制家纺产品出厂，生产线上只需要几名员工操作。2017年上半年，梦洁家纺实现营业收入7.85亿元，同比增长43%，实现净利润7008万元，同比上升25.39%。

远大住工以智能制造作为新旧动能转换的主攻方向，以"BIM+云计算+大数据"为基础的远大云平台今年上线，可实现建筑全生命周期的关键数据共享与协同。

2. 厚积薄发的"麓谷智造"

在技术金字塔尖的智能制造行业取得 席之地，麓谷成功的秘诀何在？

一手抓增量培育，加快引进行业龙头企业，进军顶端；一手抓存量优化，改造传统产业，迈向高端。

日前，长沙高新区与杉杉股份控股的湖南杉杉能源科技股份有限公司（简称杉杉能源）签订投资协议，计划投资200亿元在麓谷建设10万吨级高能量密度锂离子电池正极材料开发、生产、销售基地项目。该项目全部建成投产后年产值在150亿元到 200 亿元。

杉杉能源多年来雄踞新能源锂电正极材料行业全球第一，先后获得"国家智能制造""国家企业技术中心""院士工作站"等国家级项目与荣誉称号。

1 月 15 日，长沙市政府与中兴通讯股份有限公司签署有关终端项目合作框架协议，中兴通讯终端产业项目落户长沙。这已是全国最大的通信设备上市公司——中兴通讯第三次追加投资，长沙与中兴通讯"联姻"打造的生产基地，已成为智能制造的引领性项目、合作共赢的标志性成果。

第二届智博会上，中国长城总部基地及产业化项目、中电科智能制造装备产业园、三诺生物传感科技园三期智慧健康项目、岱勒新材金刚石产业化项目四大项目落户麓谷。其中，中国长城总部基地及产业化项目投资 51 亿元在麓谷新建总部及产业化项目，将打造海洋信息安全产业化、新一代高性能高可靠自主可控多路服务器、基于自主可控平台的人机交互、通信装备系统研制及产业化、特种装备新能源及应用、医疗云平台项目、自助终端运维服务云平台、自主可控操作系统、中电信息安全和军民融合产业基地等。投资 50 亿元的中电科智能制造装备产业园将以 8 英寸集成电路特色工艺线项目为核心，进一步整合 48 所集成电路装备、碳化硅关键装备和传感器、"传感器＋"等优势产业，引进上下游相关配套产业项目，建设包括研发、生产、附属配套设施为一体的高端制造基地。

龙头企业纷纷抢滩入驻，为麓谷智造涂抹上浓墨重彩的一笔。

长沙高新区制造企业数量众多，智能制造发展水平各有千秋。园区以"补课2.0，普及3.0，示范4.0"为理念，分类推进，梯度打造，充分发挥龙头企业的垂范作用，引领着麓谷"智能制造"整体迈向更高层次。

在红太阳光电的高效 PERC 电池数字化示范车间里，工人数量屈指可数，黄色机器人灵活地挥舞着机械臂，无人驾驶的 AGV 智能小车往来穿梭忙着下料，承担每天 35 万片电池片的抓取和运输工作。经过清洗制绒、扩散、湿法刻蚀、背表面钝化、镀膜、激光刻槽、丝网印刷、测试分选 8 道工序，单晶硅片"变身"为一张张高效电池片。

"该智能生产线用工减少 66%，运营成本降低 22%，产品不良品率降低 30%，产品研制周期降低 37.5%，生产效率提高 20%，能源利用率提高 20%。"红太阳光电的副总经理蔡先武介绍说。

2016 年 9 月，红太阳光电建成了我国首条太阳能电池智能制造示范线。2017 年 5 月，红太阳光电成功中标国内某光伏上市公司 300WM 高效电池智能制造项目。8 个月，红太阳光电实现了光伏智能制造从示范到产业化输出。

迄今为止，红太阳光电公司已为光伏行业提供了将近 4000台套光伏装备，是全球提供光伏设备品种最多的企业，共完成超过 2GW 的整线"交钥匙项目"。

红太阳的智能化之路不过是麓谷智能制造的一个缩影，高新区的智能化浪潮席卷了不同行业：先进装备制造、电子信息及互联网技术应用、新材料、新能源与节能环保、生物医药与健康、现代服务业六大主导产业焕发勃勃生机。在新一代电子信息产业，电子产品制造、移动互联网、北斗导航、3D打印等领域，以"新技术、新产业"为代表的长沙新经济也异军突起。

其中，北斗导航更是长沙智能制造发展进程中的一颗明珠，未来5～10年内有望培育形成新的千亿级产业集群。目前，湖南省从事北斗导航的企业已经超过50家，其中，90%以上的企业聚集在麓谷。

3. 跨界融合的"麓谷路径"

如火如荼的高新区智能制造发展态势，不仅是时代趋势和本地产业实力使然，更离不开适宜智能制造生长的产业发展生态系统。

为创造良好的智能制造发展氛围，高新区不断完善各类服务平台，优化融合发展环境。

长沙高新区引进长沙智能制造研究总院，旨在为长沙建设国家智能制造中心提供顶层设计，是全市智能制造的推进机构，助力湖南制造强省建设。依托该院成立"2025智造工场"孵化器，以先进装备制造、精益制造、人工智能、工业互联网、VR（虚拟现实）、AR（增强现实）、无人机、机器人等为主要发展方向。两年来，长沙智能制造研究总院经过多次专业的孵化项目评审会，成功为本地筛选了42个智能制造领域双创项目进行孵化。

几秒钟完成精准量身，一分钟试穿几十套衣服，最快两小时可以拿到成衣——湖南苏科智能科技有限公司（简称苏科智能）正在改变服装行业的节奏。

苏科智能就是长沙智能制造研究总院孵化的项目之一，通过智能量体试衣定制服务平台，即生成仿真电子立体模特，搭配试衣。目前，苏科智能还和省内外多家服装定制工厂合作，预计每年能为服装定制工厂量体30万人次。

长沙智能制造研究总院整合央企和国际国内高端资源，为长沙智能制造提供重要的智库支撑，为存量企业转型升级提供诊断、咨询、改造等服务，打造智能制造创新生态体系。通过长沙"工业云平台"，探索解决全省制造业信息化难题，提升工业企业，尤其是中小企业的市场竞争能力和创新能力，加速产业升级与转型发展。

"长沙工业云平台"以中间件集成重构，实现主流核心工业软件共享协同，初步形成了按需服务的协同智造产业平台，已覆盖全市1600多家企业。

两年前，新型研究院在麓谷还"闻所未闻"，如今，天仪研究院、湖南航天新材料技术研究院、长沙智能制造研究总院、长沙增材制造（3D打印）工业技术研究院、长沙北斗产业安全技术研究院等全国领先的新型研究院纷至沓来，总面积超过了4万平方米。

继成功发射"潇湘一号""陈家镛一号"两颗科学实验卫星以后，天仪研究院又再传喜讯。1月19日，"湘江新区号"和"亦庄·全图通一号"成功发射，标志着天仪研究院的太空任务走向标准化、系列化发展道路。

"工研院是独立的法人机构，作为一个独立的研发机构，它的产品就是技术，针对具体的细分领域设立工研院，可以输出技术，培育产业集群！"高新区经济发展局相关负责人表示。

麓谷管理者深知：企业才是践行智能制造的核心力量，也是推进智能制造发展的内生动力。

为了营造一流的营商环境，高新区建设了"一站式"服务大厅，有效整合政务大厅现有审批事项，致力于让办事企业和群众"一张纸不要、一趟路不跑、一小时办好"。流程再造后，除部分复杂项目，其他项目一律简化为"受理、审批、告知"三个环节。自 2016 年实行新的行政审批流程以来，高新区日均办件量达到 101 件。

高新区对规模性企业实行"超前服务、延时服务、上门服务、预约服务、跟踪服务"，特事特办、急事急办；同时，高新区采用"移动互联网＋"的政务服务新模式，网上预约、线上审批、联动审批，使审批事项的优化率达到 35%，申报材料的压缩率达到 53%，审批效率提高了 75%。

如今，事不过夜的工作作风在高新区蔚然成风，每个人都精心做好岗位上的每一件工作，每个人都用行动履行"人人都是投资环境"。在这场优质服务只有起点，没有终点的进程中，每一个高新人用行动证明麓谷人勇往直前。

目前，智能制造的"麓谷路径"已经日益清晰。高新区管委会主任谭勇介绍，下一步，长沙高新区将重点建设以智能装备制造为主的智能制造产业示范区，在智能装备、工业机器人、增材制造、智能传感与控制、智能检测与装配、智能物流与仓储装备等领域发力。预计到 2020 年，长沙高新区将形成一个产值破 1000 亿元的智能化产业集群，智能制造试点示范项目突破 100 家，逐步实现由"麓谷制造"向"麓谷智造"升级。

（作者：王茜）

2018 年 1 月 23 日

抓住战略机遇，
加快长株潭城市群高质量发展

当前，城市群发展迎来新的战略机遇期。8月26日召开的中央财经委员会第五次会议指出中心城市和城市群正在成为承载发展要素的主要空间形式，并强调要增强中心城市和城市群等经济发展优势区域的经济和人口承载能力。

长株潭城市群应牢牢把握新的发展契机，优化布局、激发潜力，加快高质量发展。

——争取长株潭城市群进入国家战略层面，打造中部崛起的战略支撑。

处于"一带一部"中枢位置的长株潭城市群，在国家区域战略布局中地位独特、作用突出：从中部崛起来看，可依托以武汉为中心的武汉城市圈、以郑州为中心的中原城市群、以长沙为龙头的长株潭城市群，打造中部崛起的"品字型"支撑；从长江经济带来看，长株潭城市群可以和武汉城市圈组成"双子座"，打造长江经济带的"金刚腰"，形成与长江经济带"龙头"的上海、南京、杭州，"龙尾"的成都、重庆等协同发力的格局。

长株潭三市应凝聚共识与合力，抢抓国家优化城市群布局，以及国家新型城镇化规划、长江中游城市群发展规划等国家级规划修编契机，推动长株潭城市群高质量发展跻身国家战略层面。

——突出制造业高质量发展，打造世界级的制造业产业基地。

国家战略层面的城市群发展，重在推动各大城市群在产业布局、产业链条、物流枢纽等方面的融合，以及城市群人口基数等方面的匹配。因此，加快长株潭城市群高质量发展，重在围绕打好产业基础高级化、产业链现代化的攻坚战，依托长沙高端制造、科教资源等优势，带动长株潭和全省制造业向网络化、智能化、绿色化、服务化发展，打造一批主导产业支撑明显、配套产业协作力强、空间集聚效应显著的跨城际现代化产业链和世界级优势产业集群。

一是推进重点园区的协同整合。以长株潭自主创新示范区、长株潭衡"中国制造2025"试点示范城市群等建设为统揽，重点以三市高新区、长沙经开区和湘潭经开区等园区为核心，统筹工程机械、轨道交通装备、新能源装备、汽车制造、航空航天等产业集群发展，促进各市在研发设计、关键零部件生产、一般零部件制造、产品组装、检验检测、市场营销等产业链环节进行协同分工，打造兼具产业战略性和城际链接性的世界级智能制造产业集群。

二是培育城市群优势产业集群。在长株潭城市群范围内布局和培育产业链，明确各条产业链的目标定位、龙头企业、引领城市，协同推进"强链式、补链式、延链式"招商引资。三市分工协作、形成配套，共同提高优势产业集群的市场领导力以及在世界范围内的话语权。

三是推进产业链与创新链融合发展。加快推进区域、产业融合创新，集聚高端创新要素、优化创新生态环境，推动传统产业转型升级。培育壮大智能网联汽车、北斗导航、移动互联网、自主可控与信息安全等一批新兴产业，加快构建现代化产业新动能体系，形成引领全省创新发展的强大引擎。

——深化区域合作机制，打造城市群高质量发展的全国典范。

大力营造国际一流的营商环境。加快长株潭三市在行政审批环节和信息方面的同步、共享和互通，形成具有吸引力、创造力和竞争力的营商环境整体高地。着力突破要素流通障碍，促进三市产业政策的衔接统一，实现人才资源在三市范围内顺畅流通。

突出抓好公共服务的共建共享。长沙作为省会城市，要主动分享公共服务资源，让优质的交通、教育、医疗、文化、体育、人力、旅游、生态等资源发挥更大作用、惠及更多群众，提升长株潭公共服务整体水平。比如加快推进"三干两轨四连线"建设，以高铁标准建设长沙西至湘潭北、株洲西等铁路联络线；进一步加大长沙优质教育资源到株洲、湘潭办学的合作力度；开展多层次多模式的合作办医；打造跨长株潭大型体育赛事；加快实现三市人社业务信息通查、网上业务和部分线下业务通办等。

共同维护一江碧水一片蓝天。长株潭三市应合力打造城市群绿色发展的全国标杆：做好湘江综合治理，构建三市协同的水上应急及水污染防治体系；实施城市环境空气质量限期达标机制，做好长株潭区域内大气环境监测站点建设和区域内PM2.5、臭氧源解析等工作；共同推进农村人居环境整治。

（作者：夏文斌）

2019 年 9 月 19 日

2019 年，令人振奋的湖南
制造业高质量发展"答卷"

"湖南制造"吸引国内外目光，"国字号"平台创建捷报频传。

2019 年 4 月，春暖花开，2019 互联网岳麓峰会如期而至，移动互联网产业已快速成长为湖南的新名片。

5 月，长沙国际工程机械展盛况空前，"首次亮相就跻身世界一流工程机械展会行列"，湖南打造"世界级工程机械产业集群"梦想触手可及。

9 月，世界计算机大会在梅溪湖畔掀起"头脑风暴"，这场我国计算机产业规格最高、规模最大的专业性盛会，助力湖南打造计算机及信息安全产业高地。

10 月，作为我国轨道交通装备制造领域唯一的国家级国际性专业展会，2019 中国国际轨道交通和装备制造产业博览会吸引了 406 家国内外轨道交通行业龙头企业及上下游配套企业参展。

11 月，2019 网络安全·智能制造大会以"创新引领、智造未来"为主题，前沿新品竞相亮相，"智造湘军"尽展风采。

这一年里，一场场重大活动先后登场，成为聚人气、引产业的精彩平台，湖南制造的影响力持续扩大、美誉度不断提升，一批产业巨头纷至沓来。

湖南制造可圈可点，"国字号"平台创建捷报频传。

继株洲国创获批先进轨道交通装备唯一的国家制造业创新中心后，功率半导体也有望纳入。长沙工程机械、株洲轨道交通装备，入围国家先进制造业集群竞赛初赛。全国第二家国家网络安全产业园落户长沙，株洲获评创建国家安全产业示范园区。

1. 产业链发展风生水起，项目建设实现重大突破

扭住 20 个工业新兴优势产业链建设不放松。2019 年，湖南省委、省政府强调"抓产业链口号不要变、方向不能变"，进一步汇聚起全省上下抓工业新兴优势产业链的高度共识和强大合力。湖南省委、省政府领导联系产业链制度持续实施，航空航天、信息安全等专项政策先后出台。全省各地开展产业链精准招商，各类产业对接合作活动签约项目 800 余个，实施亿元以上的建链、补链、强链、延链重大项目超过 200 个，20 个工业新兴优势产业链总体规模预计突破 1 万亿元。

三一智联重卡暨道依茨发动机、中联智慧产业城等项目开工，工程机械产业链主要经济指标达到历史最好水平；中车株机获时速 250 公里动车组生产制造任务，全球首个轨道交通转向架智能制造车间投产运行，先进轨道交通装备产业链链条延伸；航空航天产业链一批产品进入产业化阶段，中国商飞首度牵手湖南民企成立合资公司，大飞机地面动力学联合实验室等一批创新平台落地，承担"两机"专项等国家重大战略的能力提升；自主可控计算机及信息安全产业链形成以 CPU 和操作系统为核心的 PK、鲲鹏产业生态；IGBT 大功率器件产业链全面突破国际最先进的 IGBT 第六代产品，实现从"跟随"到与国际巨头"并行"的重大跨越。

湖南省委、省政府一年内两次召开全省产业项目建设推进现场观摩会，凝聚起"以产业比实力，以项目论英雄"的浓厚氛围。持续开展"产业项目建设年"活动，推进"100 个重大产品创新项目"；集中制造强省等专项资金支持产业链重大项目。新开工亿元以上工业项目达 503 个。

2019 年，湖南省 25 个项目进入国家"工业强基"工程，250 个制造强省建设重点项目累计完工 156 个。

117 个重大产品创新项目竣工投产 63 个；重大产品创新项目授权专利 378 件，完成销售收入 212.57 亿元。

新金宝年产 1300 万台喷墨打印机等一批项目形成新的增长点，威马新能源三电系统智能制造产业园等一批投资 50 亿元以上的项目开工建设，投资额超 200 亿元的三安光电三代半导体等一批项目落户，铁建重工超级地下工程智能成套装备关键技术研究与应用等一批项目有望形成强大带动效应。

各市州抓项目、兴产业的措施务实有效，长沙市实行"两图两库两池两报告"，做好精准对接、精准招商、精准服务；常德市"五本台账""三张实景图"等创新做法带动项目投资快速增长；郴州市"八个一"措施稳企业抓项目；娄底市"六项机制"推动产业项目快上、快进、快成。

2. "加减法"一起做，新旧动能加快转换

坚决落实习近平总书记对湖南工作的"三个着力""守护好一江碧水"等重要批示指示精神，坚持"巩固、增强、提升、畅通"八字方针，深入推进供给侧结构性改革，促进产业发展新旧动能转换。

落后产能坚决"退"——2019年，打击取缔"地条钢"生产企业3家；完成城镇人口密集区危险化学品生产企业搬迁改造21家、停产7家；淘汰整改71家造纸企业339条落后生产线。

新兴动能加快"进"——2019年，新认定省级智能制造示范企业10个、示范车间28个。7个国家智能制造专项项目通过验收，3家企业获批国家技术创新示范企业。

全省累计建设省级以上智能制造示范企业69家、示范车间74个、示范项目27个，省级以上绿色工厂151家、绿色园区13家，智能制造湖南模式、长沙现象引起国内广泛关注。

获批国家级绿色工厂19家、绿色园区2家、绿色设计产品10个、绿色供应链管理企业1家，3家企业入选国家能效"领跑者"，在全国率先将绿色产品纳入政府采购首购目录。

支持企业转型升级，525家企业获技术改造税收增量奖补3.5亿元，奖补企业和资金较上年增长1倍多。

全省获国家首台（套）重大技术装备、新材料首批次应用保险补偿资金居全国前列。

湖南省规模工业高加工度和高技术产业增加值分别增长13.1%和16.1%，锂离子电池、工业机器人、新能源汽车等中高端产品产量分别增长 3.34 倍、37.7%、1.84 倍。

3. 抢占发展前沿，数字经济率先进入新赛道

紧盯产业前沿，积极培育发展新技术新业态新模式，打造新的经济增长点。

省工信厅 2019 年接连出台超高清视频产业、人工智能产业、大数据、5G 应用创新、工业 App 培育等 5 个三年行动计划，这一年来，6 个项目入围国家人工智能"揭榜挂帅"，建设 12 个省级大数据产业园、首个人工智能产业园，国家智能网联汽车（长沙）测试区占据无人驾驶和人工智能发展高地，深度参与中德在智能网联汽车领域的国际合作；8 个项目入围国家工业互联网创新工程，树根互联成为 10 个跨行业跨领域的国家级工业互联网平台之一；移动互联网产业营业收入突破 1300 亿元，超高清视频成为全国重点布局的 8 个省份之一；发布 5G 应用场景 18 个，全国首辆运用 5G 技术控制的新能源公交车亮相；328 家工业企业启动两化融合贯标工作，获证企业 98 家，是过去 3 年总数的 8 倍以上；中小企业"上云"11.5 万家、"上平台"5136 家，培育"上云上平台"标杆企业 40 家。

4. 大企业、"小巨人"齐发展，市场活力持续迸发

大企业"顶天立地"。华菱集团加快向全球 500 强冲刺，三一集团营业收入迈上千亿台阶，我省千亿工业企业达到 3 家。

发改、工信、财政、商务、国资等部门协同开展百户重点骨干企业、纳税过 10 亿元企业精准帮扶。

全省今年新增规模以上工业企业 1900 户以上。

小企业"铺天盖地"。省委、省政府高规格召开发展民营经济和中小企业工作暨表彰大会,弘扬企业家精神。

出台促进中小企业健康发展、"个转企"等政策措施,增强企业发展信心。

鼓励中小企业创新创业,衡阳高新区、郴州经开区入选第二批国家双创升级特色载体,新获批国家小型微型企业创业创新示范基地4家。第二届"创客中国"湖南省中小微企业创新创业大赛达成融资意向6.2亿元。

完善中小企业公共服务体系,获批国家中小企业公共服务示范平台6家,培育升级中小微企业核心服务机构142家,新建县市区公共服务平台25个。

出台"专精特新"企业、重点名单企业融资促进方案,895家企业进入2019年产融合作"白名单",有效缓解企业融资难题。

着力降低小微企业担保成本,争取国家担保降费奖补资金8142万元。

全省小巨人企业达到760家,其中全国首批"专精特新"小巨人企业10家。新增国家级制造业单项冠军4个。

5. 营商环境持续优化,企业获得感不断增强

财政、税务、海关、银保监等部门及时落实减税降费政策,预计全年新增减税降费约500亿元。发改、电力等部门推进电力市场化改革,电价降幅10.5%。

深化放管服改革,推出"一件事一次办"等系列改革举措40项。

由工信部门牵头、各地各部门强力推动，清理政府部门和国有企业拖欠中小企业民营企业账款工作进展顺利，湖南省1~11月清偿率89.36%，进度居全国第3位。

湖南省企业负担综合评价指数连续三年全国最低，长沙市获评中西部唯一的全国营商环境十佳城市。

（作者：曹娴、陶韬）

2020年1月9日

夜间尽兴游

——点亮长沙"夜经济"背后的文旅融合

阅读"幸福长沙",最好的时间或许是夜晚。

白天不懂长沙的夜。夜幕低垂,另一个长沙开始散发出它的烟火气息,氤氲着独有的韵味。龙虾馆卖的不只是小龙虾,更是老长沙的市井文化;酒吧老板不再单纯靠卖酒赚钱,而是紧跟国际潮流,卖"夜生活";传统的歌舞厅,在推行"文化+旅游"。

长沙的"夜经济"正在悄然迭代。这场关于"夜"的供给侧结构性改革,有一个鲜明特征——跨界融合。这就像夜里的灯光,五颜六色交融在一起,才成为绚烂的霓虹。

行走在美食与文化之间。

斑驳的青砖墙、老旧的窗阁、夸张的小广告……在湘江边的长沙海信广场,"超级文和友"7层2万平方米的"老式楼"里有近百户"人家":铜铺街彩票店、迪斯科舞厅、盘子照相馆等,每个到访的客人瞬间"穿越"回20世纪80年代的长沙街巷。

市井文化没有那么高大上,甚至不漂亮,却有一种打动人心的魅力和力量。"超级文和友"收集几十万件建筑旧物与日常物品，重新还原了一个过去的生活场景。老长沙市井文化在此被展示、传承。

龙虾馆不只是龙虾馆，小小的美术馆、博物馆也搬了进来。定期举办的艺术展览，将艺术家和艺术作品带入市井大众生活之中，让更多人在享受美食之余，获得丰富的人文体验。

从纯粹的餐饮品牌转变为文化品牌，文和友集团 CEO 冯彬认为，文和友幸运地踩到了文旅融合的风口，以文化为灵魂，在企业与城市之间建立起紧密关联，衍生出了品牌和门店的旅游属性；文和友已经成为长沙的文化地标，也是长沙旅游必到的"打卡地"之一。

"超级流量"最有说服力：文和友后台数据显示，过去一年，慕名到文和友消费的外地游客超过 370 万人次，"超级文和友"相关话题的全网阅读量超过 10 亿次。

美食与文化有着天然联系，人们通过美食了解一座城市，城市也借由美食表达自己的个性。当文和友、茶颜悦色等成为旅游的吸引物，行走于城市美景之间，更多了一份湖湘味道。

文旅融合为"夜"掌灯

"小街才是上帝心目中的人间。"

太平街是长沙保留完整的一条古街，鱼骨状街区全长 375米，宽不过 7 米，以老字号、字画、手工艺品、文化休闲、特色旅游产品为主。穿行古街，除了能直观感受石牌坊、封火墙、古戏台带来的视觉冲击之外，更多的是领略到一种历史积淀所散发的韵味。

青砖老宅、长沙弹词，都正街居闹市一隅，大隐隐于市。

在这里，还可以看到回忆中的理发店、富有情趣的酒肆、朴素的旅客驿站、挑着担子走街串巷卖火焙鱼的农妇，这是这座城市的历史。老街以它的丰富多样，送给每个行走其中的人一张独有的明信片。

曲折幽深的老街巷，包含着市井气息和地方文化，却是人们为之"打卡"的源头。

如今，演艺、电竞、游艇、商场等"网红点"闪烁，长沙的夜游方式不断延伸。

璀璨的焰火点亮湘江两岸，乘游艇，长沙的山、水、洲、城一览无余。

从梅溪湖国际艺术中心、三馆一厅、马栏山再到大大小小的演艺场所，从高雅的交响乐、通俗的相声，再到话剧、歌舞剧、音乐会，"艺术风暴"接踵而来。

旅游景区越夜越精彩。宁乡灰汤的夜泡温泉、黄材的《炭河千古情》、望城铜官窑古镇的水幕灯光秀、长沙世界之窗的摩天轮等夜游产品引得游人纷至沓来。

迷你歌咏亭、电音酒吧、电竞网吧、电竞酒店等亚文化新兴业态层出不穷……

"脚都"已是"过去时"，在长沙，文化、旅游、商业、互联网相互加持、跨界融合，不断孕育着新的夜间消费业态。夜未央，正长沙。

（作者：孟姣燕、李俊）

2020 年 1 月 17 日

大道如虹通四方

——长沙交通运输事业发展综述

1. 通达之城综合交通枢纽体系基本成形

综观中国版图，长沙不沿边，不沿海，走向世界靠什么？

交通。

70 年交通巨变，拉开了长沙发展骨架，铺就起经济腾飞的康庄大道。

近年来，长沙地铁、长株潭城际铁路、长沙磁浮快线、湘江长沙综合枢纽、湘江新区综合交通枢纽、长沙新港、高速公路和干线公路路网建设……从天上到地下，一批重量级的国家和省级项目的建成，长沙交通越来越立体，一个外联内通、覆盖城乡、功能完善的综合交通体系基本形成。

一条条攀升的曲线见证着长沙交通领域成长的轨迹。

长沙与世界的联系日益紧密。长沙黄花国际机场旅客吞吐量节节攀升，2016 年突破 2000 万人次，2018 年突破 2500 万人次，2019 年旅客吞吐量预计将达到 2780 万人次。目前该机场已通航海内外 145 个机场，国际航线连接 20 个国家和 2 个地区的 42 个机场，至此，长沙已开通至亚洲、欧洲、美洲、大洋洲、非洲等多条国际远程定期航线，成为中国中部地区通往东南亚国家航线最多、航班密度最大的机场。

再看铁路，京广、石长、洛湛、武广、沪昆5条铁路干线"相聚"于此，在长沙境内铁路线长度约245.9公里；京广、沪昆两条高铁动脉在此交会，成为中国高铁黄金枢纽中心，长沙成为直通19个省会城市和直辖市的全国重要高铁枢纽城市，全国"八纵八横"高铁网有3条经过长沙。另外，穿城而过的长株潭城际铁路串联起长沙、株洲、湘潭这片湖湘经济核心，形成30分钟的生活圈，加快长株潭"一体化"步伐。

向北看港口，长沙港铜官港区一期工程两个2000吨级泊位建成投产，二期工程3000吨级码头建设有序推进；霞凝港区三期工程已建成长沙首个滚装泊位，铁路专用线启动建设，将实现水铁无缝对接。随着长沙港口基础设施建设的完善，长沙港已经成为服务经济社会发展，优化产业布局的重要依托，长沙市对接长江经济带，发展外向型经济的开放门户。

此外，长沙骨干路网日益完善，"一环七射七纵"的高速公路建成通车693公里，已覆盖成网，基本实现全市所有乡镇半小时内上高速；"四横十一纵"的干线公路建成通车2808公里，已基本成型，"三干四连线"正加快建设。

如今，长沙不断释放公路、铁路、磁浮、水路、航空等一体化多式联运的优势，并形成地铁、航空、高铁、公路客运、磁浮等多种交通方式的零距离对接，建设成区县融合、内外循环、互联互通的综合交通网络，全国交通枢纽地位更加巩固，今年长沙入选2019国家物流枢纽建设名单。

2. 多元之城交通出行方式选择绿色多样

交通巨变，不仅改变了星城大地的时空格局，也装点了长沙市民的精彩人生。

初秋时节，风轻云淡。9 月 21 日 7 时 30 分，住在长沙天心区丽发国际广场的王晓林走出家门，登上社区巴士 7 号线，几分钟后，就到了长沙地铁 1 号线尚双塘地铁站，她从容地走进车厢去上班。

"便捷、舒适、环保。"王晓林说，自小区来了社区巴士后，小区里停的私家车越来越多，出门乘公交、坐地铁的人明显增多。

随着长沙公交、出租车、地铁、磁浮、城铁等交通工具的丰富，让越来越多的长沙市民"说走就走"，惬意地拥抱绚烂广阔的世界。

交通巨变，离不开长沙市委、市政府对交通建设的高度重视。

城市发展到哪里，群众生活在哪里，公共交通就延伸到哪里。长沙成功创建国家公交都市示范城市，公交线路 276 条，公交站点 5854 个，公交车辆 7187 台，纯电动公交车占比超过 50%，公共交通机动化出行分担率达 54.2%，公交出行成为长沙市民出行的主要方式。

公交服务也更加贴心、暖心。近两年来，长沙增开了 16 条社区巴士，今年又开通并优化了 4 条大科城巴士，定制了多条园区公交、旅游公交，在清明节期间开通 5 条扫墓公交专线，市民在家门口就能轻松出行。

公交服务还在不断与时俱进。长沙设置 591 块电子站牌，涵盖了主城区的重要公交站点。拓展了公交 App、和包支付等新的应用场景，手机扫码支付占比达 38%。

长沙的出租车也"清爽"起来了。长沙市交通运输局通过"强素质、树形象"优质服务竞赛活动，不断提升行业服务水平和城市形象。目前，出租车长沙城区（含长沙县）共有巡游车经营单位 19 家，车辆总数 8166 台，出行分担率约为 15%。

为树立一批"品德高尚、安全至上、业务精通、爱岗敬业、甘于奉献"的驾驶员代表，2017 年，长沙市交通运输局通过 30 万市民网络投票和综合评分的方式，从全市交通运输行业 8 万多名营运驾驶员中评选出 5 名优秀公交驾驶员标兵、20 名优秀公交驾驶员、10 名优秀道路运输客运驾驶员、5 名优秀道路运输货运驾驶员、10 名出租车优秀驾驶员和 5 名优秀驾校教练员，这对整个交通运输行业的安全生产、服务品质、经济效益、精神文明以及社会形象产生了积极而深刻的影响。

不仅如此，地铁与磁浮，让长沙的魅力十足。2014 年 4 月 29 日，湖南第一条地铁——长沙地铁 2 号线一期工程载客试运营，长沙从此迈入"地铁时代"，成为全国第十八个开通地铁的城市。此后，长沙地铁 1 号线、4 号线相继投入运营，3 号、5 号、6 号线先后开工、同步建设，长沙地铁实现了从"一"到"黄金十字"，再迈入"网络化运营"时代的新跨越。未来长沙还将建设 6 条地铁线路，构建线网总长度达 456 公里的地铁网络。

穿梭在高铁与机场两大枢纽的长沙磁浮快线，日均客流

8370 人次，旅客下了高铁，不用出站就能坐上磁浮快线，不到 20 分钟就能直达机场。这种空铁联运一体化交通模式让在长沙中转的旅客享受到了零换乘的便捷。

3. 智慧之城为交通插上互联网腾飞的翅膀

当网约车席卷各大城市时，长沙以开放包容的态度，按高品质服务、差异化经营的原则，有序发展网约车，让市民出行更便捷。

从 2017 年 10 月 1 日起，长沙市网约车新政正式实施，网约车运营"只需长沙车，不需长沙人"，被网友称为"最温和的网约车新政"。长沙市交通运输局严格审查网约车平台、车辆及驾驶员"三证"的许可准入，要求网约车平台公司投入运营的新能源车不少于 30%；为规范长沙火车南站地区网约车接驳，长沙市交通运输局统筹协调开辟网约车专用通道，帮助旅客便捷换乘。截至目前，长沙市已许可网约车平台公司 14 家，近万台网约车，2 万余名驾驶员，全市日均载客量达 32 万，使用率和活跃度领先中部城市。

拥抱"互联网＋"，长沙交通还有更多的有益探索。以《长沙市"互联网＋交通"实施方案》为指引，"十三五"期间长沙交通高质量建成了一批信息化系统。目前正在建设的长沙市交通综合运行监测与应急指挥中心（TOCC）项目便是长沙"大手笔"推进智慧交通的例证。

TOCC 是由一个中心、三大平台和四个应用系统组成。范围囊括了公交、轨道、出租、网约、公路、水运、区域运输、综合治理、交通执法、公众服务等 10 个领域，实现了交通运输领域全覆盖。

长沙市交通运输局相关负责人介绍，今年将实现 TOCC 全面运行，到 2020 年，形成"1 个中心、2 大体系、3 级平台"的格局，即行业大数据中心；交通出行信息服务体系、交通运行监测应急处置体系；市局一级平台、行业二级平台、企业三级平台。

随着人工智能时代正在加速到来，谁抢占了战略先机，谁在高质量发展、新旧动能转换上就能赢得主动。9 月 19 日，长沙市政府召开新闻发布会，宣布开放道路智能驾驶长沙示范区将于 9 月 26 日启用。届时，长沙将在全国率先进行基于车路协同的自动驾驶乘用车批量载人测试。

据介绍，开放道路智能驾驶长沙示范区由湖南湘江新区 135 公里城市开放道路和 100 公里智慧高速项目组成，在全国同类型开放测试道路中，其智能化改造范围最广、场景最丰富、道路类型最全面。

4. 美丽之城乡村振兴在"路"上

"要想富，先修路"，虽是民谚，却是从古到今、放之四海皆准的真理。道路修通了，车辆进出迅捷，客流往来频繁，货物吞吐方便，土地才能盘活，产业才能集聚，老百姓的钱包才能够鼓起来。近年来，长沙依托"四好农村路"建设为载体，高起点、高质量推进农村公路建设，助力乡村振兴，让经济动脉越发强健通畅。

"家门口就能坐车，十几分钟一趟，一到假期就有好多长沙城里人来玩哦。"住在长沙县开慧镇村民廖小红笑得合不拢嘴。这些年，村里的路修好了，去城里的公交车开起来了，镇上越来越热闹了。

在开慧镇慧润国际露营基地，漫步山林草地间，入住木屋别墅，再品尝秘制烤羊、特色烧烤，来一场露天 KTV，看一场乡村电影，好不惬意。

开慧镇板仓国际露营基地负责人介绍，露营基地建设之初，这里的路不好走，下雨天车很容易深陷泥潭，平常基本没什么游客。前几年，政府把村里连接到基地的 Y221 乡道修好后，自驾来的游客越来越多。如今该基地的月营业额比 5 年前增加了十多倍。

道路改变命运，未来从脚下开始。像开慧镇这样受益于"四好农村路"建设的村庄在长沙县并非特例。浏阳荷文公路串起胡耀邦故居、秋收起义文家市会师纪念馆以及沿线自然风光、美丽屋场等景区，成为一条生态景观路，也是一条红色旅游路，宁乡大成桥镇鹊山村 30 多公里"四好农村路"有效带动种植和养殖产业发展，宁乡夏铎铺镇天马新村 20 多公里"四好农村路"有力推动石仑关乡村旅游景区发展。

"修成一条公路、带动一片产业、致富一方百姓。"长沙市交通运输局党委书记、局长胡岳龙介绍，截至 2018 年底，长沙市建成通车农村公路 2.7 万公里，列入省管养里程 13413 公里，建制村通客车率达 100%，形成了主城区到周边区县的"一小时交通圈"。全市具备创建"四好农村路"示范县条件的长沙县、望城区、浏阳市、宁乡市已全部创建了省级示范县，长沙县还创建成了国家级示范县，获农业农村部、交通运输部、国务院扶贫办联合命名。

　　大道行开阔，长路写辉煌。展望未来，长沙交通会越来越发达，越来越多样，越来越智能，越来越便民，开放的基础会越来越坚实，一个"聚中部、通全国、联全球"的通达长沙正昂首阔步向我们走来！

（作者：陈新、陈芳）

2019 年 9 月 23 日

长沙南城崛起"人力湘军"

近日，人社部复函湖南省政府，批准长沙人力资源服务产业园为国家级人力资源服务产业园。听到喜讯那一刻，园区大楼内一片欢呼。

长沙人力资源服务产业园主园区设在长沙南部的天心区。一年多，已吸引75家企业（机构）入驻，这次又跻身"国家队"，跑出了园区建设"加速度"，成为一支令人刮目相看的"人力湘军"。有优势人力资源是现代产业体系的基础和支撑。

长沙作为省会城市，"过万亿、再出发"，迫切需要人力资源服务业有效支撑。特别是长沙人才新政推行以来，亟须更多视野宽、影响大的人力资源专业机构参与。在这个背景下，长沙人力资源服务产业园加速发展势在必行。

长沙人力资源服务产业园主园区放在天心区。因天心区位于长株潭3市几何中心，也是省政府所在地，辐射人口近2000万；长沙地铁1号、4号、5号线及长株潭城铁、绕城高速、芙蓉路主干道，交织成便捷的立体交通网络；国家级文化（广告）产业园、地理信息产业园等27家产业园密布周边，人力资源市场巨大。

2017 年，长沙市开始筹建人力资源服务产业园，按照"一园三区"的总体规划，结合长沙、株洲、湘潭 3 市产业优势，立足长沙，服务长株潭，辐射中西南，面向全国，打造国家级产业园。

去年 7 月，长沙人力资源服务产业园主园区开园，当年吸引中智、肯耐珂萨、上海外服、智联招聘等国内外优质人力资源服务机构（企业）入驻。

肯耐珂萨作为全国百强人力资源企业，当时本想将其中南地区总部放在武汉，最终经过考察选择了长沙。"长株潭的区位优势和发展潜力，是其他地方难以比拟的。"该公司负责人说。

专业化各地产业园林立，长沙人力资源服务产业园为何成了"黑马"？其做法是创新、创新、再创新。在筹备期，该园就坚持"以高质量规划引领建设与发展"，立足国际视野、体现湖湘特色，并坚持平台化管理、专业化运营，打造生态产业园区。

9 月 11 日，记者在园区创新中心看到，这里 8 间办公室几乎满员，聚集了不少创业团队。"现在我们创新中心已入驻 32 家初创团队，半年孵化了 4 个项目。"负责创新中心运营的第一创客湖南区负责人刘兴告诉记者。

"借助创新中心，有效发挥其创业导师、专业技术和融资服务等优势，以'人力资源+创新'为企业赋能，孵化项目快速长大。"园区负责人说，园区坚持专业化运营，把专业的事情交给专业的平台来办，已搭建全国首家人力资源服务创新中心、扎堆人才职业发展主题社区、一站式企业服务中心、院校合作基地、省级行业协会、网上产业园 6 大平台，营造一流的创新、创业生态圈。

湖南博尔捷就是一家专业运营公司，被引入园区后，在体系搭建、信息化建设、配套服务等方面为园区提供支持。最终，将实现专业园区由专业公司打理。

强服务是最温柔的"抓手"。在长沙人力资源服务产业园，流传着这样一句话："你能想到，我们就能办到；你没想到的，我们也在规划实施。"

在园区一楼，有一个企业服务中心，不仅为企业提供人社、工商、税务等"一站式"服务和签证代办、金融服务等，还设立了公共会议室、招聘洽谈区、人才氧吧、星空花园等配套设施。离园区不到 500 米的地方，人才公寓等也在抓紧建设中。

"我们集团是第一批入园的企业，园区配套设施完善、服务周到贴心，我们很满意。"聚才人力集团湖南公司总经理杨莎莎说。

"天心区委、区政府的服务也很暖心、接地气。我们入园后，区里经常组织政协委员、工商联人士对接会等。在供需对接、市场开拓上，我们还得到了区委书记朱东铁的帮助。"长沙安博负责人告诉记者。

"我们对企业的服务，是全过程服务。"园区招商中心负责人欧阳伟介绍，从孵化、初创到企业稳定发展，再到入规、升高、上市等，园区都会进行针对性帮扶。前不久，园区就帮助湖南聚能人力等一批企业"入规"了。在园区孵化成长的"探锁者"创始人师权告诉记者，园区招商中心团队加班加点驻点办公，还专门为入园企业建了微信群，"园区管家"24小时在线服务。好服务赢得快发展。预计到 2020 年，长沙人力资源服务产业园主园区入驻企业及配套机构将超过 100 家，年营业总收入超 50 亿元，逐步形成各具特色、优势互补、良性互动、协同发展的产业格局。

（作者：张福芳、郑娜）

2019 年 9 月 23 日

第二篇

大城——株洲

——

株洲建设省级大数据中心

总投资 200 亿元，项目一期投运。近日，设在株洲市云龙示范区的中国移动（湖南）大数据中心项目一期投入运营，计算能力达 200 万核，存储能力达 300PB。目前，阿里、腾讯、百度、华为、浪潮等服务商也已签约进驻云龙示范区，株洲政务云、株洲警务雪亮云、株洲三合道科技有限公司已开通运营。

中国移动（湖南）大数据中心是湖南省重大信息化基础设施项目、中南地区最大规模的数据中心之一，总投资 200 亿元，规划建设 10 栋数据机楼，可装机架数约 3.8 万架，提供至少 60 万台服务器的装机能力，为 10 万家企业客户提供不间断优质服务，致力建设省级大数据存储中心，打造湖南省大数据自有平台品牌"潇湘云"，极大提高线网运行和安全能力。

同时，中国移动（湖南）大数据中心将汇聚 5G 核心网、电商平台等互联网内容和应用，形成直接辐射全国的数据存储、云计算及大数据生态产业链。通过海量数据存储、提取、计算、分析、运用，大大提高政府部门、企事业单位服务效率，为广大用户提供便捷高效的个性化服务。

（作者：张咪文、石金、何勇）

2019 年 12 月 6 日

轨道交通：湖南呈现给世界的"新名片"

听，习近平总书记的嘱托是那样殷切："城市轨道交通是现代大都市交通的发展方向""一定要把我国制造业搞上去，把实体经济搞上去，扎扎实实实现'两个一百年'奋斗目标。"

看，在庆祝新中国成立 70 周年大会上，群众游行环节湖南彩车"潇湘今朝"的步履是那样铿锵：磁悬浮列车和工程概念车的彩车头、工程机械底盘、张力十足的盾构机模型、"剑指长空"的工程机械泵臂，无不彰显出湖南推进制造业高质量发展的坚定决心。

如今，世界的目光再次聚焦湖南。经党中央、国务院批准，以"智慧轨道、联通未来"为主题的 2019 中国国际轨道交通和装备制造产业博览会将于 10 月 18 日在长沙开幕，并长期落户湖南。这是我国轨道交通装备制造领域唯一的国家级、国际性专业展会，20 多个国际组织代表、30 多名院士专家、400 多位企业代表、2500 多名来自世界各地的客商和两万多名专业人士集聚湖南。

1. 从"赶上时代"到"引领时代",面向世界成就"国家名片"

发展轨道交通是解决大城市病的有效途径,也是建设绿色城市、智能城市的有效途径。

2014年,湖南第一条地铁在长沙正式开通运营。如今,长沙已开通了3条地铁线路,明年还将开通3条,另有8条地铁线路正在规划建设中。

纵观神州大地,从改革开放之前只拥有"一城一线",到如今已开通36城5761公里185条线路,里程增加249倍之多,稳居世界第一。

千里互连,万线互通,轨道上的中国城市,地铁穿梭于地下,高铁轻轨横架于空中。数据表明,今年上半年,湖南轨道交通装备产业产销两旺,主要产品订单充足,铁路机车、城市轨道车辆产量分别增长32.1%和86.7%。

追寻着中国轨道交通发展的足迹,记者来到有中国铁路机车发展"活史书"之称的中车株洲电力机车有限公司。在这家公司的电力机车总成车间内,先后诞生了"中国第一台电力车""中国第一台交流传动电力机车""世界功率最大的电力机车"等多个"第一"。

资料显示,1958年,中国第一台干线电力机车成功下线;1961年,6Y1型1号电力机车正式投入运营;1968年春天,株机独立研制的第8号电力机车下线并定型,被命名为"韶山1型",毛泽东主席亲自题写"韶山"二字。

1978年,株机正式向电力机车专业制造转型;1996年,

AC4000 交流传动原型电力机车成功下线，开启中国电力机车"交流时代"；2004 年，首列地铁车辆下线；2006 年，中国最大功率交流传动电力机车 HXD1 型下线，收获"重载之王"称号；2008 年，机车生产台位从原来的 9 个增至 18 个。此后，株机自主设计的马来西亚城际动车组、土耳其安卡拉不锈钢地铁列车、储能式轻轨车辆等相继在这个车间诞生。

转产电力机车 40 余年来，株机研发各型干线电力机车 50 多种，累计生产 1 万多台，推动中国电力机车实现了从直流到交流、从常速到高速、从普载到重载、从进口到出口的跨越，支持"中国电力机车摇篮"迅速成长为"中国电力机车之都"，并为中国铁路自 20 世纪 90 年代末以来的历次大提速提供了强有力的牵引装备保障。

株机还根据不同国家市场特点，先后研发出"米轨动车组"、有轨电车等产品，其生产的电力机车、城际动车组、城轨车辆以及轨道交通装备衍生产品已出口世界 20 多个国家和地区，电力机车产品市场份额居全球第一。

株洲在 1936 年粤汉铁路开通时还是一个小集镇，1949 年成立株洲区人民政府，1953 年改为省辖市。这个当年的小集镇与新中国共成长，从"一穷二白"起步，逐步在轨道交通领域实现了从"赶上时代"到"引领时代"的伟大跨越。

据株洲市委书记毛腾飞介绍，株洲轨道交通装备产业已形成整机制造、核心部件研制协调发展的产业集群，集聚了近 400 家轨道交通装备企业，形成集产品研发、生产制造和售后服务、物流配送于一体的完整产业链，本地配套率达 70% 以上。2015 年，株洲轨道交通装备产业产值首次突破 1000 亿元，这也是我国首个千亿元轨道交通装备产业集群；2016 年，湖南省政府出台 16 条政策措施，致力于打造世界级轨道交通装备产业集群；今年 6 月 14 日，株洲市发布规划，到 2025 年，要把株洲建成现代轨道交通科技城、世界一流的轨道交通装备研发中心、国际领先的轨道交通装备智造中心和全国最大的轨道交通产业服务中心。

湖南省工业和信息化厅副厅长马天毅告诉记者，在国家先进制造业集群竞赛"初赛"中，株洲轨道交通产业集群作为唯一的轨道交通产业集群赢得胜利。

据马天毅介绍，湖南是全国最大的轨道交通装备研发制造基地，先进轨道交通装备（含磁悬浮）已成为湖南制造业各门类中行业地位高、产业规模大、创新能力强、人才优势明显、产业谱系齐全、产业链条完整并且具有较强国际竞争力的优势产业。具体来说，在去年国内排名前 5 位的轨道交通装备制造企业中，湖南占 2 席，总规模位列全国首位；湖南电力机车产品占全球市场份额超 20%，居世界第一位；湖南生产的电力机车、城轨车辆、轨道交通电传动系统和网络控制系统、机车车辆电传动系统、养路机械电气控制系统、高速重载铁路牵引电机和牵引变压器、高速动车组牵引电机、牵引变压器等产品的国内市场占有率均居第一位；产品谱系较为齐全，形成了完整的产业链，产业链本地配套率达 70% 以上；创新能力强，2019 年行业唯一的国家先进轨道交通装备创新中心落户株洲，世界最大功率电力机车、世界唯一"储能式电力牵引轻轨车辆"、国内首列商业运营中低速磁悬浮列车均出自湖南。

湖南，已成为名副其实的能为全球轨道交通用户提供全生命周期解决方案的"国家名片"。

2. 从"智能制造"到"智慧交通"，面向发展铸就"大国重器"

装备制造业是国之重器。9 月 19 日，党中央、国务院印发《交通强国建设纲要》，绘就 2035 年基本建成交通强国的宏伟蓝图。湖南以多个"中国第一"入选"交通强国"第一批试点。

伟大梦想不是等得来、喊得来的，而是拼出来、干出来的。

1956 年，国家工程机械行业四大研究院之一"长沙建筑机械研究院"在北京成立。1976 年，该院迁到长沙。1992 年 9 月，新上任的副院长詹纯新与同事借了 50 万元，共同成立了中联重科股份有限公司；1994 年，三一集团从湖南涟源迁至长沙；3 年后，原中南工业大学（现中南大学）教授何清华成立山河智能机械股份有限公司；2007 年，从原铁道部株洲桥梁厂技术员干起的刘飞香入主中国铁建重工集团有限公司。在湖南，工程机械产业与装备制造产业形成了共生共存、相得益彰的良好局面。今年 9 月，全球工程机械产业大会发布全球工程机械制造商 50 强榜单，12 家中国企业上榜，上述 4 家企业全部入榜。

前不久，湖南省委常委、长沙市委书记胡衡华与三一集团董事长梁稳根、中联重科股份有限公司董事长詹纯新、中国铁建重工集团有限公司董事长刘飞香、山河智能机械股份有限公司董事长何清华一起畅谈世界超级工程背后的"中国力量"。企业家们表示，在"华龙一号"、港珠澳大桥以及京沪高铁、上海地铁、长沙磁悬浮项目等130多条高铁与城际轻轨建设过程中，都有长沙工程机械的身影：建设青藏铁路时，不断攻克世界难题的能力与攻坚克难的精神成为中联重科乃至长沙工程机械行业的光荣底色；以铁建重工为代表的国产品牌盾构机在国内市场占有率高达90%以上，并占据全球2/3的市场份额；山河智能公司则于2000年制造出我国首台"隧道凿岩机器人"。

目前，长沙正全力打造国家智能制造中心，推动"装备制造"向"装备智造"转变。

2018年，长沙以产业链建设作为纵深推进智能制造的着力点，确定了22条工业新兴及优势产业链，以智能装备、智能网联汽车、智能终端和信息安全及自主可控为代表的"三智一自主"领域成为重中之重：4月，率先出台智能网联汽车道路测试管理细则；6月，湖南湘江新区智能系统测试区正式开园；10月，长沙发布首批4个种类智能网联汽车开放道路测试牌；12月，湖南湘江新区智能系统测试区获批国家智能网联汽车（长沙）测试区。

今年6月21日，开启长沙人工智能产业发展和智能网联汽车产业创新新征程的相关文件正式出台；9月下旬，长沙市委全会审议通过《关于深入贯彻落实习近平总书记在推动中部地区崛起工作座谈会上的重要讲话精神大力推动制造业高质量发展的若干意见》；10 月 9 日，规划面积 15 平方公里的"湘江智谷·人工智能科技城"项目正式扬帆启航。

近年来，湖南以智能制造为主攻方向，全面推进制造强省建设，推进智能制造向智慧交通转变。当地构建了强劲的政策支撑体系，支持智能制造发展；立足产业基础，围绕先进轨道交通装备、工程机械、新材料、新一代信息技术产业等优势领域开展智能制造试点示范；以智能智造项目为重点，启动实施四批次共 250 个制造强省建设项目。尤其值得一提的是，中车株机的"转向架智能制造项目"成为我国轨道交通装备领域首个转向架智能制造车间，开创了轨道交通智能制造新模式，实现了先进轨道交通装备产品全流程的智能化。

得益于政策的强力支持以及企业的共同努力，2017 年，全球首款智轨列车在湖南试跑；2018 年，国内首次干线铁路 4500 吨自动驾驶运行在湖南实现；全国第一个获得智能网联汽车开放道路测试号牌的自动驾驶公交车在湘江新区智慧公交示范线开放道路试运行；今年 2 月，由中车株洲电力机车研究所有限公司（以下简称"中车株所"）自主研发的智轨电车在哈尔滨的严寒气候条件下接受测试和试跑；今年 7 月，中车株所向全球发布全自主 CBTC（基于通信的列车自动控制）信号系统，为中国轨道交通装备"走出去"再添"生力军"。

3. 从"磁浮试验"到"磁浮产业"，面向未来造就"强省利器"

2016 年 12 月 26 日，我国首条中低速磁浮商业运营示范线、世界上最长的中低速磁浮商业运营线在湖南开通运行，湖南省委书记杜家毫在名为《写在长沙磁浮列车开通运行之时》的文章中写道："再先进的技术如果始终走不出试验室，其对社会的价值就难以体现。我期待长沙在建设中部交通枢纽中走在前列、期待我省具有先发优势的磁浮技术走向产业化。"

省委书记的"两个期待"让人想起同年 9 月 6 日的一件事。这一天，湖南省磁浮技术研究中心挂牌，省政府与国防科技大学签署战略合作协议，杜家毫出席签约仪式并揭牌。杜家毫对于磁浮产业化的重视程度由此可见一斑。

2013 年 4 月 19 日，杜家毫在株洲电力机车有限公司试乘了工厂正在研发的磁浮试验线。据企业负责人介绍，在 1.6 公里长的试验线上，列车已试行了近 2 万公里。

2014 年 1 月 7 日，杜家毫在听取情况汇报时指出，建设中低速磁浮轨道交通是打造中部地区最大综合立体交通枢纽、挖掘和放大湖南"一部一带"区位优势的重大举措。要大力支持、加快推进中低速磁浮轨道交通在湖南率先运用，将技术优势转化为产业优势。4 个月后，长沙磁浮工程——这条国内首条具有自主知识产权的中低速磁浮交通线路正式开建。

在湖南，磁浮工程已不仅仅是一个交通项目，更是一项创新事业。湖南省委、省政府从战略高度对磁浮交通发展进行顶层设计，致力于提高湖南磁浮的国际话语权，全力打通磁浮研发、装备制造、设计咨询、运营管理等上中下游全产业链。如今，磁浮列车需要的 1 万余个零部件，90% 以上可以在湖南省内完成研发、生产和采购，拥有技术和产业优势的湖南长株潭核心区正在成为名副其实的"中国磁浮之都"：今年 5 月，"时速 200 公里磁浮交通系统关键技术研究"方案通过业内评审；6 月 13 日，拥有完全自主知识产权的中国首列商用磁浮"2.0 版列车"下线；8 月 2 日，召开国内首列商用磁浮"2.0 版列车"提速测试启动会，磁浮交通自主创新跃上新台阶；"凤凰磁浮项目"启动，湖南磁浮产业发展迈出一大步。

装备制造业是国家制造业的脊梁。发展磁浮产业是湖南省委、省政府高度重视轨道交通和装备制造产业的一个缩影。湖南省工业和信息化厅相关负责人用"三个长期坚持"来描述政策引领对产业发展的强大推动力。

其一为"长期坚持把轨道交通装备作为主导产业来培育"。10 年前，湖南实施新型工业化千亿产业、千亿集群、千亿企业、千亿园区"四千工程"，重点培育先进轨道交通装备；2015 年，湖南作出建设制造强省的决策，先进轨道交通装备成为重点发展的 12 大产业之一；2016 年，省第十一次党代会提出"建成轨道交通国家级创新中心"；2017 年，提出以产业链为抓手推进制造强省建设，先进轨道交通装备是 20 个工业新兴优势产业链中的培育重点；2018 年，湖南省委、省政府通过"一条产业链、一名省领导、一套工作机制"，大力推进先进轨道交通产业链发展，并着力打造世界级轨道交通装备产业集群；今年，又提出把先进轨道交通装备作为世界级产业集群来打造。

其二为"长期坚持把先进轨道交通装备产业作为政策支持的重点"。为此，湖南省政府和相关市均出台了专门支持轨道交通装备发展的政策，推动湖南轨道交通产业发展进入快车道。

其三为"长期坚持为先进轨道交通装备产业发展提供创新性服务"。2012年,湖南在全国率先探索首台套重大技术装备认定奖励制度,轨道交通装备获得首台套认定数占全部首台套认定装备总数的10%左右;2015年以来,大力支持轨道交通装备企业开展智能制造工作,中车株所"轨道交通网络控制系统应用标准试验验证项目"、中车株机"轨道交通车辆转向架智能制造车间项目"、铁建重工"轨道交通盾构机智能制造新模式项目"等7个项目成为国家智能制造综合标准化与新模式应用项目,中车株机、时代电气、时代电动、铁建重工、中车电机5家企业获得省智能制造示范企业称号。

政策引领激发出创新活力,汇聚成湖南轨道交通装备制造业高质量发展的强大动能,帮助湖南站上了从创新生态到产业生态的制高点。湖南成功创建了国家先进轨道交通装备制造业创新中心,通过整合各类创新资源,形成协同攻关、开放共享的先进轨道交通创新平台。其中,株洲作为全球最大的轨道交通装备研发制造基地,2018年集群主导产业总产值达到1250亿元。尤其值得一提的是,湖南轨道交通装备制造业领域多项核心产品处于国内领先地位,多种整机产品和重要部件国内外市场占有率均居第一位。比如,电力机车产品占全球市场份额超过20%,居世界第一位;动车组出口份额居全国第一位;整机及配套出口居全国第一位等。

如今,中国35座核心城市已坐落在地铁轨道之上,时速350公里的复兴号已将全国各地连在一起。数据显示,未来中国地铁开通城市将达到 58 个，规划建设铁路长度达 7300 公里。可以说，世界正朝着轨道上的"都市圈"迈进，"城市发展不止，轨道交通生生不息"。就此，中国贸促会副会长张慎峰表示："装备制造业是国之重器，湖南是中部崛起的重要力量。本届博览会必将成为产业发展的新引擎、国际合作的新平台、专业展会的新标杆。"

湖南省贸促会会长贺坚表示，湖南具有深厚的产业基础，在这里举办轨道交通博览会将为湖南轨道交通和装备制造产业高质量发展带来新机遇、注入新动力，将进一步推动产业、技术、人才、资本等各类要素集聚与共享。

（作者：刘麟）

2019 年 10 月 17 日

融城核心新跨越

——株洲云龙示范区 10 年发展纪实

芳菲三月，春色满园，大美云龙，气象万千。

4 月 18 日，是株洲云龙示范区成立 10 周年的喜庆之日。就在这个具有里程碑意义的时间节点，云龙示范区喜讯频传。

一季度，实现"开门红"，完成财政收入 37919 万元，同比增长 19.32%，为年初预算的 27.68%；税收收入完成 32251 万元，同比增长 20.52%，为年初预算的 27.63%；固定资产投资同比增长 16.7%，规模工业增加值同比增长 14.3%，排名株洲市前列。

3 月 7 日，云龙产业新城智能制造装备产业基地开工；4 月 3 日，承办 2019 互联网岳麓峰会株洲专场，各路互联网大咖，以"动力株洲，数据融城"为题，建言献策，共襄大数据产业发展盛举；4 月 15 日，株洲平安绿谷、深国际综合物流港、圣高机械智能制造、台日电梯生产基地 4 个项目成功签约，其中的"株洲平安绿谷"项目落户株洲经开区，投资 300 亿元，为 2019 湖南粤港澳大湾区投资贸易洽谈周活动中全省投资额最大的项目。

历经 10 年拓荒、创业和发展，历经 10 年的薪火传承，接力奋跑，昔日被戏称为"株洲的西伯利亚"的云龙，如今成了"株洲实现长株潭一体化发展"的"融城核心"——道路纵横，连接城乡；项目建设，如火如荼；"三城五园"，渐成格局；产教融合，纵深推进；青山绿水，诗情画意。

2018 年，云龙完成固定资产投资 145 亿元，10 年来年均增长 30.74%；公共财政预算总收入达到 12.45 亿元，是 10 年前成立之初的 20 倍；城镇居民人均可支配收入达 37378 元，较 10 年前增长 2.3 倍，主要经济指标增速位居株洲前列。

亘古荒凉的一方土地，在时代洪流的引领下，生机盎然，雄姿英发，跻身国家智慧城市试点城区、国家绿色生态示范城区，获得中国自主创新园区生态文明奖、省十大平安园区等荣誉。见证这里的变化和发展，人们如今亲切地称其为"云龙新城"。

1. 融城先发基础先行

4 月 24 日，湖南省委书记杜家毫在调度"三干两轨"、加快长株潭半小时交通圈时强调，长株潭城市群是湖南未来发展的核心竞争力，也是湖南走在中部崛起前列的重要支撑。推进长株潭一体化，关键是交通一体化。长株潭三市要主动担当打造长株潭半小时交通圈，进而形成半小时经济圈，发挥湖南"创新引领、开放崛起"主力军作用，力争早日释放出长株潭强大的融城效应和协同效应，构筑湖南区域竞争新优势。

城市融合，道路为基。作为长株潭城市群两型社会建设综合配套改革试验区的五个示范区之一，云龙始终着眼长株潭融城核心区的定位，注重基础设施建设，争分夺秒，只争朝夕，一棒接着一棒，一届接着一届干，致力于构筑"区域大循环、市域大连接、城际大接轨"交通体系。走进云龙，驱车穿行在畅达的路网，让人神清气爽，感奋云龙的大手笔。

7年前竣工通车的云龙大道一期，堪称云龙的一大力作。云龙大道全长17.55公里，为双向8车道，是当时株洲一次性投资最多、建成里程最长的城市主干道，从开工到建成不到一年半时间。与同等规模的工程相比，建设时间节省一半，创造出"云龙速度"。二期1.75公里于2015年12月通车，与洞株路（长沙段）全面贯通。从株洲到长沙可节省里程约10公里。云龙大道通车后，从北到南将沿线的旅游度假、文化创意、商务金融、信息产业、商务物流、轨道科技、职业教育等产业板块串联起来，使其整合成型。

近年，在已建成城际干道云龙大道、长株潭城际铁路大丰站等交通设施的基础上，云龙加速推进市际互联互通，畅通对接长沙、湘潭的"一轨三路"通道。"一轨"，即株洲城铁大丰站—华强路—长沙南站的中低速磁悬浮专线；"三路"即华强路北延与长沙黄花国际机场联络线对接、云峰大道西段与湘潭昭云东路对接、田心大道北延与长沙黄兴大道对接。全面畅通到省政府机关、黄花国际机场和长沙、株洲、湘潭中心城区"五个25分钟"开放大通道，进一步凸显长株潭融城核心区的战略地位。据统计，为完善区内路网，云龙累计投入资金200余亿元，建成迎宾大道、华强路、云峰大道、云海大道等主次道路30余条180公里。

按照路网"3111"行动计划，云龙持续投入，重点建设"三城五园"等片区路网，基本建成"五纵十横八片区"主次干道路网。区间道路加快实现对接，先后建成向阳北路、玉龙路、中车大道、田心大道等，打通与毗邻的荷塘区、石峰区的连接主干道，实现片区路网全面贯通。加快推进北环大道等道路建设，全面融入市域道路交通体系。

与此同时，云龙实施水、电、气、互联网和双回路供电同步配套，建成5个11万伏及以上的大型变电站，投入6亿元的云龙污水处理厂建成投入运行，天然气实现全域贯通。

良好的地理区位和基础配套，吸引了深圳盛元半导体、广州台日电梯、中模慧聪、美好新材料等企业相继落户云龙。深圳盛元半导体有限公司董事长陈立伟表示："云龙地理位置优越，功能配套优良，投资环境优越，是创业兴业的理想之地。"

2."三城五园"精彩纷呈

独特的山水资源是造物主对云龙的偏爱。湘江支流龙母河蜿蜒全境，飞龙湖、升龙湖、磐龙湖、潜龙湖、云峰湖分布其间，长株潭三市结合部的"绿心"地带，植被繁茂，绿化覆盖率高达90%，更是弥足珍贵。

城无产不兴，产无业不立。承载两型建设的国家使命，决定了云龙不能沿袭旧的发展模式，必须"先行先试、敢闯敢试、边干边试"，闯出一片新天地。

栉风沐雨，攻坚克难。云龙的建设者用10年时间，描绘出一幅"以产兴城、以城促产、产城融合"，山水林城和谐共存的隽永画卷。漫步云龙，不难感受到她的魅力所在，这里城中有乡，乡中有城，依山傍水，错落有致。2009 年 7 月，当总投资达 150 亿元、云龙首个大项目华强方特落子株洲，云龙向外界宣示了自己的雄心和追求。

2017 年 10 月 12 日，经湖南省委、省政府批准，株洲经济开发区在株洲云龙示范区的基础上挂牌运行，与株洲云龙示范区实行"两块牌子、一套人马"合署办公，云龙进入新的跨越发展阶段。

"冲刺'奋力创新业，五年夯新城'目标，我们将紧扣'党建引领，争先进位'工作主题，努力打造长株潭融城核心区，基本建成全国两型社会示范区，加快创建国家级经开区。"株洲经开区、云龙示范区党工委书记蔡周良对此充满信心。

仅 1 年多时间过去，放眼云龙，"三城五园"已然成型，华夏幸福云龙产业新城、龙母河生态新城、轨道交通城强势崛起，职教科技园、湖南云龙大数据产业园、文旅创意园、商贸物流园、金融创新园园园相连，如此八大百亿产业集群，快速地集聚发展。

秉持生态优先、绿色发展的理念，云龙加快产业层次和能级提升，打造核心竞争力，构建以大数据为引擎、智能制造和电子信息为基石、现代服务业为支撑的现代产业体系。

以"三城五园"产业布局为蓝图，云龙明晰各组团的主导产业，推动产业集聚发展。10 年来，先后吸引华强集团、中国移动、中国华录、绿地集团、中国平安等世界 500 强企业和中国 500 强企业入区投资。

华夏幸福云龙产业新城占地 15 平方公里，总投资 140 亿元，致力发展高端装备、智能制造、电子信息等产业，迄今已签约 12 个项目，其中 4 个已开工建设。

龙母河生态新城充分发挥生态和环境优势，依托总部经济园等项目品牌，建成龙母河生态景观带、总部经济带，致力打造集文旅、科技、健康于一体的"文旅·健康·教育"新城。

株洲轨道交通城横跨石峰区和云龙示范区，总投资约 100 亿元，目前中车大道、田心大道、田林路等基础设施已基本成形。5 年内，有望成为交通便捷、环境宜居、配套完善的世界一流轨道交通城。助力株洲"两千亿"轨道交通产业。

闻名遐迩的职教科技园，两型元素和亮点随处可见，入园高职学院已达 10 所，在校学生 10 万人，"零创空间"入驻企业 60 多家，继获评全省"双创"示范基地后，株洲职教科技园发力争创"全省产教融合示范园"和"国家产教融合城市试点"。

湖南（云龙）大数据产业园总面积 4546 亩、总投资约 900 亿元，引进湖南"数据湖"产业园、中国移动（湖南）数据中心、大数据产业园孵化中心等重点项目，建设移动"潇湘云"、湖南"数据湖"、全球第四条"蓝光光盘生产线"等核心项目，力争 2025 年引进大数据企业 100 家，大数据产业产值超 200 亿元，将其打造为"全国有名、中南领先"的国家级大数据产业园。

文旅创意园充溢欢声笑语，方特欢乐世界、梦幻王国两大主题公园跻身国家 4A 级旅游景区；云龙水上乐园及其儿童体验馆诺亚方舟、悦云水疗馆建成国家 3A 景区；旅游配套项目云峰湖体育公园、冰雪世界、海洋公园等正在加快建设。与之呼应的商贸物流园、金融创新园，也在紧锣密鼓地加快推进。

3. 集聚人才抢占高地

千秋基业，人才为本。抢占新一轮城市竞争的高地，必须拥有适应城市发展的人才梯队。按照习近平总书记关于"要学会招商引资、招人聚才并举，择天下英才而用之，广泛吸引各类创新人才特别是最缺的人才"的要求，云龙引资引智双管齐下、双轮驱动，出台人才吸引新政，设立人才服务中心，建成人才公寓110套、专家楼13栋，先后引进科技创新高端人才11名，为区域发展提供强劲的智力支撑。

2017年9月，被云龙良好的生态和政务环境所吸引，世界顶级多肽药物研发专家王珠银、李向群博士带领团队携专利来到云龙，创办湖南中晟全肽生化有限公司。云龙向该公司王珠银、李向群两位专家发放150万元安家费。

"中晟"投资人陈磊称，项目进展十分顺利，可望在10月前完成多肽全库构建。公司计划在云龙再建一个全国最好、华南最优的新药筛选和检测中心。

株洲是全国地方政府促进高等职业教育发展综合改革试点城市，位于云龙示范区的职教科技园，上演着人才引进和培养、厂校融合的连台好戏。

中国工程院院士、指挥自动化和人工智能专家李德毅在湖南汽车工程职业学院建立院士工作站，成为湖南省高职院校首家院士工作站，成功研制自动驾驶旅游观光车和自动驾驶房车。

中国工程院院士刘友梅、丁荣军在湖南铁路科技职业技术学院建立院士工作站，成为全国铁路高职院校首家院士工作站。

主动对接"中国动力谷"和株洲五大千亿产业，各高职院校精心锻造专业链，深度融入产业链，与企业共建校企生产线、设计室。湖南铁道职业技术学院、湖南化工职业技术学院、湖南汽车工程学院、湖南铁路科技学院等院校，与中车集团、北汽集团、中航工业集团深度合作，优化高技能人才模式，在职教科技园建成1个大型公共实训基地，在企业和院校共建9个生产性实习实训基地，具有株洲职业教育特色的"实训基地+双创""实训基地+千亿产业群"，以产业引导职教，以职教促进产业，不断优化产业布局，助推产业转型升级。

湖南铁路科技职院与中车株机有限公司等企业，创新产教融合机制，合作共建轨道交通综合实训基地及学生校外实习实训基地，成立了全省高职院校首家省级工程技术研究中心，成功获批2项湖南省自然科学基金课题、申请相关专利授权40余项。在中车株机向马来西亚输出装备的同时，学院为马来西亚国际铁路总公司等培训师资、骨干铁路职工9批次200余人。

随着中高端人才的集聚，2018"一带一路"暨金砖国家技能发展与技术创新大赛之"嘉克杯"国际焊接大赛世界技能大赛、中国科学院云计算中心"数字经济"和"智慧教育"峰会、2019互联网岳麓峰会大数据产业论坛暨云龙大数据产业园推介会，相继在云龙或由云龙举办，云龙的影响力和知名度正日益彰显。

为了持续优化营商环境，云龙自加压力，确立"对标省会长沙，优于兄弟城区"目标，选派干部走进北大等知名学府，学习新知识、开阔新视野，配套出台进一步优化营商环境二十条措施，对重大产业项目实行"店小二"式全程帮办、严格清单管理制度，强力推行重大产业项目"拿地即开工"，房产开发"交房即拿证"，全面深化"最多跑一次"改革，力争做到"一次都不跑"。

4. 党建引领红利惠民

党建引领，上下同心，堪称云龙高质量发展的制胜法宝。145个基层党组织、2892名党员，奋斗在项目建设主战场，鏖战在产业发展大舞台，奔走在民生改善第一线，活跃在党建工作最前沿。

云田镇莲花社区党员干部参与龙母河项目征拆攻坚战，征拆党员户带头签字拆房，项目攻坚示范党小组1个月即完成征地拆迁2000亩，创下株洲征拆的新速度。

扫黑除恶，党员民警冲锋在前。经开区公安分局刑侦大队和龙头铺派出所联手出击，成功打掉以袁某文、刘某文为首的14人恶势力犯罪集团。刑侦大队获评株洲市优秀刑侦队、株洲市扫黑除恶工作先进单位，龙头铺派出所副所长向锐被评为"全市扫黑除恶先进个人"。云龙获评2018年度全省"十大平安园区"。

党支部"五化"建设精彩纷呈。2018年11月，云龙创新开展"三百工程""健康惠民"等党建创新示范项目，成功候选"全国城市基层党建创新案例"。在株洲2018年度县市区及市直行业系统党（工）委书记履行基层党建和意识形态工作责任述职评议会议上，云龙获"好"等次。

加强基层组织阵地建设。近三年，云龙区财政累计投入3000万元，按照不低于120万元/个的以奖代补标准，建成一批高标准、规范化社区服务场所。龙头铺街道蛟龙社区创新社区服务，被国家有关部委授予"中国城乡统筹科学发展美丽乡村示范基地"。

云龙持续推进"民生100"工程，辖区居民共享开发建设成果。财政每年将70%以上的公共财政预算支出用于民生事业。

数据为证：养老保险覆盖4万人，医疗保险覆盖4.6万人，覆盖率均达95%以上；被征地农民养老保险实现"即征即保"；60岁以上老人按月领取养老金；高龄老人生活补贴提标扩面；特困家庭慈善救助，最高救助金额达5万元；城市低保救助水平从月人均157元提高到443元；农村低保救助水平从月人均46元提高到240元；特困供养人员补助水平由年人均1200元提高到11736元；社区工作经费提标到80万元/年，社区书记工资提高到4650元/月。云龙的保障水平、阵地建设和人员待遇保障力度，位于株洲前列。

4月22日，春雨初霁，笔者来到云田中学，正逢学生午餐时间。食堂的菜谱包括鸡腿、蒸蛋、芽白、三鲜汤，以及香蕉等水果。陪同的老师介绍，早在2016年3月，云龙每年投入600多万元资金，在全省率先为学生免费提供营养午餐，2所中学、6所小学的3000多名学生受益。根据学生成长的需要，学校每周制定一次菜谱，每餐至少供应三菜一汤。

立足教育硬件、软件设施提标提质，近年来，云龙投入3.45亿元，完成辖区内所有中小学省级合格学校建设。云田学校校区面积从30多亩扩大到98亩；斥资3500余万元，兴建4个公办幼儿园，填补了空白；牵手名校，投资达10.6亿元的湖南长郡云龙实验学校，将于今秋开学，3000多名新生走进新校园。

应对人口老龄化的趋势，云龙未雨绸缪，积极探索养老模式，每月向空巢低收入老人、散居特困供养老人等困难群体，发放200～400元生活补贴，用于购买居家养老服务。

云田镇美泉社区胸椎受伤高位截瘫患者周统，对生活失去信心，几度轻生。云龙残联多次登门看望慰问，为她申办了重残生活困难和护理补贴，并对她家进行了无障碍改造，添置必要的家电。2017年4月，通过残疾人职业培训，周统接触了互联网，担任"58同镇"仙庾站站长，依托这个平台，周统重燃希望，参加轮椅马拉松、歌咏比赛、公益活动，每月有3000多元收入，实现了自食其力的夙愿。

立足新起点，对标新方位，云龙将坚持以习近平新时代中国特色社会主义思想为指引，聚焦"打造长株潭融城核心区、建成全国两型社会示范区、创建国家级经济开发区""三区"目标，加快更高质量发展步伐，努力打造株洲经济发展新的增长极。

逢山开路，遇水架桥。

　　击鼓催征，再上新阶。优势叠加的云龙，能量迸发！砥砺前行的云龙，未来可期。

（作者：李立洪、文毅、刘爱明、
郭玉成、文石金、何勇、郭畅达）

2019 年 4 月 28 日

澎湃的中国动力

——来自中车株洲电力机车有限公司的报道

这里，蕴藏着中国动力谷原动力。这里，激荡着中国动力的最强音。

自新中国成立以来，中车株机公司先后研制了中国首台干线电力机车、中国首列高速电动车组、中国首列商用磁浮列车、全球首列超级电容储能式有轨电车。自1997年实现电力机车整车出口以来，中车株机公司研制的轨道交通装备已服务近20个国家和地区，奔跑在全球前列，被誉为中国高端装备"走出去"的代表作。

造"大国重器"，兴"强国之梦"。

从战火纷飞中走来，伴随着新中国的成长、一步一步强大，中车株机坚持创新驱动，砥砺奋进，由"追赶者"逆袭为"领跑者"，成为推动全球轨道交通发展的中国力量，让世界轨道澎湃着强劲的中国动力！

红色基因引领"车头"。

这是一个注入红色基因的历史时刻。1949年8月6日中国人民解放军进驻"粤汉铁路株洲总机厂"（中车株机前身），饱经战火的工厂回到人民怀抱；8月23日中南军区铁道部运输指挥部正式接管工厂，株机厂获得新生。

红色基因一旦注入，便迸发出强大动力。株机人热火朝天开始了恢复重建工作，修理厂房，安装机器。当蒸汽锅炉里的煤炭重新点燃时，工人们热情高涨，向毛主席发去报喜电报。

年代如火，岁月如歌，红色基因在株机的血脉里传承，挥洒出民族工业振兴的波澜壮阔！在党的领导下，株机与时代共进、与改革同行。红色基因引领"火车头"从粤汉铁路株洲总机厂出发，一路向前，推动工厂从"中国电力机车摇篮"到"中国电力机车之都"，从"电力牵引动车组发祥地"到"中国首列商用磁浮列车研制基地"。

传承红色基因，加强党建引领。红色引擎之力，源源不断地将党组织的政治优势转化为企业的发展优势和竞争优势。回顾公司的发展历程，中车株机公司党委书记、董事长周清和说，"中车株机公司创新开展党建实践，为企业更有效率、更高质量发展提供了政治保障、思想动力和组织源泉"。

党的十八大以来，中车株机公司党委更是积极践行全面从严治党，充分发挥政治核心作用，致力于"争当国企党建之先锋，做好千亿产业之龙头，勇当中国装备走出去的先锋"目标，创新开展丰富多彩的党建实践，打造特色党建品牌，释放发展正能量，引领广大党员成为企业攻坚克难的强大力量，为企业做强做优提供了一系列坚实保障。

公司党委秉承"上面多一点指导，基层多一些创造"的理念，引导各基层党组织因地制宜地开展党建活动，充分发挥了党组织的战斗堡垒作用。指导各基层党组织创新开展"一组织一特色"品牌建设活动,"精益党建""双目标管理""双五党建"等基层党建品牌广受好评,激发了组织活力,成为了企业发展的正能量。

中车株机公司涂装事业部城轨工部面漆一班班长、共产党员李琼,既是一个涂装工,也是一名顶尖的涂装技术专家。在涂装工岗位 22 年的坚守,磨炼出了他高超的工作技能,也诠释了一个共产党员应该发挥的先锋模范作用。工作期间,他几乎参与了公司所有地铁项目的新车涂装试制工作,成功解决了一系列技术难题。不仅如此,他还积极培养 4 名工友加入党组织。让党员成为企业的骨干,让党组织成为企业的核心,使党建成为前行的动力,为中车株机公司的发展不断注入新活力。

党和国家领导人先后到中车株机公司考察,对企业的生产经营和党建工作给予充分肯定、寄予更高的期望。2016 年 7 月 1 日,庆祝中国共产党成立 95 周年大会在北京人民大会堂隆重举行,中车株机公司党委被授予"全国先进基层党组织"称号,成为中国中车、株洲市唯一获得此殊荣的单位。

红色引擎带动,该公司始终健康发展,2009 年营业收入突破 100 亿元,2013 年营业收入突破 200 亿元,2015 年实现营业收入 260 亿元。以中车株机公司为龙头的湖南轨道交通产业集群于 2015 年突破千亿产值,为地方经济社会发展作出了巨大贡献。

创新驱动走向世界。

金秋时节,走进中车株机公司,据公司总经理傅成骏介绍，拥有完全自主知识产权的中国首列商用磁浮 3.0 版列车正在紧张研制当中。这款磁浮列车，设计时速 200 公里，配有"最强大脑"，牵引、驱动、控制系统，全部从车上"挪"到了地面，由地面计算机控制车辆运行，实现无人驾驶。相比磁浮 2.0，该列车整车重量再次降低，载客量可增加 20% 以上，加速性能提升了 1 倍，运行时速达到 200 公里，填补了全球中速磁浮交通系统空白。

从 1.0 到 2.0，再到 3.0，从一家只能修理蒸汽机车的修理厂，到成为一家能研制世界最先进磁浮列车的企业，中车株机公司用了 40 年时间，从一个"跟跑者"变成"领跑者"。磁浮列车不仅仅是技术研发思维的一次成功"闯关"，也为产业发展增添了一股新动力，带动材料、设备、机械加工等 20 多个产业发展，推动我国磁浮工程化和产业化运用进程。

从"百废待兴"到"万国机车博物馆"，再到"万里铁道上跑的都是中国车"，承载着振兴民族工业、科技兴国使命的中车株机人，一刻也没有停歇。

从引进苏联技术研制中国第一台电力机车，到电力机车出口乌兹别克斯坦，实现电力机车技术"回娘家"；从牵头研制"中华之星"，到实现马来西亚、马其顿动车组整车出口；从花钱用别人的专利生产产品，到伊兹密尔轻轨开发出中国版的铰接式转向架，规避别人的专利开拓市场，再到首创马来西亚米轨动车组转向架技术，制定规则让国际同行来遵守。

70 年来，敢为人先、艰苦奋斗的科研精神融入株机人的血液里。走过引进、消化吸收再创新、自主创新三部曲，从常速到高速、从直流到交流、从普载到重载、从引进到出口。这里实现了电力机车产业的"四大跨越"，承载起为中国发展提供"动力"的国家使命，成为享誉盛名的"电力机车之都"，站在了世界电力机车技术的制高点。

在中车株机公司科技文化展示中心，有一面布满专利证书的，特别引人注目。一组数字更加凸显创新的实力：截至目前，公司共申请专利2693项，其中发明专利1240项，拥有有效授权专利1666项。

还有更"硬核"的资本：拥有全球最领先的电力机车产能、与欧洲标准接轨的城市交通装备研发制造能力，建有国内独家大功率交流传动电力机车系统集成国家重点实验室、轨道交通车辆系统集成国家工程实验室、国内首个轨道交通国家级工业设计中心和国家级企业技术中心，拥有以中国工程院院士刘友梅为首的国内专业、权威研发团队。公司掌握了系统集成、交流传动、重载运输、磁悬浮、车辆储能、铰接轻轨车辆、高速受电弓、超级电容等多项前沿技术，始终处于轨道交通装备行业的前列。

以株洲本部为中心，中车株机公司在广州、南宁、昆明、武汉、洛阳、宁波、乌鲁木齐等多地建立了生产基地或成立了分子公司，辐射全国。

9月11日，在匈牙利首都布达佩斯，中车株机公司与匈牙利铁路货运公司签订合作协议，联合研制"火车头"；9月18日，中车株机公司出口欧盟首列动车组"天狼星号"抵达捷克，将为当地民众安全、便捷、绿色出行提供优质服务。自

1997 年实现中国电力机车整车出口"零"突破以来，中车株机公司始终引领全球轨道交通装备业发展潮流，先后于土耳其、南非、马来西亚等地建立生产基地并实现本地化生产，在亚、欧、非、大洋洲、南美洲获得 30 余个海外项目订单。

承载强国梦，坚持创新驱动，中车株机公司朝着"全球领先、跨国经营的高端装备系统解决方案供应商"扬帆起航再出发。

矢志追求更高更强。

这是一个向海而生的时代。党的十八大以来，面对波澜壮阔的全球化，乘着"一带一路"倡议的东风，中车提出"打造成受人尊敬的国际化公司"，在国际化道路上更高境界的追求。

中车株机公司党委书记、董事长周清和对此有着独到的认识，中车株机公司朝着这个目标奋勇前进。周清和认为，产品质量、履约能力是受人尊敬的基础，提供系统解决方案是受人尊敬的前提，合作互惠共赢是受人尊敬的关键。

在企业走向国际化的过程中，产品质量、合同履约能力、创新能力、服务品质等方面是竞争制胜的基础。2014 年，中车株机公司在南非首个电力机车项目的当地化生产过程中的案例很好地说明了这一点。当时，南非合作伙伴生产能力还没有上来，眼看着无法完成预订的当地化生产任务，他们打算主动去找自己的国铁公司（相当于他们的上级单位）修改合同，推迟交货时间。中车株机公司坚决拒绝了这一提议。为此，中车株机公司先后派出 60 批共 360 多人的技术、生产、物流、质控、试验验证等岗位员工飞赴南非开展技术援助，在这支"株机"

特遣队的帮助下，南非合作伙伴及时完成了当地化生产任务。由此，中车株机赢得了南非业主的信任和尊敬，继首批95台电力机车项目后，又先后获得超过41亿美元的南非电力机车制造、维保订单。

系统解决能力是衡量一个企业国际化能力的重要标准。放眼全球轨道交通，各国的国情、路情、技术标准大不相同，需求量小且需要对机车车辆产品采取个性化量身定制，需要以强大的系统解决方案能力，满足客户的差异化需求。中车株机公司在进入马来西亚市场前得知，吉隆坡城际铁路列车随着使用时间的推移，逐渐破旧不堪，严重影响使用。业主在与原供应商洽谈提供配件和服务时，得到的结果是采购的配件价格组合甚至高过采购新车。这就逼得马来西亚客户拆东墙补西墙，拆卸好的零部件来组合成可供使用的车辆。针对客户的这种窘境，中车株机提出了以新购城际动车组为依托，由中车株机在当地建设类似于汽车4S店的动车组维保基地，质保期过后继续输出维保服务和提供零配件，确保车辆全寿命周期内正常运行。动车组维保基地还能解决当地人的就业，形成了一举多得的系统解决方案，得到了对方的极大认同并在实践中获得了成功。

2014年的马其顿市场，中车株机公司为对方提供了采用铰接式转向架适用其蜿蜒曲折的铁路线、采用低地板车身适应既有铁路站台（节省改造费用）、预留提速到时速160公里，并且列车符合欧洲铁路互联互通技术规范等系统解决方案。正是这样量身定制的系统解决方案，赢得了客户的尊敬。

面对基础设施欠发达国家和地区改善基础设施的渴望，中车株机公司科学合理、设身处地地提供全方位系统解决方案，产品在海外市场实现"水土相服"，避免技术、质量、售后服务、安全、知识产权、法律法规等问题造成失信于客户。

近年来，中车株机公司在国际化过程中，总结出和国际合作伙伴处好关系的"三零、三好"原则，那就是"零缺陷、质量好""零投诉、服务好""零距离、感情好"。中车株机公司提出并完善了"五本"理念，即在目标市场实施本地化制造、本地化采购、本地化用工、本地化服务、本地化营销，赢得了当地客户的尊重，实现共同发展、共同进步。

（作者：李伟锋、何丽丽）

2019 年 9 月 27 日

湘江之滨大城崛起

——来自株洲·中国动力谷的系列报道之一

8月22日，一个晴朗炎热的日子。株洲芦淞机场，一场轻型飞机飞行表演正在进行。观看者是参加"壮丽70年·澎湃动力谷"第三届全国网络媒体看株洲大型采访活动的记者，表演者是来自湖南山河通航有限公司的国内首支运动飞机表演队。这也是国内首支纯民间飞行表演队。

滑行、加速、起飞、降落，再起飞。表演飞机一次次腾空而起，现场掌声不断。

"表演队所采用的飞机是山河自主研发的阿若拉SA60L飞机，这也是国内首款通过中国民航适航认证的民族品牌轻型运动飞机，飞行性能和安全性能达到国际先进水平。就在上个月，这款飞机刚刚获得美国适航认证。"飞机驾驶员、湖南山河通航有限公司飞行副总李维玉在现场介绍说。

飞机载着记者再次起飞。转眼之间，美丽的株洲城已在机翼下豁然展开：湘江两岸高楼林立，六座跨江大桥之上车水马龙，城市大街小巷犹如撒开的大网，街上行人熙熙攘攘，高大的楼群向远方延伸，大城气象万千。

对一个人而言，人生七十古来稀。对一座城而言，年届七十正"芳龄"。70 年间，昔日湘江之滨的株洲小镇，已经化作一个历史的符号，留在历史的记忆中。70 年后，映入人们眼帘的，是一座充满时代气息、充满无限活力的现代城市。

滔滔江水，浩浩北去。大江两岸，大城崛起。

株洲，从共和国的光芒中走来。株洲，在奋斗者的汗水里成长。

这是一座生机勃发的动力之城。

1949 年 8 月 3 日，在追歼国民党败军途中，人民解放军第 46 军 136 师进驻株洲。这一天，也成为株洲的解放纪念日。当年，走在株洲镇陈旧破败的小街上，这些带着胜利喜悦的年轻战士不会想到，眼前这个无比普通的江边小镇，最终会演变成一座人口超过百万的现代化大城。

但确乎从这一天开始，株洲开始经历一直延续至今的巨变。

1949 年 8 月 12 日，成立湘潭县株洲区人民政府，所辖集镇面积约 0.5 平方公里。1951 年 5 月，株洲从湘潭县划出成立专辖市，1956 年 3 月升格为地级市，成为当时湖南省除省会长沙外第一个地级市。1983 年，经国务院批准，株洲市辖区扩大为 4 区 5 县（市）。2018 年，国务院正式批复同意，撤销株洲县，设立渌口区。自此，全市正式形成 5 区 4 县（市）的格局。

株洲城市的巨变，不只是单纯的城市面积和人口的激剧扩张，更是城市发展活力的不断聚集和释放。

城市发展，株洲市何其有幸。新中国成立初期，株洲被确定国家首批重点建设的 8 个工业基地之一。"一五""二五"计划时期，国家相继安排南方动力公司（331 厂）、株洲电力机车厂等 13 个重点项目在此兴建。13 个项目，犹如 13 颗优质的种子，在株洲迅速生根发芽，并壮大为一大片果林，结出金灿灿沉甸甸的果实。

1954 年 8 月，国营 331 厂成功试制出我国第一台航空发动机，并受到毛泽东主席的亲笔签名嘉勉。由此发轫，在近 70 年的时间里，株洲这块热土上共诞生了 293 项新中国工业史上的"全国第一"：第一台航空发动机、第一枚空空导弹、第一块硬质合金、全球首列虚拟轨道列车、首列中低速磁悬浮列车。

时至今日，株洲已形成一个较完整的工业体系。在全部 41 个工业行业大类中，株洲拥有 37 个。其中，由轨道交通、汽车、航空三大优势产业聚合而成的"株洲·中国动力谷"已经成为株洲一张闪亮的城市名片。而新能源、新材料、电子信息、生物医药、节能环保五大新兴产业的异军突起，陶瓷、服饰两大传统产业的日趋壮大更为株洲新一轮的发展注入了新的活力。

作为"中国制造"不可或缺的组成部分，"株洲制造"一直持续不断地为世人制造着惊喜：株洲产电力机车产品出口市场份额全球第一，国内中小航空发动机市场占有率达 90% 以上，自主品牌混合动力公交车市场占有率全国领先，硬质合金产品享誉世界。2015 年，株洲市轨道交通产业产值首次突破千亿大关。

作为一座年轻城市，一座为共和国工业立下汗马功劳的城市，就这样以一种别样的英姿傲立于湘江之滨。

70年来，株洲地区生产总值从1952年的1.33亿元，增加到2018年的2631.54亿元。按不变价计算，2018年经济总量是1952年的365.4倍，年均增长9.4%。尤其是改革开放以来，全市经济高速发展连连突破重要关口：1994年地区生产总值突破100亿元，2009年突破1000亿元，2014年首破2000亿元大关。2017年，全市实现整体脱贫并同步实现全面小康，人均GDP跨越1万美元大关。

70年来，株洲主城区人口从7000人到120万人，全市人口达到402万人；主城区面积从0.5平方公里到近2000平方公里，市区面积达到1.12万平方公里。今天的株洲，已经成功获评全国文明城市，入选改革开放40周年经济发展最成功的40个城市，国家自主创新示范区、国家新型城镇化综合试点城市、中国制造"2025"试点示范城市等。

这是一座华丽转身的绿色之城。

2018年12月30日，株洲冶炼集团最后一座冶炼炉熄火关闭。至此，株洲市清水塘老工业区261家企业全部关停退出。

这似乎是一个轮回。曾经，一个热气腾腾的工业区崛起于清水塘。如今，曾经林立的烟囱轰然倒下，眼前的清水塘已然脱掉沾满烟尘的外套，远离工厂的喧嚣而归于平静。

从轰轰烈烈崛起，到平平静静退出。70年间，株洲市实际上经历了两次华丽转身。第一次是20世纪50年代，从一个被田野包围的小镇一跃而为驰名全国的工业重镇。而从新的世纪开始，株洲又开始第二次转身，这一次是为了摆脱对重化工的依赖，走一条可持续的绿色发展之路。

两次转身的分界线，是 2002 年、2003 年株洲市连续被列为"全国十大空气污染城市"。

一顶"黑帽子"成为株洲市刻骨铭心的城市之痛。痛定思痛之后，株洲市义无反顾，走上了一条艰难而又决绝的转型之路。仅在近五年，全市就以减少 500 多亿元 GDP 的沉重代价，累计关停污染企业 1510 家。

5 年过去，全市工业企业废水实现 100% 达标排放，湘江株洲段水质由Ⅲ类提升到Ⅱ类，市区空气优良天数增加两个半月，全市单位 GDP 能耗累计下降 27.1%。

抖落历史的尘埃，走出灰蒙的天空，一个绿色的株洲越来越清晰地呈现在人们眼前。

转型升级，使株洲产品结构、技术结构、产业结构发生了根本性转变。2018 年全市，一、二、三产业所占比重分别为 7.1%、43.7%、49.2%。第二产业"欣然"让出 GDP "老大"的宝座。

追求绿色崛起，激发出创新活力。目前，株洲城市创新竞争力已跻身全国百强，位居全省第二。全市专利申请量和专利授权量由 1998 年的 38 件、28 件增加至 2018 年的 8675 件、4983 件。全市高新技术产业企业 735 家，高新技术产业实现总产值 2160.18 亿元，分别是 2012 的 3.2 倍、1.9 倍，规模工业中高新技术产业增加值占全部规模工业增加值比重达到 60.3%。

在实现绿色发展的道路上，株洲充满着行动自觉。2011年，该市率先在省内建立公共自行车租赁系统，把公共自行车租赁系统纳入城市公共交通体系。目前，全市中心城区629台公交车已全部实现公交电动化，市区新能源、清洁能源公交车占比达到100%，成为全国首个"电动公交城"。

时光荏苒，城市巨变。

短短时间里，株洲已经集全国文明城市、全国优秀旅游城市、园林绿化城市、国家卫生城市、国家园林城市、国家森林城市等荣誉于一身，并荣获"中国人居环境范例奖"，获批全国两型社会建设综合配套改革试验区、长株潭国家自主创新示范区。

这是一座胸襟开阔的开放之城。

从一座火车拉来的枢纽城市，到一座以生产火车头闻名的工业城市，株洲与铁路有着不解之缘。铁路之兴，带来株洲工业之兴，也带来株洲商业之兴。其中，株洲市芦淞服饰市场的兴起最具代表性。

作为南方重要的枢纽城市，改革开放之初，嗅觉灵敏的个体商人就看准了这里的交通之便。他们从摆路边摊开始，到设置固定摊位，到在政府支持的市场群"长袖善舞"，谱写了一曲社会主义市场经济的激越乐章。改革开放之后仅仅20余年时间，芦淞市场就发展成为中南地区最大的服装市场群和区域性、国家级、现代化的物流中心。

在这里，昔日的泥泞摊点早已被现代化的商场所取代，昔日陈旧不堪的城市老区，早已成为流金淌银的掘金宝地。当初的小商贩聚沙成塔，不少已成为亿万富翁、千万富翁。如今，在这块商业因子无比活跃的宝地上，阿里巴巴株洲产业带于2013年上线，成为省内首家专属产业集群平台。这个株洲自有的"互联网＋"平台，不仅为芦淞服饰，也为株洲生产的陶瓷、硬质合金、特色农产品等打通了一条走向世界的通道。

芦淞市场，是株洲市开放发展的一个缩影。在2018年福布斯中国最佳商业城市排行榜中，株洲市列第63位，居中部六省非省会城市第二位。

包容并蓄，五湖四海，成就了一个持续开放、格局宏大的株洲，一个万商云集、日趋繁荣的株洲。

自1984年设立第一家中外合资企业，其对外开放的脚步就一直呈加速状态。2018年，全市实际利用外资达到13.54亿美元，投资来源遍及美国、日本、中国香港、中国台湾等20余个国家和地区。从2014年开始，连续5年入选"中国外贸百强城市"。

目前，株洲已经累计与近200个国家和地区开展了经贸往来，主要进出口市场遍布亚洲、北美洲、欧洲、大洋洲，美国、德国、马来西亚、日本、澳大利亚、土耳其、加拿大、韩国等成为株洲最重要的贸易伙伴。截至2018年，株洲市对外投资项目已达60个，累计对外投资额超过10亿美元。

"内外资并重，两条腿走路。"在充分利用境外资金、引进境外项目的同时，该市同样注重积极引进省外境内资金和项目，助力全市经济社会快速发展。

近年来，该市积极参与"湖南（香港）投资贸易洽谈周"

"中部投资贸易博览会""湖南（上海）投资贸易洽谈周""粤港澳大湾区经贸洽谈周"等国家和省级层面组织的招商引资活动，并成功举办承办"轨道交通国际高峰论坛""中国（醴陵）国际陶瓷产业博览会""湖南服饰博览会"等重大活动。

今天的株洲，已经吸引西门子、惠普、微软、三菱、北汽等30多家世界500强企业的项目入驻。通过内引外联，该市轨道交通城、汽车博览园、湖南移动大数据中心、中国陶瓷谷、通用机场、华锐硬质合金、南方宇航高精传动、北汽二工厂、长城电脑、两机重大专项等一批极具影响力的重点项目已经竣工或者正在顺利推进。

这是一座和谐安宁的幸福之城。

"做到应助尽助，绝不让一个学子因为家庭贫困而失学。"今年，株洲市的金秋助学活动收到爱心捐款400多万元，资助近900人。截至今年，株洲市已经连续16年开展金秋助学活动，向广大贫困生发放资助款近8000万元，资助家庭困难大学生超2万人。

一个活动坚持了16年，人们从中感受的是一座城市的温度，一座城市的文明，一座城市的幸福。

以人民的幸福为奋斗目标，一直是株洲市委、市政府不变的工作主题和工作动力所在。在这一目标的驱动下，经过70年的努力，株洲市厚积薄发，使民生利好在这几年呈现出令人喜悦的集中释放之势。

2017年，株洲市脱贫攻坚工作取得决定性的胜利，炎陵县和茶陵县实现脱贫摘帽，166个贫困村退出、15.5万贫困人口脱贫，贫困发生率降至 0.43%，全市实现整体脱贫。这一年，全市全面小康社会总实现程度达到 98%，全省 14 个市州中，仅次于长沙市。在《中国城市全面建成小康社会监测报告 2018》发布的全国小康城市百强榜上，株洲跻身第 48 位。

教育医疗是民生之基。近年来，株洲市已经在全省率先全域通过教育强县（市区）评估验收，义务教育学校全部建成合格学校，超大班额全部"清零"，义务教育巩固率达 98.7%，财政用于教育的支出由 1983 年的 2762.4 万元增加到 2018 年的 60.1 亿元；全市卫生机构由 1949 年的 45 个增加至 2018 年的 2842 个，医院和卫生院拥有床位总数由 40 张增加到 2.5 万张，卫生技术人员由 174 人增加到 2.7 万人。

就业是民生之本。近 40 年间，全市就业人数从 131.9 万人增加到 245.6 万人。党的十八大以来，全市城镇登记失业率始终保持在 3% 左右的较低水平。高比例的就业，成为群众增收的保障。2018 年，全市城镇居民人均可支配收入 42867 元，较 1949 年的 94 元增长 455 倍。

走向富裕的株洲人民，享受着宝贵的和谐安宁。目前，株洲市是全省唯一全国综治工作优秀地市"6 连冠"、4 次捧得"长安杯"的市州。

70 年奋进，70 年巨变。走在今天的株洲大地上，映入眼帘的是一派祥和繁荣的景象。

在这里，拥有"中国美丽乡村百佳范例""中国最美休闲乡村"；在这里，通等级公路率达 98.4%，行政村通水泥（沥青）路率达 100%；在这里，100 座"24 小时不打烊"的建宁驿站，引领着中部地区的厕所革命；在这里，歌剧之城名不虚传，大型民族歌剧《英·雄》，成为"中国民族歌剧传承发展工程"重点扶持的 9 部民族歌剧之一。

在这里，国家交通管理模范城市、国家双拥模范城市、国家城市环境综合整治优秀城市、国家社会治安综合治理先进城市、全国创业先进城市、全国科教兴市先进城市、全国公立医院改革示范城市成为醒目的城市标签。

加快建设株洲中国动力谷，加快建设"一带一部"开放发展先行区、老工业城市转型发展示范区、城乡统筹发展幸福区。今天的株洲，正朝着加快建成"一谷三区"，加快实现基本现代化的新目标大步迈进。

前景可待，明日可期。我们相信，凭借五千年炎帝文化的绵绵熏陶，新中国成立 70 年来的发展经验，依靠 400 万勤劳的株洲人民，株洲一定会飞得更高，走得更远，变得更强！

（作者：周怀立）

2019 年 10 月 17 日

文明，让株洲更美好

——来自株洲·中国动力谷的系列报道之二

1. 文明，是引领整个社会的奋进号角

全国文明城市是城市品牌中含金量最高、创建难度最大的一个，是反映城市综合水平的最高荣誉，是最具价值的城市名片。株洲市委、市政府始终坚持"两手抓"，把建设更高水平文明城市作为转型升级的新引擎、持之以恒推动精神文明建设结出的硕果。

"一切为了群众、一切依靠群众、一切惠及群众。"2018年，株洲市委、市政府坚持以人民为中心的发展思想，以创建新时代全域化更高水平文明城市为目标，在全国率先启动"十大文明行动"和"十大专项整治行动"，从改善民生入手，从满足市民需求着力，让市民共享发展成果。

株洲城乡居民养老保险已实现并轨，基本建成覆盖城乡的社会保障体系；公立医院改革被国务院誉为"医改株洲模式"；城市管理法治化、市场化、信息化、标准化不断深化，交通畅通、城市绿荫、旧城提质、碧水蓝天、公共设施配套等"五大行动"持续推进，湘江株洲段水质保持Ⅲ类以上，市区集中式

饮用水水源水质达标率为 100%。四次捧得"长安杯"，成为全省唯一连续四次获得全国综治工作最高奖的市州；顺利通过国家卫生城市复审，市民卫生满意率达 97%；获评全国创业先进城市。

各类教育均衡发展，在全省率先全域通过教育强县（市区）评估验收，义务教育学校全部建成合格学校，军民共建深入开展，实现全国双拥模范城市"六连冠"。

在 2017 年 11 月召开的全国精神文明建设表彰大会上，株洲市不仅蝉联全国文明城市，而且还有芦淞区白关镇等 6 个村镇获评全国文明村镇，荷塘区月塘街道袁家湾社区等 5 家单位获评全国文明单位，株洲市第二中学等两所学校获评全国文明校园。

70 年来，株洲的文明程度不断提升，株洲的经济总量不断迈上新台阶，地区生产总值从 1952 年的 1.33 亿元增长到 1978 年的 13.49 亿元，再增长到 2018 年的 2631.54 亿元，人均GDP、人均一般公共预算收入等多项指标稳居全省前列，成为国务院表彰的全国 20 个"稳增长"先进地市之一。

伴随经济的发展，株洲民生改善力度也空前加大。据统计，株洲用于民生领域的支出比例逐年增高，2018 年已达346.9 亿元，占一般公共预算支出的比重达 77.9%。

株洲市把创建全国文明城市作为群众性精神文明建设的龙头，作为推进城市转型升级、提升城市品质的重大举措和建设幸福株洲的重要载体，大力培育社会主义核心价值观，厚植崇德向善的土壤，使城市颜值更高、品质更好，城乡发展更协调，文明的社会风尚更浓厚，广大市民的获得感、幸福感、安全感更强。文明的力量正持续浸润着每个株洲人的心田。

2. 文明，是温暖百万群众的民生情怀

无论是晨曦初露，还是华灯初上，漫步在这座城市的小道上，你就能与文明不期而遇：宽敞整洁的广场、绿树掩映的公园、美丽的湘江风光带、彬彬有礼的市民。

群众满意是文明城市创建最好的答卷。近年来，株洲紧扣"创建为民、创建利民、创建惠民"的根本宗旨，不断强化人本理念，丰富文明内涵，彰显民生情怀，把文明创建的"大道理"落到"小利益"上，推出一批人民群众看得见、摸得着、感受得到的实事工程，让老百姓在全面升级的教育、医疗、文化、体育、养老等公共服务中感受这座城市的温暖。

围绕这一创建目标，株洲文明创建工作以培育和践行社会主义核心价值观为根本，围绕提升市民"幸福感"这一核心内涵，不断打造文明城市的升级版。

创建全国文明城市，剑锋直指短板——城市基础设施"老旧破损"问题。

小区环境不佳，群众感受最直接；基础设施老旧破损，群众反映强烈。株洲全市不遗余力投入财力、人力，逐个满足群众诉求……城市管网、道路标示、路面破损，一个又一个被列入整治计划。改造提升老旧小区、道路基础设施，规划新增停车场、停车位……涉及交通、文化、"厕所革命"等的一项又一项治理工作有条不紊地进行。

改变，百姓真真切切地看得见。

——实施城市交通畅通三年行动计划。现已完成项目304个，在建设项目124个，累计完成投资323.27亿元。新建道路186.98公里，提质改造道路60.47公里。

——加快基层文化供给。不断推动公共文化资源向乡村倾斜，建成村级综合文化服务中心示范点40余个、门前小广场200个、乡村文化墙120余个，每年完成公益演出800余场，免费放映公益电影9561场。

——大力推动"厕所革命"。新建公共厕所180余座，提质改造200座，免费开放200座。

——加快老旧小区改造步伐。提质改造老旧小区28个，全面启动5个农贸市场的提质改造。

——加强交通秩序管理。新建停车泊位3400余个，"礼让斑马线"实现率达到85%以上。

——推进"最多跑一次"改革。推出1181项事项，在群众最渴望解决、最难办的事情上再加力、再提速，全力打造"放管服"改革升级版。

株洲市把培育城市的灵魂置于战略的高度，株洲的精神文明建设全域开花。一个充满凝聚力、竞争力、人文魅力、发展活力和辐射力的城市正在形成，一个崇德向善、文化厚重、和谐宜居、人民满意的文明株洲正款款而来。

3. 文明，是融入广大市民的道德基因

株洲形胜，古称建宁，从时光深处走来，已有千余载历史。火车拉来各地的货物，更拉来了文明与繁华，与株洲原有的文化底蕴糅合，造就了独一无二的动力城市。

在这样的城市，城市文明的关键是市民的文明。市民文明多一分，城市形象美十分。

从 2001 年开始，"创文"这个词，渐渐地闯入株洲市民的视野。文明，已成为株洲广大市民矢志不渝的坚守。

今年，一支由商铺老板、青少年及其他热心市民组成的 30 余人的"市容执法体验组"，和城管队员一同上街巡查、清理"牛皮癣"、劝阻占道经营行为，体验城管执法。体验几个小时后，他们加深了对城管日常工作的认识，不少市民开始反思自己日常的一些违规行为。市民李先生说："执法队员工作艰难，以后会多支持城管工作。"

从了解，到熟知，再到参与，这只是株洲市创新文明城市管理的一个缩影。

去年 7 月 15 日，"中国好人"李革命驾着小木船，在湘江中救起一名落水者；去年 8 月 16 日晚上 7 时，湘江边一名野泳者遇险，李革命及时出现，将人救了上来；去年 9 月 16 日下午 5 时 30 分，李革命得到消息，有人被困在航道中，他立即驾驶小船搜寻，在航道中发现一名女子，在于附近游泳的爱心人士配合下，将女子救了上来。

近年来，在"小英雄"戴碧蓉的家乡株洲，已先后有 60 人荣登"中国好人榜"。杨颖、肖雅清、易冉 3 人获全国道德模范提名奖，刘朝华、龙秋华、潘尧生、何遥等 11 人获省级道德模范称号，醴陵市的刘天健家庭被评为全国文明家庭。

哪里有需要，哪里就有志愿服务。如今的株洲，处处都是学雷锋的窗口。

自去年9月起，株洲大力开展城区"厕所革命"，计划用两年时间新建200座、改造200座、开放200座公厕，打造具有株洲特色的"建宁驿站"。

目前，株洲全市有志愿者组织1000余个，注册志愿者54万人，城区179个社区都设立了志愿服务工作站，医院、公园、车站等主要窗口单位设立志愿服务站点900余个，学校建立志愿服务站点300余个，图书馆、文化馆、博物馆等公共文化设施建立志愿服务站41个。随处可见的志愿服务已成为株洲大地一道亮丽的风景线。

300余所"道德讲堂"遍布城乡，定期开讲，通过"身边人讲身边事、身边人讲自己事、身边事教身边人"形式，传播"雷锋精神"和爱的力量。

在城乡公共场所，有社会主义核心价值观、"讲文明树新风"和"中国梦"等内容的公益广告3000余处、遵德守礼提示牌5000余块。公益广告既扮亮了城市，又让市民在耳濡目染中感受到文明道德的力量。

在今天的株洲，人们的内心多了一份坚守，文明已然成为一种行为习惯，拾金不昧、公交车上让座、随手拾起脚下的垃圾等行为随处可见，文明基因深深渗入每一个市民的血液之中。

4. 文明，是走在希望征程的执着坚守

文明无止境，求者有恒心。文明创建之于株洲，已成为城市执着的精神追求。

"成功蝉联全国文明城市，带来的变化是明显的，付出的辛劳是值得的，探索的经验是宝贵的。创建工作永远在路上，必须重整行装再出发，让株洲这座全国文明城市更具魅力。"在株洲市建设新时代更高水平文明城市推进大会上，市委书记毛腾飞的话掷地有声。

如何深化？如何升华？

2017年，株洲怀揣着推进文明建设再深化、上水平、提档次的美好愿望，吹响了"十大文明行动"的号角，以饱满的热情再赴"文明之约"。

株洲市委、市政府提炼出"一切为了群众、一切依靠群众、一切惠及群众"的创建理念，启动了包括文明城管、文明交通、文明旅游、文明餐桌、文明网络、文明校园、文明家庭、文明乡村、文明社区、文明单位等在内的文明创建"十大文明行动"。

同时，株洲坚持行之有效的督查机制、测评考核机制、市民参与机制和联动机制，是建立长效机制的本土特色。

今年，株洲市围绕核心词"提升"，重点在城市管理、窗口服务、交通秩序、食品安全、社会治安、生态保护等方面下功夫，进一步推进"厕所革命"，打造更多富有特色的"建宁驿站"，持续改造提质一批农贸市场，引导无物业管理小区业主自治；推出更多"最多跑一次"事项，走好网上群众路线；加大对"斑马线不礼让""公共场所吸烟""上车不排队"等不文明行为的曝光处置力度，让群众从一件件具体的好事实事上，真正感受到文明城市创建带来的变化。

在建设新时代全域化更高水平文明城市的时代列车上，株洲把城市和农村的文明提升工作统筹推进，同频共振。

今年，株洲以新时代文明实践中心建设试点为引领，以推进移风易俗和传承优秀文化为两翼，全面提升县域文明建设水平。

杜绝大操大办现象、大力推行生态殡葬改革、积极创建文明村镇，让社会主义核心价值观在乡村落地生根，开花结果。一系列专项整治行动在农村迅速展开。

为了巩固提升国家公共文化服务体系示范区创建成果，株洲市还不断完善乡村文化设施。"欢乐潇湘""广场舞大赛""中国农民丰收节""我们的节日"等一系列群众性文化活动的开展，有力推进乡村文化大发展大繁荣，提升农村居民思想道德水平，营造崇德向善、文化活跃、社会和谐、科学健康的文明乡风。

秋日的新城，文明的踪影随处可见：精心修剪的花卉绿植，让大街小巷美丽如画，市民安享幸福生活；红绿灯下，行人驻足等待；临近人行道，行驶中的车辆速度渐缓，有热心的司机还会伸出手来，招呼着礼让行人，双目碰撞、微微一笑，如丝丝清风拂过心间。

株洲，正全方位向"神农福地，文明株洲"的文明城市迈进，不断放大"国际花园城市"效应，积极创建全域性更高水平的文明城市。未来，这座希望之城、奋斗之城、温暖之城必将更加魅力四射。

（作者：戴鹏）

2019 年 10 月 18 日

动力谷里梦飞扬

——来自株洲·中国动力谷的系列报道之三

神农福地，动力株洲。

古今辉映这片湘中河谷的沧桑巨变，南来湘江见证这里的"奋楫者先"。

株洲工业几近从"零"起步，经过国家"一五""二五"计划的洗礼，成为我国重要的老工业基地。70年来，创造了我国工业史上迄今包括首台航空发动机、首台干线电力机车、首列磁浮列车等290余项"中国第一"和全球首发智能轨道快运系统、超级水下机器人等许多"世界之最"，加速了令世界瞩目的中国动力谷的强势崛起，成为世界动力增长的重要一极，成了全球制造动力领域的世界坐标！

中国动力谷地标式建筑"动力谷大厦"，就耸立在这河谷之中株洲高新区国家自主创新园的万丰湖畔。

大厦上面，一只让人产生运转如飞、转动不息视觉动感的"飞轮"，是"中国动力谷"的标志，寓意科技创新驱动腾飞之轮，象征中国动力谷不断向前、永续发展的美好前景。

"飞轮"的创意源自繁体的"輪"字，巧妙契合"中国动力谷"奋进新时代的三层含义的生动诠释：中国，代表国家级水平；动力，代表产业特色；谷，代表创新创业生态。

"輪"的左边"车"，以古之交通工具喻今之动力产业；右上"人"，指动力人才；右下形似纵横交错的路网，意蕴全面升级动力园区；右中"一"，表示中国动力谷不负韶华，打造一流园区，磁聚一流人才，发展动力产业。

再看，图标由白色的叶轮、彩色的叶片和白色的球环同构。外圈蓝、金、绿三色分组叶片，相应代表挺起株洲工业脊梁的轨道交通、通用航空、新能源汽车三大动力产业，象征实现高质量发展的"科技、效率""财富、价值""生态、环保"核心要义，进而生成了飞轮中心飞速旋转的白色叶轮，象征"动力"与"速度"，作用于外圈与中心之间的白色球环，形成汇聚全球资源的向心力，催动新一轮科技革命和产业变革新潮迭起，谱写创新驱动、逐梦飞翔的动力之歌。

从老工业基地到中国动力谷，株洲工业究竟在经历了怎样的凤凰涅槃之后奏响动力澎湃的时代强音。

牢记嘱托，谋变新跨越——"火车头"引领新发展。

"以自主创新引领带动，坚持在发展中促转变，在转变中谋发展，做到'好'字当头！"党的十八大召开前的2011年3月21日，时为中共中央政治局常委、中央书记处书记、国家副主席的习近平同志在湖南调研，深入株洲考察，并殷殷寄语。

党的十八大以来，株洲市几经酝酿，于2013年7月提出"中国动力谷"战略构想，以调结构、转方式为宗旨，以最先进的机车牵引引擎、最强大的航空动力引擎和最环保的汽车动力引擎为核心助推器，着力打造以中国轨道交通城、中南地区通用航空城、中国新能源汽车产业城等为支撑的当今的中国动力谷和未来的世界动力谷。

这年的 8 月和 12 月，株洲市委一再推动中国动力谷上升为该市及湖南省的发展战略，直至成为科技部与湖南省政府共建项目。2014 年 8 月，株洲又以打造"中国动力谷"为核心内容，与长沙、湘潭一起申报长株潭国家自主创新示范区，获得国务院批复同意，成为全国第 5 个自主创新示范区。

2015 年 8 月，中国动力谷自主创新园在株洲高新区河西示范园正式开园，立即成了院士领衔的高端创新团队及高科技企业争相抢占的"双创"滩头。2016 年 1 月，中国动力谷被列为湖南省动力产业集聚区。

践行新理念，培育新动能。

2016 年 9 月 28 日，株洲市第十二次党代会上，确定了此后五年"1142"总体发展思路，就是大力弘扬"火车头精神"，全力实施"创新驱动、转型升级"总战略，加快建成"一谷三区"总任务，努力实现"两个走在前列"总目标。

"一谷三区"，即株洲·中国动力谷及"一带一部"开放发展先行区、老工业城市转型发展示范区、城乡统筹发展幸福区。

"两个走在前列"，即在全面建成小康社会进程中走在全省前列、在加快推进基本现代化进程中走在全省前列。

这是适应引领经济新常态的大逻辑战略手笔，省委书记杜家毫要求株洲在推进创新发展上发挥带头作用、在推进长株潭一体化建设上发挥主动作用、在振兴实体经济上发挥领军作用、在推进绿色转型发展上发挥示范作用。

发挥"四个作用",是省委着眼新的时代背景和全省战略布局,为株洲确定的新坐标、明确的新定位、赋予的新使命。轨道交通、航空、汽车产业被列入省"十三五"重点发展产业。株洲紧紧以"一谷"统揽"三区",全面推进区域协同创新发展。

中国动力谷建设随之在 2016 年 4 月被提上国家战略课题研究日程,历时两年多,到 2018 年 6 月,在国务院发展研究中心召开课题研究会,并通过专家评审。并据此,编制 2018 年到 2025 年中国动力谷发展规划,加快打造世界知名的动力之都。

动力之都的格局更大,秉持全产业、全领域、全生态的建设要求,以株洲高新区为龙头的主城区发展核,引领县城延伸走廊链式联动发展,共建都市圈,共提承载力,共抓产业链,共聚创新力,培育新动能,驶向高质量一体化轨道,行稳致远。

中国动力谷构建起"3+5+2"的现代产业体系,即以轨道交通、航空、汽车三大动力产业为主要助推器,重点培育新能源、新材料、电子信息、生物医药、节能环保五大新兴产业,改造升级陶瓷、服饰两大传统产业,大力推进与之相关的16 个产业链融合发展。

"老守一井,力求及泉。"

株洲市成立中国动力谷建设领导小组，下设 11 个产业项目工作组以及人才资源和各条产业链等工作组，实施"链长制"，市里主要领导亲任链长，牵头一链一个发展规划、一链一个支持政策、一链一批重点项目、一链一个承载园区、一链一支服务队伍，并以上率下、上下合力打好产业发展组合拳。

六年来，以产业链式思维，连年开展项目攻坚和企业帮扶，推动湖南"数据洞庭湖"、长城电脑、北汽二工厂、通用机场、"两机"重大专项等大批贯通上下游的强链延链产业项目，加快建链成链生链，加速全域产业振兴。

突破自我，拓展新空间——"动车组"跑出新优势。

"一核引领、一廊联动"，当今的中国动力谷正打开更广阔的产城空间，动力全产业链集群已从株洲市主城区"一核"向南四县市"一廊"延展开去，犹如动车组全速行进在境内南北长达 200 公里的绿水青山之间，跑出园园呼应、区区辉映的工业新兴优势产业链式耦合集聚发展新优势。

站在新中国成立 70 周年的时间点上，回望中国动力谷的"进"，令人眼前一亮的是，它加速了清水塘老工业区的"退"，一边是"谷"生水起，另一边是"塘"清海晏，仅 6 年走出一条突破自我、脱胎换骨的滚石上山攀升大道，掀开株洲工业发展的巅峰篇章。

此消彼长，腾笼换鸟，旧产能淘汰为新动能腾挪出巨大空间。

六年来，包括清水塘 261 家重化工企业全部退出，全市累计关闭近 2000 家高污染高能耗企业，尽管直接影响年工业产值 700 余亿元，可是全市规模工业企业个数、主营收入、工业税收、企业利润，却分别增长了 1.5 倍、1.7 倍、1.9 倍、2.3 倍。

工业发展韧劲十足，活力迸发。

2018 年，中国动力谷"3 + 5 + 2"现代产业体系产生了"＞10"的规模效应，实现产值 2500 余亿元，占全部工业产值比重约 72%，形成了更为强劲的经济支撑动力。当年，全市三次产业结构为 7.1：43.7：49.2，第三产业占比首次超过第二产业，呈现工业化中后期"三二一"结构，趋向协调与融合发展。

中国动力谷的"进"，进出了"绿"的底色更加鲜明、"质"的提升更加显著、"聚"的效应更加凸显、"谷"的生态更加优良，"进"的力量不可谓不强大。

"没有工厂就没有城市""没有城市就难留项目""科技创新领先一步，产业创新领先一路"，"进"的路上，回荡着株洲工业爬坡过坎的奋斗先声，激荡着内生动力蓬勃增长的追梦力量。

早在 20 世纪 30 年代，株洲还是一个位处湘江东岸"铁路要冲"的小镇。民国时期，一些有识之士梦想于此兴办工业，建机车厂、兵工厂和汽车厂，也设想建个化工城。然而，一切皆因连年战乱而败破不堪，当年的梦想成了南柯一梦。

1951 年 6 月，株洲从湘潭县析出并成立县级市。1953 年，株洲被列为全国 8 大重点工业建设城市之一，改为省辖县级市，承担了被视为"共和国长子"的 156 个重点建设企业中的

4个以及694个限额以上企业中的9个项目建设，之后于1956年升为省辖地级市。

也是6年，株洲市"连升三级"，工业梦随之飞得更高。

1954年8月16日，中国第一台航空发动机在株洲国营331厂试制成功，使中华民族结束了不能独立制造飞机的历史。毛泽东主席亲笔签署嘉勉信指出，这在我国的飞机制造业和增强国防力量上都是一个良好的开端。

"331厂"即今中航南方工业有限公司（简称中航南方）前身，最早可追溯到原兵工厂，其所在地株洲市芦淞区董家塅，已由我国中小航空发动机研制生产基地派生出株洲航空产业园。公司原副总工程师罗广源自豪地说，株洲打造中国动力谷，推动高质量发展，我们的航空与轨道、汽车三大动力产业理所当然是最强的新引擎。

罗广源介绍，公司试制中国第一台航空发动机时限1年零8个月，而他们通过自主创新，只用了7个多月时间，便造出航空动力"中国芯"，之后相继成功研制我国第一枚空空导弹、第一台涡桨发动机等，公司第一任厂长吴运铎被誉为"中国保尔"。

谈到"中国保尔"，人们自然想到《钢铁是怎样炼成的》这部苏联名著中的主人公保尔·柯察金，他自觉把一切献给党和人民的伟大形象，激励着株洲涌现一代又一代吴运铎式"中国保尔"。

目前，株洲有1位航空、2位轨道交通等领域的本土院士，还有1位提名院士。近年来，大力实施"人才30条"，引进了一大批科技创新人才，其中有20多位院士、专家带项目和技术入驻株洲，实施省市重大科技创新和产品创新项目 121 个。

正是他们率领和感召着来自全国各地的"四方面军"，挑起了振兴民族工业的大梁，接力创造了株洲工业制造的辉煌。

与中航南方南北相映的中车株机，前身即原机车厂，地址没变，今株洲市石峰区田心，1950 年列入国家计划修复，8 年后与湘潭电机厂等单位联合试制成功中国第一台干线电力机车，填补了我国铁路电气化牵引的空白，成为"中国电力车的摇篮"。

今天的田心是誉满全球的"中国电力机车之都"和"中国高速动车组发祥地"，以此为辐射，形成了株洲具有核心技术的全球最大轨道交通全产业链集群，装载中国高铁"心脏""大脑"的高级别器件和 70% 的全球轨道交通产品均来自株洲。

"我国机车车辆工业的根基在株洲，而其产品的进化始于株洲。"中国工程院院士、中车株机专家委员会主任刘友梅表示。

70 年来，中车株机先后剥离出去中车株洲所、中车株洲电机，它们各自发展了技术创新链上的母子企业，带动发展了众多的配套企业，田心这片仅 30 余平方公里的土地，这些年产出刷新着占据全市轨道交通产值近九成的高产纪录。2015 年，株洲轨道交通产业集群首次突破 1000 亿元产值大关，这在全国乃至全球独一无二。今年，国创轨道获批国家级先进轨道交通装备制造创新中心，轨道交通产业获批国家级先进制造业集群建设。

1988 年以来，随着株洲大桥通车，株洲先后建成石峰、建宁、天元、芦淞、枫溪、渌口等 7 座大桥，加速株洲主城区工业呈"十字架式"跨江拓疆发展。以 1992 年成立的株洲国家高新技术产业开发区为发轫，株洲高新区与河西新城区的天元区合署办公打造河西示范园，与河东老城区的北石峰、南芦淞两区携手共建田心、董家塅等高科园，形成"一区三园"发展格局，开创了株洲高新技术产业发展新纪元，进入高新技术快速发展轨道。

而今，株洲高新区综合实力增强，在全省 133 家园区中排名第 2 位，在全国 157 个国家级高新区中排名第 31 位，成为拉动株洲工业园区一体并进的动车组"子弹头"。

株洲高新区这颗"子弹头"嗖的一声，以"一区"携"三园"之势，与其东北部株洲经开区、东南方荷塘区金山高科园、西南方渌口经开区，构成株洲中心城区核心增长极，带动醴陵经开区、攸县高新区、茶陵经开区、炎陵工业集中区，打造株醴都市圈，建设醴炎县域经济走廊，形成"一核一圈一廊"互为支撑、互促共进的动力之都新空间。

六年来，全市园区建成面积从 2012 年的 92 平方公里达到 2018 年的 169 平方公里，新开发并建设了石峰区的轨道交通城双创园、株洲经开区的大数据产业园、炎陵县的音乐小镇和醴陵市的电力电瓷电器产业园及玻璃产业园等多个园中园。

随着发展空间不断拓展，株洲先后建成了全球首个多肽生物医药库、首个轨道交通转向架高端装备制造车间和全球首条陶瓷、烟花自动生产线，诞生了"玉龙"发动机、超级电容有轨电车、闪充储能式现代电车等大批高端装备。

2018 年，株洲市园区新引进、新开工、新竣工 5000 万元以上项目分别达到 150 个、142 个、115 个，全市新兴产业、高新产业占比达到 44%、25%，较 2012 年分别上升了 13 个、9 个百分点。

这年，全市规模工业企业达到 1500 余家，实现增加值 900 余亿元，是 1952 年的 3876 倍，年均增长 13.3%。

不断创新，打造新名片——"升级版"建功新时代。

风笛嘹亮新空间，动力之都再出发。

一个是中国制造的国家名片，一个是中国文化的象征符号，融为一体，惊现长沙。人们欢呼："醴陵陶瓷磁浮专列来啦！"

这是被醴陵釉下五彩瓷元素装饰出彩的中国首列商用磁浮 1.0 版列车，2016 年 7 月 27 日上午，从长沙南站磁浮站台始发，驶往黄花国际机场……预热了当年中国（醴陵）国际陶瓷产业博览会，同时宣告醴陵陶瓷将以愈发迷人的风姿，从湖南飞向世界！

举世闻名的醴陵釉下五彩瓷代表作"扁豆双禽瓶"，是"瓷中之魂""国瓷瑰宝"。1915 年，登上美国巴拿马太平洋万国博览会世界舞台，秀出中国制造之美，获得"金牌奖"。2012 年，被列为中国文化的象征符号，寓意"和谐共生"，上了"美国之鹰"大屏幕，向世人展示中国"CHINA"的创意"C"、人文"H"、智慧"I"、自然"N"和艺术"A"五大中国文化要素内涵之魅，令人如沐沁人心脾的习习春风。

今天，以"扁豆双禽瓶"为代表的醴陵陶瓷，是中国动力谷改造升级的两大传统产业之一，得到不断创新升级，锻接一条震古烁今的彩瓷之链，牵动以陶瓷产品制造为主的非金属矿物制品业集群发展，开启醴陵中国陶瓷谷"丝路长歌"新征程。

中车株机在吹响了中国电力机车的第一声汽笛、记录了中国电动车组的第一回冲刺之后，精彩演绎着中国电力机车之都新的传奇，致力于在与"中国梦""世界梦"相连的工业"强国梦"升级版上奋力建功新时代。

近年来，中车株机牵头自主研制中国商用磁浮列车项目，覆盖了时速100公里、160公里、200公里短定子或长定子直线电机牵引、自动驾驶或无人驾驶的多品种磁浮列车，形成了中国商用磁浮1.0、2.0、3.0版列车产品型谱，分别较适用于城区、中心城市到卫星城之间的交通以及50～200公里城际出行。

去年，中车株机成功下线的首列商用磁浮2.0版列车，堪称世界首列短定子直线电机快速磁浮列车。当下，加紧组装的首列商用磁浮3.0版列车，拥有我国完全自主知识产权，预计明年下线，将实现无人驾驶，填补全球200公里时速等级磁浮交通系统的空白。今年，中车电机成功突破磁浮动力和永磁电机等核心技术，研制出时速400公里永磁牵引电机和时速600公里长定子直线电机，助力"复兴号"全面提速，填补了高铁和航空运输之间的速度空白。

"汇聚全球科研资源与创新技术，建立研发制造、投资建设、项目运营产业链，打造中国商用磁浮之都。"中车株机面向未来发展的信心满满。

株洲高新区同样笃定，正在动力谷自主创新园建立起协同创新生态体系，打造创新创业孵化、科研院校成果转化、产业协同创新、公共检测服务等五大平台，突破产业发展瓶颈，推动创新创业在竞合中求得更大发展。

"借助产业协同创新平台，我们投资的高端智能焊接机器人项目，与德国卡尔克鲁斯焊接技术有限公司合作开发，研发成果共享，今年刚投产就实现产值5000万元。"株洲润伟焊接技术有限公司负责人还介绍，同台竞合发展的湖南大研机器人项目，预计3年内年产工业机器人可达5000台，产值可达2.5亿元。

"生态优起来，发展快起来"，这是软环境，更是硬道理。

株洲市始终把服务企业作为振兴实体经济、激发企业活力的重要举措。今年，该市将曾经得到推广的以"帮在实处、帮在宽处、帮在深处、帮在高处"为指向的"株洲模式"，进一步深化为"温暖在实处、温暖在宽处、温暖在深处、温暖在高处"的企业帮扶年主题活动的"升级版"，持续升温企业服务。

六年来，全市各级各部门对口联系企业8000余家，帮助解决问题1.4万个，企业诉求"12小时见面制"、惠企政策"指尖推送"、开办企业"三天即办结"、工业项目"拿地即开工"等成为全省服务企业的"株洲样本"，绿色通道、容缺受理、全程代办等特色服务获李克强总理肯定。

六年来，先后出台工业12条、双创8条、财源12条、人才30条等40余项政策，减免各种税费超过120亿元，"厚待投资者、成就企业家"成为全市上下的广泛共识。

六年来，先后策划开展全国企业家年会、轨道交通峰会、瓷博会等 200 余场商务交流、产业协作、资本对接等活动，帮助解决 600 余亿元的融资需求。

创新引领，开放崛起。围绕"中国动力谷"崛起，株洲着力推动以科技创新为核心的全面创新，不断创新升级之箭，连连稳中推动、服务、共享高质量发展靶心，不失时机抢抓了战略机遇。

当今的中国动力谷已与美国加州"硅谷"、西雅图"云谷"及德国"碳纤维谷"一起共建了"四谷联动"机制，合作建立创新服务平台等离岸创新中心，开展招才引智、复合材料研发及应用等方面国际合作，助推中国动力谷打造世界级先进制造业创新中心，与未来的世界动力谷越走越近。

中车株洲时代电气、时代新材等一批骨干企业在英国、美国、澳大利亚等发达国家建立海外研发机构 5 个，实现了从吸收、消化到再创新的高速发展，创新能力进一步提升。中车株机、中车株洲所等优势企业海外并购欧美企业 15 家，将先进的技术、管理、人才以及产业资本等优势资源，平移到更为广阔的空间，共同推动轨道交通装备技术在全球的进步与发展。

从"走出去"到"走进去"，从"引进来"到"留得住"，时至 2018 年，中国动力谷已建成国家先进轨道交通装备制造中心、南方军民融合协同创新中心等创新平台 389 家，其中国家级 38 家、省级 176 家，拥有国家重点实验室 4 家、国家工程实验室和工程研究中心 3 家，设立省级院士专家工作站 10 家、市级院士专家工作站 2 家，全市专利申请量和专利授权量由 2012 年的 3627 件、2636 件增加到 2018 年的 8675 件、4983 件。全市高新技术企业发展到了 735 家，高新技术产业实现增加值 654.36 亿元，是 2012 年的 1.9 倍。

如今，中国动力谷标志产品深受株洲市外贸"朋友圈"青睐，影响扩大至 200 余个国家和地区，不仅受到全球市场的认可，也赢得了世界对中国制造的信任与尊重。

（作者：李文峰）

2019 年 10 月 18 日

清水塘：未来，已来

——来自株洲·中国动力谷的系列报道之四

1. 荣光里的困顿

"一五""二五"期间，株洲成为全国8个重点建设的工业城市之一，许多企业集中在清水塘。

在较短时间里，这片千百年来只生长野草和庄稼的地方，竟然梦幻般"长"出300余根烟囱。远远望去，如林的烟囱列阵而立，吞云吐雾，上接云天，蔚为壮观。在那个年代，这样的景色足以让人热血沸腾。

据统计，株洲建市以来，清水塘区域内企业累计向国家上缴利税近500亿元。最高峰时企业达261家，工业产值约300亿元，占全市工业产值的1/3。彼时的清水塘，工人总数超过5万人，很多人以"在清水塘工作"为荣。

那时，人们沉醉于清水塘的一片繁荣之中，他们设想过清水塘更加"繁荣"的未来，设想过自己在清水塘过上更幸福的日子。可就是没有想到，风光无限的清水塘却遭遇困顿。

在21世纪之初，清水塘工业区排放的汞、砷、铅、镉等重金属污染物分别占湘江干流接纳量的90%、50%、30%和

25%。2003 年、2004 年，株洲市连续两年被列入"全国十大空气污染城市"，清水塘工业污染是主因。

清水塘由声名远扬的"株洲骄傲"，变成人人叹息的"株洲之痛"。好在清水塘严峻的环保形势也引起上层越来越多的关注。

2007 年，借着长株潭城市群成为两型社会综合配套改革示范区的东风，清水塘工业区成为全国第二批发展循环经济试点园区；2011 年，国务院批准《湘江流域重金属污染治理实施方案》，明确将株洲清水塘列为全国重金属污染治理重点区域。同年清水塘重金属污水处理厂开始运行，初步解决工业污水直排湘江问题。

2. 新时代的担当

党的十八大以来，在习近平生态文明思想指引下，湖南深入践行新发展理念，清水塘迎来历史性转机。2013 年，湖南启动湘江治理"三个三年行动计划"，清水塘是重中之重；2014 年，清水塘被列为全国城区老工业区搬迁改造 21 家试点之一。至此，清水塘治理迎来最大"拐点"，从循环经济试点转向整体搬迁改造。

中共湖南省委书记杜家毫对清水塘一直格外关注。从 2013 年至今，他多次亲临清水塘考察，并在深入了解清水塘的历史和现状之后，提出了清水塘老工业区搬迁改造的目标：从 2016 年起，一年初见成效，三年大见成效。要求株洲的同志提高政治站位，践行新发展理念，以只争朝夕的精神，夺取清水塘搬迁改造攻坚战的全面胜利。他谆谆告诫大家，清水塘搬迁改造，只要有一家污染企业不搬走，就难以充分发挥整体效应。行百里者半九十，要以只争朝夕的精神，一鼓作气攻下最后的"碉堡"。

中央和省里的坚定决心，给了株洲市前所未有的信心和力量，清水塘在烟雾笼罩中开始艰难转身。

株洲市委、市政府勇于担当，下定决心，开启"一年初见成效、三年大见成效、十年建成新城"战略行动：2018 年底搬迁改造企业全部关停退出，2020 年基本完成搬迁改造区域的环境治理，2025 年全面实现搬迁改造的总体目标，从而把清水塘老工业区建设成为一个生态的、科技的、文化的现代化新城。

一番伤筋动骨的关停并转，清水塘区域内 261 家企业退出。

通过水系治理、废渣处理、土壤修复等"综合治疗"，生态环境系统改善。湘江霞湾段水质从国家 Ⅲ 类提升到国家 Ⅱ 类，株洲城区空气质量达标率大幅提升。

3. 现实中的未来

小河清澈见底，河岸边坡铺着平整的草皮，临水部分点缀着漂亮的风景石。眼前的景象，使人无论如何无法将之与"污染"联系起来。将清水塘复原为一张白纸，再描绘出更新更美的图画。清水塘的未来正在吸引越来越多人的目光。

壮士断腕、痛彻肺腑的治理，换来清水塘的"脱胎换骨"，还株洲人民一个真正的"清水塘"，还湖南人民一个美丽的"清水塘"，这是株洲市委、市政府的庄严承诺。

为高起点规划建设清水塘新城，株洲邀请了英国阿特金斯、德国德阁、清华同衡、上海合乐 4 家公司参与竞标。阿特金斯公司曾参与在伦敦东郊英国老工业区遗址建设奥运会场馆的工程，德阁公司曾深度参与德国鲁尔老工业区的改造，清华同衡与合乐曾参与国内众多城市的文化遗产保护和现代城区规划设计。

新城建设，基础先行。清霞路、清湖路建成通车，清水塘城市公园雏形已具。围绕"桥开工、塘蓄水、路成基"，清水塘大桥、清水塘城市公园、清水塘大道、株冶路等"一桥一塘六路"建设已拉开架势，着力构建与主城区及长沙、湘潭互联互通的主干路网格局。同时，加快推进清水塘城市公园、湾塘山体公园、霞湾港生态景观带和滨江风光带等生态景观建设。

如今，从株洲湘江西岸往东望去，映入眼帘的不再是林立的烟囱、残败的工厂，而是一块块平整的绿地、一栋栋现代化楼房。清水塘老工业区正在不断改造升级中"变绿"，日渐焕发生机与活力，一座崭新的生态科技产业新城正在蓄势崛起！

株洲市委书记毛腾飞表示，株洲将深入贯彻习近平生态文明思想，按照省委、省政府的决策部署，高起点、大力度把清水塘打造成为创新活力之城、文化魅力之城、生态宜居之城。加快清水塘新城基础设施建设，桥通车，塘蓄水，路成网，学校、医院配套，拉开新城框架，搭建新城骨架，提升新城承载力。加快产业导入，把株洲优势产业链延伸进来，把外面的高端产业引进来，把留住共和国工业发展印记和株洲工业文脉的文旅产业发展起来，把山水环绕的清水塘生态优势凸显出来，把清水塘的现有铁路、水运、保税物流优势和"一带一路"对接起来，为打通"绿水青山就是金山银山"的新通道探索新路径，为打造株洲·中国动力谷提供新引擎，为全国老工业区搬迁改造打造新样板，为株洲人民建设新家园。清水塘再出发。

回望来时路，艰辛而光荣。眺望未来的天，明朗而清澈。绿色崛起，生态发展。清水塘老工业区搬迁改造，必将作为株洲发展史上的一个里程碑载入史册，必将作为生态文明建设的一个"代表作"为人铭记。

（作者：李伟锋）

2019 年 10 月 21 日

美丽乡村新画卷

——来自株洲·中国动力谷的系列报道之五

1. 农业强：产业升级，神农福地深耕大品牌

今年 7 月初，6 万枚株洲产"肖运忠"皮蛋顺利在广州黄埔港码头登上远洋货轮，发往马来西亚吉隆坡。

这并非"肖运忠"蛋品第一次远行。就在不久前，4 万枚咸蛋北上俄罗斯、朝鲜，抢滩远东市场。

肖运忠，株洲市渌口区朱亭镇杉桥村人。1995 年春，他挑着一担鸭蛋跋山涉水从家里到株洲江南商城贩卖，赚下人生的"第一桶金"——20 元。24 年过去，他创立株洲银丹农产品有限公司，采用"公司＋合作社＋基地＋农户"模式，发展蛋鸭养殖、蛋品加工等相关产业，"肖运忠"成为蛋中名品，今年的营业额有望破亿元。

"蛋贩子"升级"湘东蛋王"，一个农家子弟从野蛮生长到追求品质的过程，折射了株洲市农业发展的蜕变之旅。

党的十一届三中全会召开后，株洲立足市情农情，抢先作为推进农村改革，全面实行家庭联产承包责任制，取消农业税，农民的生产积极性得以充分调动。

产业强，则农业强。改革开放一声春雷，市场大门已启，农业迎来春天，历届株洲市委、市政府领导班子审时度势，持续推动农业转型升级。

1991 年，茶陵县虎踞镇办起株洲市第一个千亩名特优水果示范场，规模生产初具雏形。随后，各类经济联合体和生产基地雨后春笋般涌现。到 2013 年，一批种植过千亩、养殖过万头的种养大户、家庭农场、农民合作社相继出现。

发展至今，株洲市家庭农场已发展到 1923 家，农民合作社发展到 5238 个，入社农户 10.06 万户，带动农户 18.93 万户，经营收入达 35.12 亿元。

其间，全市 4099 个乡村集体企业通过改制，迸发出超强活力。株洲市因势利导，调整优化产业结构，走三次产业融合发展的路子，实行种植业结构调整，寻找和发展特色产业，打造"一县一特，一乡一品"格局。

由此一来，株洲农产品加工业由弱到强，从无人问津到成为农业农村发展的经济支柱。2018 年，全市农产品加工企业达到 2920 家，实现农产品加工总产值 602.22 亿元，实现销售收入 596.66 亿元。

作为一个诞生过中国工业史上 290 余项第一的工业重镇，株洲市深知品牌对产业发展的重要性。

近年来，株洲市对照省农业千亿产业，着力培育畜禽、蔬菜、粮食、油料 4 个百亿产业，水果、竹木、茶叶 3 个 50 亿产业。把农业园区作为农业品牌创建的重要载体，以园区品牌创建带动周边甚至整个县域内产品、产业的品牌创建。先后培育

省、市级特色产业园 60 余个，园区面积近 20 万亩，产值近 15
亿元。炎陵黄桃、株洲红茶、攸县豆腐、白关丝瓜等已成为响
当当的区域公用农业品牌，产品远销新加坡、阿联酋、中国香
港、中国澳门等国家和地区。新产业新业态助推了县域经济的
发展。2018 年，县域经济总量达 1376 亿元，占全市 GDP 总产
值比重达 51.8%。醴陵跻身全国百强县行列。醴陵、攸县连续
多年稳居全省县域经济"十强"。株洲县、茶陵县、炎陵县跻
身全省县域经济发展先进县行列。

2. 农村美：环境整治，山村巨变秀出高"颜值"

今天的湘东大地，无论是城市近郊，还是罗霄山脉深处，
曾经的贫穷小山村都像被施了魔法一样，从"灰姑娘"变成了
"白雪公主"。

在天元区三门镇响水村，"百花园"游人如织，鸿雁公园
百雁齐飞，休闲农业、高效现代农业、健康养老养生业风生
水起。

在一江之隔的石峰区，斜阳为九郎山脚的 9 个村落镀上一
层金黄，青山绿水、白墙黛瓦，屋舍井然，鸡犬相闻，宛如世
外桃源。谁想得到，这个距离清水塘老工业区 2 公里的村落
群，以前因为环境差、贫穷，大半村民背井离乡出去讨生活。

往南 200 公里外的炎陵县十都镇，沿杨木江畔前行，一幅
充满诗情画意的田园风光映入眼帘：村道平坦宽敞，两旁青山
掩映，山花烂漫，独具特色的客家民宿错落有致。

"鱼在水中游，人在画中秀。"茶陵水源村村民罗建军自豪
地将家乡美照发到微信朋友圈，引来无数人点赞。

回望这场跨越 70 年的山村巨变，艰辛困苦、波澜壮阔。1951 年冬，市政府编制《株洲市冬耕生产计划》，农业农村工作由此起家；至 1999 年，株洲市消灭无路村、无电村；2006 年，株洲市启动"百村示范、千村整治"的社会主义新农村建设，农村交通网络逐步健全，县域 1 小时、市域 2 小时通勤圈初见雏形，完成两轮农村电网改造提升，农村通信实现全覆盖；2010 年，基本实现"村村通公路，户户饮清洁水"目标；2012 年，启动农村环境综合整治三年行动计划，攸县城乡同治经验得到推广；2014 年成功创建"国家森林城市"，实现了村庄规划全覆盖，完成了 550 个村的人居环境整治，34 个村旧貌换新颜，被授牌省级美丽乡村示范村；2018 年，成功创建省级美丽乡村示范村 4 个（总数达 38 个），市级美丽乡村示范村 25 个（总数达 50 个）。

近 6 年来，株洲市完成自然村通水泥（沥青）路 717 公里，25 户及 100 人以上自然村通水泥（沥青）路 720 个，基本完成 799 处非正规生活垃圾堆放点整治，建成乡镇污水处理设施 23 座，827 个行政村生活污水得到管控，拆除"四类房"3.7 万余栋、面积 258.92 万平方米。

近年来，株洲市突出乡风文明建设，乡村文化繁荣兴盛。已建成农家书屋 1561 个，实现所有行政村全覆盖，农民离开牌桌走近书桌，精神面貌焕然一新。300 余个门口小广场丰富农村生活。280 余个村镇建立红白理事会、道德评议会、村民理事会、禁毒禁赌协会和村规民约，引领乡村新风尚。

农村广阔，大有作为。按照最新的株洲市农村人居环境整治三年行动实施方案，到 2020 年，该市所有村庄将基本建成与全面小康社会相适应的农村垃圾、污水、卫生厕所、村容村貌治理体系，实现农村人居环境明显改善，村庄环境基本干净整洁有序，农民环境意识与健康意识普遍增强。

3. 农民富：多措并举，"鼓起腰包"争当新农民

株洲的经济社会发展一直领先省内，即便如此，在 20 世纪很长的一段时间里，农民还是要勒紧裤带过日子。

在希望的田野上，怎么才能"鼓起腰包"过上好日子。70 年来，株洲市一手抓减负惠农，一手抓产业增收，多措并举，帮助农民发家致富。自 2006 年以来，《中华人民共和国农业税条例》废止，农业进入零税时代。2008 年，株洲建立涉农补贴"一卡通"信息化发放方式，39 项惠农补贴全部纳入卡中。近年来，该市开展"雁过拔毛"式腐败问题专项整治，全面清理整顿惠农政策落实不到位等问题，农民的合法权益得到极大维护。

在产业增收方面，株洲市加强对农村的政策倾斜，让公共财政的"阳光"更多地照到农村，推动要素向农村流动，催生了休闲养生、观光创意农业等农村新产业，一批风情小镇、特色村落吸引八方来客，逐渐蹚出一条农民脱贫致富的好路子。

石峰区九郎山休闲开发核心区域的大冲村已尝到甜头。近年来，该村以生态修复为抓手，合理布局观光农业，将九郎山片区的保护与开发结合起来，启动四季花海、游园步道景观等工程，引来大量游客。仅今年 7 月，该村境内的秋瑾故居旅游景点就接待游客 7 万余人次。"目前，休闲农业、生态农业、

体验农业带动九郎山片区农村居民可支配收入年均增长10%。"石峰区农业农村工作局局长李阳说，越来越多的村民目睹家乡巨变返乡归田。

从洗脚上岸进城务工，到返乡参与新农村建设，支撑这一变化的是农民的"腰包"真的鼓了起来。

党的十八大后，各种帮扶措施让贫困地区农民收入直线上升。2018年，株洲市农村居民人均可支配收入19889元，较1949年的49元增长405倍，年均增长9.1%；农村居民人均生活消费支出14969元，较1949年的35元增长426倍，年均增长9.2%。

目前，株洲市的贫困人口已由2010年的30.05万人减少到2018年的1.26万人，贫困发生率由11%下降到0.43%，166个贫困村全部退出，炎陵县、茶陵县成功脱贫摘帽，比全国提前三年实现整体脱贫和全面小康，脱贫攻坚取得了决定性胜利。事实上，今天的株洲农民不仅"腰包鼓了"，生活条件好了，各项社会保障也不断增强。

近十年来，农村基本医疗、农村大病医疗的报销额度和比例随着财政收入的增加而"水涨船高"，农村的医疗保障网基本建成。株洲市农村低保平均标准线已提高至4860元/年。在全省率先对80岁以上老人发放高龄津贴。农村学校"全面改薄"任务全面完成。全市108个乡镇（街道）、1379个村（社区）已全面建成网格化服务管理平台。建成1065个驻村警务室、配备1065名驻村辅警。启动"城乡统筹、幸福株洲"社会治理创新系列行动。

进入新时代，株洲市坚持以实施乡村振兴战略为总抓手，按照"产业兴旺、生态宜居、乡风文明、治理有效、生活富裕"的总要求，紧盯"农业更强、农村更美、农民更富"的目标，开启农业农村现代化建设的新征程。

今年8月30日，《株洲市乡村振兴战略规划（2018－2022年)》发布，一幅更为壮丽的新农村画卷在神农福地徐徐展开——未来3年，株洲市将以"产业兴旺、生态宜居、乡风文明、治理有效、生活富裕"的总要求，突出规划引领、产业支撑、环境整治、示范带动，致力解决农业农村发展不充分不平衡问题，把株洲市建设成为全省农业农村现代化先行区、湘赣边区乡村振兴示范区、城乡统筹发展幸福区。

（作者：李永亮）

2019年10月22日

劈开荆棘上坦途

——来自株洲·中国动力谷的系列报道之六

1. 责任在肩，全面发力

70年来，株洲伴随共和国的步伐，奋力前行，成就斐然。尤其是改革开放以来，株洲始终高举改革开放伟大旗帜，在历史前进的逻辑中前进，在时代发展的潮流中发展，实现了跨越式发展。然而，随着时间的推移，改革也在不断地经受考验。尤其是党的十八届三中全会以来，随着各项改革进入"深水区"，各种矛盾问题凸显，改革更需要系统集成、协同高效推进。

如何继续涉水而行？株洲市委认为，必须找准改革方向，具体来说就是"坚持问题导向，哪里问题突出，改革就推进到哪里；哪里出现新问题，改革就跟进到哪里"。

2014年3月，株洲市委全面深化改革领导小组（简称市委深改组）正式成立。其成立后的第一件事，就是加强顶层设计，由市委书记任组长，下设9个改革专项小组，均由市委常委担任组长。

市委深改组成立后，立即出台《中共株洲市委关于全面深化改革的实施意见》，铺排九大领域 461 项改革任务，明确改革任务书、路线图、责任人、时间表。每一年，市委深改组都要公布改革工作要点，并召开专题会议审议改革文件，研究改革措施。

几年来，问题导向、市场导向、民生导向构成了株洲市改革的三大"要件"。

为此，株洲市委深改组紧盯国企改革、财税金融、科技创新、土地制度、环境保护、医药卫生等重点领域，搭建起株洲改革的主体框架；牢牢扭住经济体制改革这个"牛鼻子"，正确处理政府与市场的关系，把改革的重点放在积极营造公平、开放、透明的市场环境上；坚持民生导向，促进公平正义，始终将人民群众的"获得感"作为检验改革成效的"试金石"。

据统计，40 年来，株洲市共承担了 100 余个国家、省级试点任务，其中包括国家两型社会建设、全国公立医院改革试点、国家新型城镇化综合试点、国家自主创新示范区、"中国制造 2025"试点示范城市、国家首批产城融合示范区、全国第二批生态文明城市建设试点市、国家公共文化服务体系示范区、全国首个轨道交通装备产业集聚发展试点等。

试点是信任，是责任，更是使命。而这种责任和使命很大程度上体现在深化改革的坚强执行力上。

为此，株洲市委提高站位，在制度建设、体制创新上不断加大力度。经过多方论证，协调各方，市委定规矩、严制度、强监督，形成了"1＋4＋67"的制度体系。"1"就是出台了市委工作规则，"4"就是确定了组织制度、领导制度、自身建设制度、监督保障制度四大制度板块，"67"就是配套出台了67项具体制度规则，基本奠定了"用制度管权、按制度办事、靠制度管人"的工作格局。

在改革中不断探索，在改革中完善制度。通过出台《中共株洲市委重大事项决策咨询论证制度》，一个科学合理、公开透明、统筹兼顾、高效务实的决策制度体系在株洲初步成形。根据这一制度，该市先后委托专家开展了"全力打造中国动力谷，加快株洲创新发展研究""关于株洲市举办轨道交通国际论坛的研究报告"等20余个重大课题研究，为市委科学决策提供了智力支撑。

强烈的责任感，明确的"方向感"，不断完善的制度体系，使株洲市在深化改革中底气十足，干劲倍增。在出色完成上级部署"规定动作"的同时，市里还主动加压，自我确定了15个市级改革试点，从而形成了全面发力、多点突破、蹄疾步稳、梯次开花的良好局面。

2. 攻坚克难，推动发展

2017年5月，湖南省委、省政府发布《关于表彰首届创新奖的决定》，在管理创新奖一类中，株洲市独占两元：株洲市建设投资领域审批管理创新、株洲市荷塘区"一门式"服务平台创新同时出现在获奖名单中。

两项改革举措同时获奖，是株洲市顶住重重压力、持续强力推进的结果。

建设投资领域审批改革被称为涉及部门最广、审批环节最多、推进阻力最大、企业反映最强烈的改革，是一个实打实的

"改革重点部门"。

"改革不是悠闲的散步，改革必然是要走上坡路、涉险滩，深层次破解体制机制的束缚。这项改革推不动，企业受不了、发展等不起，只要不影响项目建设质量安全、不影响群众利益，就要一抓到底。"为显示改革的决心，市委书记毛腾飞甚至斩钉截铁地说："即使改错了，还可以再改回来。"

这项改革涉及不少法律和制度的"边界"，非常敏感，但领导者的决心没有因此动摇。在反复论证之后，株洲市决定对影响审批效率的所有环节进行全面梳理、流程再造，特别是从2018年开始，株洲始终将"最多跑一次"改革作为打造服务型政府的"牛鼻子"工程，按照"办好群众眼中一件事"要求，全区域推进、全时段提速、全流程再造、全方位互通，让数据"多跑路"、群众"少跑腿"，进而撬动商事制度、市场监管等改革取得全新进展。目前，总面积2.26万平方米的市民中心建成投用，已进驻44家单位、771项行政审批和公共服务事项。

改革结果很快显现：企业投资项目审批最多50个工作日、政府投资项目审批最多70个工作日，实现了九成以上事项"最多跑一次"。

荷塘区2017年的"一门式"服务平台创新同样可圈可点。所谓"一门式"服务，就是通过"互联网＋政务服务"，在区、街道、社区三级建立40个政务（便民）服务中心，将行政审批事项集中到前台受理，交给后台无差别、电子化系统"一门"处理。目前，该区已将235个事项纳入"一门式"综合窗口，超过70%的事项实现当场办结，群众不用再为跑一个手续四处找关系、找门路了。

作为担负市场监管重任的市场监督管理局，以改革永远在路上的思维，在"放管服"改革的重点方向上不断突破，将前置许可事项由226项降至32项，实现132个事项"只进一扇门"，企业设立登记时间压缩至2个工作日，所辖醴陵市局甚至将这一时间压缩至0.5个工作日。

深化改革，难点无处不在。在每一个关键时刻，株洲市委、市政府领导总是带头攻坚。从2018年开始，市委书记毛腾飞就领衔推动构建创新引领体制机制加快建成"株洲·中国动力谷"、构建开放崛起体制机制加快建成"一带一部"开放发展先行区、构建促进生态文明建设体制机制加快建成老工业城市转型发展示范区等6项重大改革；市委副书记、市长阳卫国亦领衔推动供给侧结构性改革、完善振兴实体经济体制机制等5项重大改革。

为切实依托深化改革推动发展，近年来，株洲市共大力推进了100项经济领域重点改革、14项行政领域重点改革。

在难度最大的环境污染治理上，株洲市在全国率先成立环境保护委员会，在全省率先建立环保督查制度、全面推行河长制，并大胆采取市场化办法筹措建设资金，BT、BOT、PPP等筹资模式竞相登台。自2015年开始，该市每年都向社会公开发布项目库，共实施PPP项目82个，实现总投资额1238.2亿元，有40余个项目实行了环境污染第三方治理。在改革的推动下，株洲市两型社会建设成效显著。6年来，全市累计实施项目 1425 个，取缔污水直排口 39 个，关闭湘江两岸畜禽养殖企业 800 余家，关停企业（生产线）217 家（条），建成垃圾焚烧发电厂，污水处理实现县城全覆盖，建立了覆盖全市的四级河长制。特别是清水塘老工业区以壮士断腕的意志、汗水泪水的交织，打赢清水塘老工业区搬迁改造攻坚战，通过构建"1+10"政策体系，实施因企施策、挂图作战、政策支撑、包干负责等措施，创新企业关停与土地收储、搬迁转型、人员安置、污染治理、新城建设"五个同步"，加速旧动能转化，搬迁、关停了包括中国 500 强之一的株洲冶炼厂在内的 261 家企业，实现清水塘老工业区的凤凰涅槃、浴火重生。

3. 关注民生，温暖民心

对老百姓来说，购置房产，是一件高兴的事，也是一件"烦心"的事。因为收房后要想取得产权证的话，必须办理多项手续，跑多个窗口，周期长的要一两年。而在株洲市的购房者已经享受"交房即交证"的便利了。

去年 8 月，株洲市不动产登记中心向全市房地产开发企业送达《不动产登记"交房即交证"服务告知函》，正式推出"交房即交证"创新服务新举措，在开发企业向购房者交房时，不动产登记中心可将产权证一并交给购房者。

借助"智慧株洲"大数据平台，株洲市已经实现不动产登记与房产、税务、法院、金融、财政、公积金等部门信息互通共享，实现"一次取号、一套资料、一窗受理、一次办结"，不动产登记办证"最多 3 个工作日"，个人存量房转移及抵押办证甚至可以做到"最多 1 小时"。

改革，就是增加群众的幸福感，就是提高老百姓的满意度。

2017年9月29日，经省人大常委会批准，《株洲市城市综合管理条例》于2018年3月1日正式施行。这是在全省非省会城市中第一个出台的城管综合立法，在全国新获地方立法权的设区市中开了先河。

2017年12月，经省政府批准，株洲市出台了全省第一个城管体制改革方案。根据这一方案，由市委、市政府主要领导统一指挥、调配城市管理资源，统一协调、组织、开展城市管理工作。在执行体系上，将城市管理工作划分为城市规划、市容环卫、基础设施、园林绿化、交通秩序、农贸市场等15项工作，每项工作明确一个牵头部门，做到管理无盲区、无缝隙。

"日考评、周反馈、月评比、季讲评、年总结。"目前，株洲市城市管理考评体系已形成，构成特色。市里专门设立城市管理奖励基金，每月根据考评结果重奖重罚，第一名奖100万元，最后一名罚30万元，考评结果与责任人一律在媒体公布。

2009年，株洲市成为全国首批17个公立医院改革试点城市之一。株洲市以坚强的韧性，咬定青山不放松，在公立医院总体布局、体制机制、服务体系上稳步发力，使全市整体医疗水平实现质的飞跃。与改革之初相比，患者综合满意率从86.38%增加到93.52%。

2017年与2018年，株洲市公立医院改革成效明显，连续受到国务院办公厅通报表彰。这样连续受到表彰的城市，全国仅有 4 个，株洲市是全省唯一获此殊荣的城市。

人民群众的"获得感"是检验改革成效的"试金石"。近几年来，株洲市共推进了 38 项文化领域重点改革、27 项司法领域重点改革、61 项社会领域重点改革，实实在在地提升了民生福祉。有力推进 38 项文化领域重点改革、27 项司法领域重点改革、61 项社会领域重点改革。

关注民生，为改革赋予暖人的温度，使株洲的深化改革广受好评。近年来，该市除了公立医院综合改革受到国务院表彰外，食品安全监管体制改革荣获 2016 年"全国食品药品监管系统先进集体"，中小学校素质教育督导评估成功经验也受到教育部推荐。

（作者：周怀立）

2019 年 10 月 23 日

"创"字当先，"新"能迸发

——来自株洲·中国动力谷的系列报道之七

1. 让创新基因融入血液

去年 10 月，全省第四批制造强省建设重点项目公布，株洲市国创科技"先进轨道交通装备制造业创新中心"等 10 个项目成功入选，这些项目包括先进轨道交通装备产业项目 2 个、新材料产业项目 5 个、航空航天装备产业项目 1 个、汽车产业项目 2 个。

早在 2016 年初，中车株机、中车株洲所等 12 家企业就已经启动先进轨道交通装备制造业创新中心组建工作。去年 2 月，作为创新中心运营实体的国创科技获得"湖南省制造业创新中心（先进轨道交通装备）"认定。目前，这个中心正向着全球有影响力的国家制造业创新中心目标迈进。

在中国先进制造业的版图上，株洲占有重要的一席，一切都源于始终如一地坚持创新，让创新成为一种自觉，让创新的基因真正融入血液中去。可以说，株洲能够创造共和国工业史上的 293 个"全国第一"，敢于创新是一个关键因素。

依靠政府政策支持，依托企业创新主体。这些年，株洲市一直着力搭建集科技成果对接、知识产权交易、仪器设备共享、科技金融服务等多功能于一体的科技公共服务平台。每一年，对于新认定的国家、省、市技术创新平台，市里均给予平台建设补贴。

目前，全市已拥有各类创新平台 389 家，省级创新平台176 家，国家级创新平台 38 家，同时还建立了 6 个省级产业技术创新战略联盟。仅近三年来，株洲市就成功争取并实施国、省科技计划项目 400 余项，其中国家重大专项 12 项，国家自然科学基金、国家重点研发计划等 22 项，省重大专项、重点项目 36 项。

株洲高新区基于创新需求，投资 200 亿元，倾力建设中国动力谷自主创新园。不到 3 年时间，就已吸引入园企业 109 余家，产生专利达 814 项，同时还吸引 10 名两院院士入驻，吸引国内 15 个高校院所设立科研基地，先后获得国家级众创空间、湖南省海智计划工作基地等多项资质和荣誉。

2013 年 9 月，株洲市成为国家知识产权示范城市。之后，全市专利申请量呈现迅速增长态势。2018 年全市专利申请量8675 件，是 1990 年累计总量的 50 倍；专利授权 4983 件，是1990 年累计总量的 146 倍。三年来，全市发明专利申请量年均增长 20% 以上，每万人发明专利拥有量超过 14 件，是全省平均值的 2 倍。

2. 让创新土壤更为厚实

"新认定市级及以上研发机构奖 10 万 ~ 50 万元，重大科技成果产业化奖 100 万 ~ 200 万元，对认定的市创新型孵化器给予 20 万元补助,对创新创业人才最高可给予 100 万元的启动资金和科研经费,柔性引才最高可享受 2 万元政府专项补贴,最高可享受 100 万元的安家补贴。"

2015 年底,被称作"创新 10 条"的《株洲市人民政府关于支持长株潭国家自主创新示范区建设的若干意见》,一经发布就引起广泛关注。

鼓励创新,厚植创新土壤。一直以来,"科教兴市""科技引领""科教先导"作为主导战略,始终被市委、市政府列为全市中心工作,一以贯之。近年来,株洲市更是密集发布科技创新"十二五""十三五"规划,出台国家自主创新示范区建设"10 年发展规划""5 年行动方案""3 年行动计划",全力以赴推动创新。

为全面推进创新战略,该市还具体出台了《株洲市加大全社会研发经费投入行动计划(2018 - 2020 年)》、《关于提高企业技术创新能力的实施意见》、"创新 10 条"、"双创 8 条"、"人才 30 条",在全省率先试行科技创新券、大型仪器设备共享补贴、众创空间运营补贴、创新创业导师补贴等扶持政策。同时,该市还专门设立中小企业发展引导基金、科技成果转化基金、中国动力谷创新创业投资引导基金,开设科技银行,开通全省第一家市州股权交易分所,支持科技型企业融资。

为给创新提供更充分的物质保障,科技公共财政支出比例从 2016 年的 1.7% 提升到 3.9%,年均增幅超过 50%;同时,整合组织、经信、科技、人社、教育、卫生等部门财政已安排使用的人才专项资金 1600 万元,统筹县市区和用人单位的人才资金，5 年总投入超过 10 亿元。

1999～2018 年，全市研发经费投入总量从 3 亿元增加到近 75.23 亿元。去年以来，市委、市政府部署实施加大全社会研发经费投入三年行动计划，由市级专项资金对研发投入强度较大、增长较快的重点企业和县市区给予倾斜，2019 年已有 207 家企业获得奖补资金 6566 万元。到 2020 年，预计全市研发投入总量可达 90 亿元，占 GDP 比重将达到 3%。

2014 年，国务院部署推进"大众创业、万众创新"工作之后，株洲狠抓落实，已经建成省级以上科技企业孵化器 5 家、省级以上众创空间 24 家，并积极推进科研设施和仪器开放共享，建立大型仪器设备共享目录库。通过连续 4 年举办全市创新创业大赛，共吸引 1500 个项目参赛，培训创业者 3000 余人次。

2014 年 3 月，"株洲市万名人才计划"正式启动。到 2018 年，全市科技人才总量达到 24 万人，累计增长了 17 倍。拥有刘友梅、丁荣军、尹泽勇 3 名本土院士，引进了包括院士在内的国家级高端人才 433 名，柔性引进各类高层次人才 4000 余名，507 位专家教授加盟动力产业专家人才库。

3. 让创新活力尽情释放

2015 年 12 月 26 日上午，我国首条商业运营具有自主知识产权的时速 100 公里的中低速磁浮——长沙磁浮快线开始试运行。长沙磁浮快线运用商用中低速磁浮 1.0 版列车，开启了属于中国自主研发的"磁浮时代"。

这是中车株机的"代表作"之一。

去年 6 月 13 日，时速 160 公里的中国首列商用磁浮 2.0 版列车下线。中车株机牵头研制的这列磁浮列车拥有完全自主知识产权，是世界首列短定子直线电机快速磁浮列车，相较于长沙磁浮列车，该列车牵引功率提升 30%，悬浮能力提升 6 吨。

与此同时，中车株机时速 200 公里中速磁浮列车被列入"十三五"国家重点研发计划。样车有望在 2019 年下线，2021 年完成各项试验验证工作。这是中车株机系列商用磁浮列车的 3.0 版。

1.0 版到 2.0 版到 3.0 版，见证了中车株机的实力，也见证了株洲制造的实力和株洲创造的活力。

在株洲，类似的创新成果可以组成一个壮观的矩阵：从世界最大功率的六轴电力机车、世界首台储能式电力牵引轻轨车辆、全球最快的米轨动车组，到全球首列虚拟智能列车、全球首款 12 米智能驾驶客车；从全球首个生物医药多肽库、世界最大尺寸的超高阻尼橡胶隔震支座，到突破国外技术壁垒达到国际先进水平的 0.08 毫米的微孔拉丝模芯等，这些都不断刷新着株洲创新的新高度。

在今年初召开的湖南省推进创新型省份建设暨科技奖励大会上，由中车株机担任第一完成单位的"中低速磁浮交通系统车辆及关键技术集成示范"项目、由湖南工业大学担任第一完成单位的"生物质纤维基复合包装材料关键技术及应用"项目，均获湖南省科技进步奖一等奖。2010 年来，株洲累计获得国家级科技奖励 21 项，省级科技奖励 150 项，其中国家科技进步一等奖 4 项。

科技引领创新，创新推动发展。2018 年，株洲市高新技术企业达 407 家，较上年新增 118 家，较 2000 年增加 338 家；今年有望突破 500 家。2018 年完成高新技术产业增加值 654.4 亿元，同比增长 14.7%，在同类地区增速排名第二，较 2000 年的 19 亿元增长了近 35 倍。

1992 年诞生的株洲国家级高新区，已成为全国高新区中一颗耀眼的明珠。

4. 让创新力量引领未来

前不久，中国移动公布了第一批全国 52 个 5G 试点城市名单。这份名单在原有覆盖 40 个直辖市、省会城市及一线城市的基础上，新增了株洲等 12 个 5G 网络覆盖城市。

株洲能够以省内唯一非省会城市入选，得益于大数据产业领域的提前布局。

在该市云龙示范区，湖南（株洲）数据中心即将投入运营，这也是中国移动布局在中南地区最大的数据中心，也是中国移动公有云五大节点之一。该中心将引入内部 5G 核心网、云计算资源池等中心信息基础设施，形成立足湖南、辐射全国的大数据存储、云计算及大数据生态百亿级产业链，让未来 5G 网络的高速公路"畅通无阻"。

同样在云龙示范区，总投资 40 亿元的中国华录湖南数据湖产业园项目正在顺利推进。该项目将立足湖南，建设面向中南、辐射全国的大数据产业发展中心，成为规模可观的"数据洞庭湖"。此外，产业园内还将建设全球第四条先进"蓝光生产线"，一个巴掌大的黑色蓝光匣子即可存储超过 1000 部以上的高清电影。

向明天进军，为未来布局，显示了株洲市推动创新的战略远见。今年6月27日，《株洲市电子信息产业发展规划（2018-2025年）》通过审定。该规划根据中国动力谷发展战略，立足产业现有基础，明确提出到2025年，实现株洲电子信息产业年产值超过500亿元，其中三大交通装备电子配套产业产值300亿元，非装备制造电子信息产业产值200亿元。

7月26日，《株洲市大数据产业和人工智能产业融合发展规划（2018-2025年）》通过审定。这个规划立足株洲市现有产业基础和发展环境，提出了大数据和人工智能产业融合发展的思路。其中明确提出力争到2025年，实现大数据和人工智能相关核心产品和服务业务收入规模50亿元以上，带动相关产业规模500亿元以上。

有规划，更有行动。

2017年，株洲市专门设立了技术转移促进中心，每年安排专项资金3000万元实施"百项科技成果转化工程"，已经连续两年组织实施，年技术合同交易额超过55.6亿元。日前株洲市技术转移促进中心已经被评为"国家技术转移示范机构"。

创新，正在实现土地资源利用效能的最大化。在株洲高新区天易科技城，厂房租售率高达95%，单位能耗145元/平方米，单位产值7126元/平方米，单位税收385元/平方米。而到明年，园区所有企业达产后，年总产值将达到60亿元，年总税收将达到2.8亿元，单位产值将达到2.5万元/平方米，单位税收将达到1200元/平方米，相当于亩产税收80万元，远远高于 15 万元/亩的国家通用标准。

今年以来，仅株洲·中国动力谷已新签约引进 158 个新技术产业类项目，总投资 268.5 亿元。其主要项目包括中车株机举行的创新实验平台建设工程项目，包括德国焊接机器人、东莞大研机器人、长城排爆机器人等 4 个工业机器人项目，包括有望成为国内最大、世界前三的靶材基地火炬特种高纯功能靶材项目，包括中国唯一、全球第三家能够生产高品质易切削铍铜合金棒的艾美新材投资的项目等。

繁花似锦春满园，硕果累累压枝低。随着一个个新规划的陆续出台，一个个新项目的落地生根，毫无疑问，在株洲这片沃土上，创新之花必将更加繁盛，创新之果必将更加丰硕。

（作者：周怀立）

2019 年 10 月 24 日

历尽沧桑成繁华

——来自株洲·中国动力谷的系列报道之八

1. 坑洼小镇崛起大美之城

9月3日，在株洲市"壮丽70年　奋斗新时代"第11场新闻发布会上，株洲市统计局局长兰军自豪地说，目前株洲市划分为5个行政区和4县（市），土地面积11247.6平方公里，市辖区建成区面积145.8平方公里；年末常住人口402.08万人，城镇化率67.1%，市辖区常住人口达到128.87万人，由新中国成立初期的小镇发展为Ⅱ型大城市。

然而，时间拉回到1949年，在"老株洲"李根保的记忆里，株洲不过是一个水塘密布、坑坑洼洼的小镇。

他回忆说，新中国成立初期，株洲只有一条路——芦淞路，因为修株萍铁路、芦淞路，施工人员就地取土填高路基，沿路挖出无数个巨大的坑。日积月累，这些坑聚水成塘。

1951年，株洲从湘潭县划出建市，两年后列为全国八个重点工业建设城市之一。由于当年厂矿企业选址散乱，遍布周边城郊，很长一段时间里，人们对株洲的印象固化为一个由诸多工厂厂区组成的工业基地。但株洲从来没有停止向一个真正意义上的城市迅速转化。

1953 年，苏联专家为株洲市编制第一个城市总体规划，将城市定位为重工业小城市；1960 年，株洲市对城市规划进行第二次修编，远期目标为 1982 年达 34 万人；1982 年进行第三次修编，规划市区人口在 2000 年达到 40 万人。在城市基建项目建设中，那些水塘被回填，取而代之的是更高的楼、更宽的马路。

1988 年，株洲第一座跨湘江大桥——株洲大桥通车，城市发展由此进入"东提西拓"阶段。

"大家每天早上都骑着单车到河西驻地办公，干劲十足，从不叫苦叫累。"株洲高新区一位退休老人说，1992 年，株洲高新区升为国家高新区后，市委、市政府以及大部分市直单位陆续搬至河西，株洲河西的发展日新月异。

进入 21 世纪后，城市发展进入快车道。2002 年，株洲市编制第六次总体规划，设想到 2007 年人口达到 90 万人，2020 年达到 120 万人。

事实已经证明，这些规划始终落后于"变化"。到 2007 年，株洲市的人口已达到 97 万人，城市面积达到 90 平方公里。基于这一现实，这一年，株洲市对外公布了《株洲市城市总体规划（2006－2020 年）》。该规划是株洲市首部经国务院批准的城市总体规划蓝本，首次提出了营造适宜人居的生态环境优美的综合性城市概念，打破了长期以来株洲仅仅是"工业城市"的单一模式。此后，务实进取的历届株洲市领导班子高度重视城市规划，多次根据实际情况调整规划，带领株洲人民拓城兴业，向大城迈进。

《株洲市城市总体规划（2006－2020年）（2017年修订）》向人们展示了一幅株洲未来发展的宏大图景：到2020年，株洲市中心城区常住人口控制在170万人以内，城市建设用地控制在164平方公里以内。以此为方向，株洲市近年来大力实施城镇扩容提质系列重大行动，推动了城市功能的大提升。

——基础设施建设力度不断增大。推进交通网络建设，实施"三创五改""四创四化"，积极完善河东路网，大力建设河西路网。最近五年实施的市政基础设施建设项目就超过1000个，完成投资超过500亿元。

——"一环十一射"快速通道格局不断完善。东环北路、湘江大道、武广大道等一批快速通道，以及长株潭城际铁路、洞株路、铜板路、S330武广高铁株洲站至沪昆高铁韶山站连接线等项目的建成通车，拓展了市区与长沙、湘潭的对外联系通道，加快了长株潭一体化进程。目前，株洲市"一环十一射"路网基本形成，总长度达100余公里。

——城区道路系统不断优化。随着湘江七桥、湘江六桥、神龙大道等一大批骨干道路和跨江大桥的建成，中心城区南北向、东西向的贯穿性和通达性进一步增强。目前，境内公路总里程近1.4万公里，等级公路率达98.4%，行政村通水泥（沥青）路率达100%，七座大桥横跨湘江，20座立交桥通达四方。

70年来，株洲市相继开展了6次城市总体规划修编。在一次次"雕琢"中，城市实现了一次次发展跨越，中心城区核心增长极、打造株醴都市圈、建设醴炎县域经济走廊的"一核一圈一廊"市域空间结构正加速形成，中心城市、次中心城市、县城、中心镇协调发展、互促共进的现代城镇体系已基本建立。

2. 工业重镇蜕变生态之城

城市大了，但在很长一段时间里，也"黑"了。作为一个重化工城市，株洲曾长期承受粗放发展带来的污染之痛。在昼夜不停的机器轰鸣中，在大进大出的"三废"排放下，城市背上了沉重的污染包袱，山清水秀逐渐消失在人们的视线中。

"既要金山银山，更要绿水青山。绝不能以牺牲环境为代价，绝不能追求有污染的 GDP！"株洲市历届市委、市政府接棒打造生态宜居之城，以壮士断腕的决心和意志治理污染，深入开展湘江保护与治理，持续打好蓝天保卫战、碧水攻坚战、净土持久战、清水塘老工业区搬迁改造攻坚战。

近五年来，一场人类历史上罕见的攻坚战在清水塘老工业区持续打响。

2014 年 10 月，株洲旗滨玻璃最后一根烟囱轰然倒地，成为清水塘地区首家整体搬迁的大型企业。

2015 年，搬迁改造全速推进，明确提出"一年初见成效，三年大见成效，五年完成综合治理，十年建成新城"的目标。

2017 年，吹响攻坚集结号，中盐株化、柳化智成等重点化工企业陆续停产。

2018 年 12 月 30 日，随着株冶集团最后一座冶炼炉熄火关停，清水塘老工业区 15.15 平方公里内的 261 家工业企业产能全部退出。

今天的清水塘霞湾港，一湾清水入湘江，再难闻到刺鼻的异味，再不见刺眼的"鸡尾酒"。

今年8月，新华网记者张晶亲眼看到这一变化后，动情地写下了这样一段文字："曾经以冶炼、重化工为主的老工业基地株洲，正践行新发展理念、走绿色发展之路，生态环境持续改善、新旧动能有效转换。"

绿色转型给株洲带来了勃勃生机，也改变了人们对这座城市以往的看法。

清水塘老工业区的变迁只是株洲市打造生态宜居之城的一个缩影。近年来，一场更为宏大的蓝天碧水保护战在神农福地渐次展开。

为守护好一江碧水，株洲启动湘江保护和治理"一号重点工程"，先后制订第一个"三年行动计划"、第二个"三年行动计划"。今年，株洲市"一江八港"污水管网新建工程将全面完工。到2020年，城区黑臭水体将基本消灭。近3年来，湘江株洲段沿岸截流排污口31个，湘江沿岸1公里内养殖场退出461家，关停20家洗水企业，株洲湘江两岸基本关停污染企业、基本拆除城区烟囱、基本解决城区段污水直排湘江问题。

株洲芦淞庞大的服饰市场催生了独特的洗水工业，也带来突出的环境污染问题。2016年，株洲在芦淞区建设全省首个洗水工业园——新芦淞洗水工业园，将辖区内的全部洗水企业集中入园，入园洗水企业改造升级设备与技术，实现"园区之外无洗水"。同时引进第三方环保公司，将各洗水厂家生产的污水统一集纳、统一处理，达到国家一级 A 标准统一排放，彻底解决洗水污染影响湘江水质的难题。

近年来，株洲为守护好一江碧水，累计投入达 530 余亿元，关停污染企业 1510 家，实施项目 1583 个。

生态宜居不单是治理好污染旧账，还要写好添绿增色新文章。

从机关单位"拆围透绿"到道路绿化"大树进城"，从东湖、栗雨湖的改造升级到神农城、湘江风光带的精心打造，转型升级的株洲不断向青山绿水、生态宜居迈进。

目前，株洲市森林覆盖率 61.95%，城市建成区绿化覆盖率达 43.32%，所辖 5 个县（市、区）均为国家级或省级卫生县城。2018 年，该市空气质量优良天数达 288 天，比 2013 年增加近两个半月，优良率达 78.9%，居长株潭地区之首；湘江霞湾段水质从国家Ⅲ类标准提升到Ⅱ类，湘江株洲段、洣水段长期稳定在Ⅱ类水质，渌水入湘江断面稳定达到Ⅲ类水质，县级以上饮用水源水质达标率为 100%。

"全国空气十大污染城市"已然华丽转身为生态宜居城市。

3. 江边集镇跃升现代之城

今年 7 月 31 日，天气闷热，但这丝毫不减 10 余位网络大V、新媒体记者到株洲考察建宁驿站的热情。

大家先后参观了神农公园建设路、中心广场等处的 5 个建宁驿站。建宁驿站颠覆传统公厕的概念，内配自动除臭设备、嗅联网设施、中央空调，配备感应式出纸机和垃圾桶、自动调节水温的洗手池等现代化设备。"株洲厕所革命做得好，远超世界水平！"座谈会上，大家不约而同为建宁驿站点赞。

建宁驿站是株洲市推进"厕所革命"的成果。按照《株洲市城区厕所革命（2018－2019年）实施方案》，该市城区将新建200座、改造200座、开放200座具有株洲特色的建宁驿站。目前株洲市城区已开工新建建宁驿站161座、建成并投入使用99座，其余建设任务在9月30日前完成并投入使用。改造公厕200座任务也已完成。

公厕虽小，但折射的是株洲市精细管理城市的匠心。近年来，株洲市的领导班子认为，城市要建设好，更要管理好。全力聚焦"精细城管"，突出城管条例落实、建筑扬尘治理、园林绿化监管、市政设施管养，让群众共享城乡建设管理发展的成果。

一种"绣花工"精神被导入城市管理中。依托互联网大数据技术全方位展开市容市貌监督，今年1～8月上报案卷处置率99.03%，结案率98.99%；荷塘区创新打造便民信息粘贴栏，违规小广告清理量减少80%以上，不仅方便群众，而且有效解决了"牛皮癣"治理这个老大难问题；目前株洲已成为全国户外广告设施管理试点，公园品质不断提升，市政应急处置快速有力，垃圾处理走向垃圾治理。

除此之外，一系列"让生活更美好"的举措落地成为现实。近年来，株洲市提出"自然积存、自然渗透、自然净化"的山水型生态海绵城市设想，编制实施《株洲市海绵城市专项规划》，以往遇雨则涝的现象再也鲜见。围绕养老服务、绿地系统、中小学教育、文化体育发展等民生事业，先后编制、落实专项规划 40 余项，城市保障能力持续增强。

城市设施日臻完善。党的十八大以来，株洲市公共设施管理业累计完成投资 2451.36 亿元，年均增长 14%。供水供气保障能力不断加强，邮电通信水平全面提升，公交发展走在全国前列，成功打造全国首个"电动公交城"，2018 年智轨示范线运行惊艳世界。

（作者：李永亮）

2019 年 10 月 25 日

从株洲，走向五洲

——来自株洲·中国动力谷的系列报道之九

1. 株洲产品走向世界

7月4日11时28分，株洲中车物流基地，随着一声汽笛响起，首列中欧株洲班列驶出站台，沿着"丝绸之路经济带"驶向白俄罗斯首都明斯克。株洲直达欧洲的国际铁路货运班列正式开通运营。

至此，株洲成为继长沙、怀化之后湖南省第三个开通中欧班列的城市。

首列中欧株洲班列共运载了42个集装箱，集装箱里装满了滑移装载机、平板电脑、LED面板灯、吸尘器、背包、绿茶等具有湖南特色的产品，共计525474千克，货值458万美元。7月17日，货列顺利抵达白俄罗斯。

今年下半年，中欧株洲班列计划开行35列，平均约5天一列。未来，随着货源的稳定与增加，在开行白俄罗斯的基础上，还将增加株洲直达俄罗斯莫斯科、荷兰蒂尔堡、匈牙利布达佩斯的国际货运班列。

中欧株洲班列的开通，使株洲与共建"一带一路"国家的经贸合作更加紧密，也使株洲建设"一带一部"开放发展先行区的步伐进一步加快。

加快产品出口，促进开放崛起，是株洲市推动发展的重要举措。

代表株洲市核心竞争力的轨道交通装备产业，起源于20世纪30年代，经过80余年的发展，已形成整机制造、核心部件、关键零部件协调发展的产业集群。2007年12月，株洲市轨道交通装备制造业正式获批为全国科技兴贸创新基地，成为全国第二批科技兴贸创新基地入围基地。

此后，中车株机生产的电力机车、城际动车组、城轨车辆以及轨道交通装备衍生产品"走出去"的步伐迅速加快，出口市场遍及欧洲、东南亚、非洲、中东、中亚以及澳大利亚等20多个国家和地区。目前，株洲电力机车产品市场占有率稳居全球第一，成为中国最大的轨道交通装备研制基地和出口基地。

不只是轨道交通产品。在开放发展的大背景下，株洲市高度重视外贸基地建设，不断助推优质企业、优质产品走向世界。2011年8月，醴陵市陶瓷产业成功获批国家外贸转型升级专业型示范基地；2014年1月，"湖南株洲有色金属新材料基地"获批第三批国家外贸转型升级专业型示范基地。

截至目前，全市已建成外贸出口基地5个，其中国家级外贸出口示范基地3个，省级1个，省出口基地县1个。全市拥有备案外贸企业1141家，进出口实绩企业499家；进出口额过千万美元的企业35家，过亿美元进出口企业4家。而随着科能新材、众普森科技、恒茂电子、仙凤瓷业、裕丰烟花、华鑫电瓷、陶润实业、西迪硬质合金等一批千万美元级的成长型中小民营企业的迅速成长，株洲制造走向世界的步伐还进一步加快。

近10年来，株洲市出口产品结构发生了重大变化。2008年，全市初级产品占全市外贸总额的17.8%，机电产品占43.7%，高新技术产品占8.9%。到2018年，初级产品、机电产品、高新技术产品分别占全市外贸总额的7.8%、60.5%和10.6%，机电产品和高新技术产品占比大幅跃升。

对外出口，方兴未艾；百尺竿头，更进一步。目前，一个更大规模外向型产业园——清水塘口岸经济产业园项目规划已经编制完成。项目规划投资100亿元，以"长江经济带重要的内陆开放节点、中南地区重要的口岸物流中心、株洲开放型经济发展的重要引擎"为定位，将成为株洲市发展外向型经济新的桥头堡。

2. 迈开脚步开拓世界

今年6月29日，尼日利亚吉加瓦州州长穆罕默德·巴达鲁·阿布巴卡率尼日利亚政府代表团专程来株洲考察。其间，株洲市与吉加瓦州等方面签订了协议。根据协议，株洲市将协同相关国内企业与吉加瓦州在汽车、工程机械装备制造及零配件出口等领域积极开展合作。

尼日利亚是非洲第一人口大国，是中国在非洲的第三大贸易伙伴和第二大出口市场。在实地考察了株洲高新区汽车博览园、二手汽车交易中心以及北京汽车株洲二工厂等处之后，阿布巴卡州长表示，通过考察，不仅看到了株洲汽车产业发展的强大实力，也看到了株洲轨道交通、陶瓷等产业的优势，希望进一步拓宽吉加瓦州与株洲的合作空间，携手共赴合作共赢的光明前程。

不仅产品"走出去"，还要将合作的步伐迈出去。

2002年，株洲硬质合金集团（简称株硬集团）进军德国，拉开了株洲市对外投资和经济合作序幕。当年6月，经国家商务部批准，株硬集团欧洲公司在欧洲正式成立，并选址德国莱茵河畔的鲁尔工业区中心。

欧洲公司成立后，力推株硬集团生产的硬质合金数控刀片、棒材、轧辊、球齿几大高附加值重点产品，在欧洲产生很大影响。以此为起点，株硬集团开始着力构建多层次、多渠道的全球生产营销网络。

今年5月，隶属株硬集团的株洲钻石切削刀具欧洲有限责任公司，在德国杜塞尔多夫成立切削演示技术服务中心。中心占地400余平方米，拥有现代化的切削刀具库和先进设备，不仅能为客户提供优化合理的切削应用数据，而且能通过产品开发，为客户量身订制解决方案。

目前，株洲钻石切削刀具股份有限公司先后在德国、美国、印度等国家设立了分支机构，在英国、丹麦、韩国、澳大利亚、加拿大等60余个国家和地区注册了"钻石牌"商标，产品畅销全球70余个国家和地区，近5年海外销售年增长率超过20%。

2011年，中国首家海外轨道交通4S店——吉隆坡中车维保有限公司成立，这是中车株机走上新兴国际化经营道路的里程碑。马来西亚政府领导人表示，马来西亚实现动车本土制造，制造了大量就业机会，带动了马来西亚经济的发展。目前，中车株机在马来西亚共有 3 家子公司，员工总人数超过300 人，本土化员工高达 80%，为马来西亚提供了市场 85% 的产品。

近年来，中车株机已经在境外设立了 12 家境外子公司、3 个境外办事处，分布于马来西亚、南非、土耳其、印度和奥地利等地。依托海外基地，公司的市场由过去的中东、中亚扩展到东南亚、南亚、欧洲、非洲、大洋洲，先后获得 30 多个项目订单。

在龙头企业带动下，株洲企业跨国并购呈现"多点开花"的局面。时代新材公司成功并购全球排名第三的汽车减震系统供应商德国博戈公司，同时获得博戈原在德国、美国、法国、澳大利亚等国的 9 个生产基地，使其在世界非轮胎橡胶行业排名从第 30 位一跃升到第 15 位；时代电气出资 1.3 亿英镑，收购从事深海机器人和海底工程机械制造的英国 SMD 公司 100%的股权，深海机器人及其他深海高端装备领域填补了目前国内深海机器人产业的空白。

跟随国企的步伐，株洲民营企业也大步跨出国境。罗特威直升机研发有限公司、唐人神育种有限公司分别在美国投资1000 万美元设立子公司，联诚集团出资 2200 万欧元，并购德国美德科斯公司，旗滨集团投资 2.3 亿美元在马来西亚建立玻璃生产线，湘火炬火花塞在俄罗斯投资设立子公司，艾美新材料在美国投资设立子公司。

截至目前，株洲市共有对外投资项目 60 个，累计对外投资中方合同投资额超过 10 亿美元，海外设立生产基地达到 15 个，项目分布在美国、德国、英国、澳大利亚、日本、马来西亚、巴西等 10 余个国家和地区。2018 年，全市完成对外合作营业额 5.9 亿美元，是 2012 年的 11.3 倍。

3. 张开双臂拥抱世界

2017 年 5 月 6 日，全国企业家活动日暨中国企业家年会在株洲举办，参会嘉宾达到 1600 余人。年会期间，共有 51 个项目签约，签约金额达 1022 亿元。

2018 年 10 月 9 日，作为全国大众创业万众创新活动周湖南省分会场系列活动之一，重大招商项目集中签约仪式在株洲举行，28 个重大项目集中签约，涉及投资总额 121.49 亿元，所有项目建成投产后年产值可达 300 亿元以上。

今年 1 月 5 日，株洲市举行重大集中项目签约仪式，共签约 25 个项目，合同引资金额达 160.7 亿元。

今年 4 月 15 日，2019 年"湖南—粤港澳大湾区投资贸易洽谈周"株洲（深圳）重点产业推介会在深圳举行。推介会上，株洲市共签约 23 个项目，投资总额达 393.3 亿元。

数据显示，今年上半年，株洲市招商引资跑出加速度，新签约 211 个项目，投资额达 721.8 亿元。

大步"走出去"，大量"引进来"。随着对外开放的深入，株洲市对外招商引资也渐入佳境。

自 1984 年设立第一家中外合资企业，到 2018 年，全市实际拥有 116 家外资备案企业，注册资本 100 万美元以上的超过

70 家，1000 万美元以上的 32 家，投资来源遍及美国、日本、中国香港、中国台湾等 20 余个国家和地区。2018 年，株洲市实际利用外资 13.5 亿美元，同比增长 12.25%；内联引资 483.7 亿元，同比增长 18.2%；新签约项目 254 个；完成进出口额 27.46 亿美元，同比增长 25.5%。

"内外资并重，两条腿走路。"在充分做好利用境外资金、引进境外项目的同时，株洲市还积极创造条件大力引进省外资金和项目。

近年来，株洲市从政策支持、活动举办、营商环境等方面不断努力，在提出加快建成"一带一部"开放发展先行区的同时，积极参与国家和省级层面组织的招商引资，成功举办"轨道交通国际高峰论坛""湘台会""中国企业家年会"等重大活动，并多次组织举办了株洲（北京）投资推介暨央企对接会、株洲（上海）投资推介会、株洲（深圳）投资推介会等招商推介活动。

为优化营商环境，株洲市改变招商引资项目"一事一议"的传统方式，对引进的重点产业项目出台了财税贡献奖励、高端人才引进奖励、中介人奖励等一系列统一的优惠政策，为招商引资企业建立绿色通道，对项目审批实行"联审联办""一站式"服务，大大提升了行政效能。

受株洲这块投资热土的感召，西门子、惠普、微软、三菱、北汽等近 30 家世界 500 强企业都在此有投资项目，轨道交通城、汽车博览园、湖南移动大数据中心、中国陶瓷谷、高端 PI 膜、华锐硬质合金、南方宇航高精传动等一批项目竣工投产或建成运营，北汽二工厂、长城电脑、两机重大专项、IGBT 产业化二期等一批重点项目顺利推进或建成投产。

随着招商引资的深入，株洲市的产业结构也逐步实现"调、转、升"，在持续培育工业这一主导产业的同时，随着深圳华强文化、希尔顿、万豪、喜来登等国际一线品牌的引进，华润万家、家乐福、台湾大润发、天虹等著名商业机构的进驻，全市三次产业结构得到很大改善。

敞开胸怀，拥抱世界。从株洲走向世界五大洲，株洲的开放崛起之路越走越宽广。

（作者：周怀立）

2019 年 10 月 28 日

品尝幸福的味道

——来自株洲·中国动力谷的系列报道之十

秋风轻抚,江水沉静,夕阳的余晖洒在一江两岸,给湘江风光带抹上一层金黄的"蜜",散步的市民沉醉其间,怡然自得。这是株洲,一个"甜度"越来越高的城市。

民之所盼,政之所施。70年城市巨变,在经济社会快速发展的过程中,株洲市始终不忘初心,一切从人民利益出发。特别是党的十八大以来,该市以实施民生100工程为载体,不断增进民生福祉,谱写了一曲曲幸福赞歌。仅2018年,株洲市民生支出就达351.5亿元,近八成财政支出用于保障和改善民生。

今天,徜徉在这座城市,公共厕所也是一道悦目的风景,"互联网+"智慧养老模式为老人撑起保护伞,家门口享受优质医疗服务,"门前三小"打造15分钟公共文化服务圈,市民中心"最多跑一次改革"不断提高政务办事效率。一项又一项民生工程,一份又一份满分答卷,续写了动力之都持续70年的民生情怀。

1. 夯实基本民生，稳固幸福之基

9 月 9 日，天元区菱溪中学修葺一新，师生们笑容灿烂。

随着城市化进程的加快，这座有着 140 余年历史的老学校由于硬件简陋，设施陈旧，不能满足孩子们的需求，亟待扩建。2018 年，株洲市就此投入 6 亿元原址重建了学校。现在，面对崭新的校园，师生们的脸上布满了幸福的笑容。

近年来，株洲市在教育基础设施上不吝巨资，先后实施了中小学危房改造、合格学校建设、"全面改薄"等工程，不断化解大班额，压缩大校额。截至 2018 年秋季，全市已有各级各类学校 1700 余所（未含教学点 257 个），在校学生近 74 万人。

教育公平与否，事关每个孩子的成长和幸福。截至 2018 年秋季，城区共接收 67915 名符合条件的随迁子女免试、就近接受义务教育。

株洲市建立了覆盖学前教育到高等教育的资助体系，不让一个学生因贫困而失学。2018 年，全市共资助贫困学生 189587 人次，总金额为 13082.6 万元。

70 年来，株洲教育实现了从"上学难"到"有学上"、从"好上学"到"上好学"的历史性跨越，各类教育齐头并进，德智体美劳五育全面开花。2015 年，株洲在全省率先实现所辖县（市、区）全部通过教育强县（市、区）验收，率先实现所辖县（市、区）全部通过国家义务教育基本均衡县（市、区）评估验收。

读书、看病，民生两大事。70 年来，株洲市为了解决看病问题，各级党委、政府大力推进医疗卫生基础设施建设，不断深化医药卫生体制改革，全面提升医疗服务能力，持续提升公共卫生服务水平，着力改善人民群众就医条件。

作为全国首批公立医院改革试点城市，2009年至今，株洲市投入医疗卫生项目建设资金204.4亿元，按照标准化建设要求，在市区完成对市级医疗中心、市直4家公立医院、市区21个社区卫生服务中心和141个社区卫生健康服务室建设提质；在县域，完成了5个县域医疗中心、63个乡镇卫生院、1000余个村卫生室的提质改造和标准化建设，建立了"1个市级医疗中心，4个区域医疗中心，5个县域医疗中心"和"一街道一中心，一社区一卫康室，一乡一院、一村一室"医疗机构布局，居民步行15分钟医疗服务圈基本形成。

涵养文化，内心满足，方才幸福满满。近年来，株洲不断推进公共文化服务体系建设，先后培育了"周周乐""全民阅读月""全民健身节"等数十项在全国叫得响的市级文体活动品牌。先后承办"永远的辉煌"第十九届中国老年合唱节、第六届湖南艺术节、"祖国颂"庆祝新中国成立70周年全省合唱大赛决赛、全球华人羽毛球团体锦标赛、全球华人名人围棋邀请赛、全国田径大奖赛等一批重大文体赛事活动，满足群众多元文化需求。2019年，以中部第一名的成绩获得"国家公共文化服务体系示范区"称号。

通过国家公共文化服务体系示范区创建，株洲市全面启动文化精品带动、品牌活动培育、"一县一区一品"、文化进村入户、服务效能提升、文化服务畅通等六大惠民工程，群众文化获得感、幸福感不断增强。在全省率先推出公共体育场馆免费或低收费开放，在国内首推市民网上购书图书馆买单的"e线送书"服务。农家书屋创新管理，下出"五黄蛋"做法，得到中宣部领导批示。结合国家文化消费试点，打造文化消费试点平台，采取财政补贴方式，全面开展各项主题活动，掀起新一轮文化消费热潮。

2. 由人化文，以文化事

随着"互联网＋"时代的到来，文化服务意识不断提升。在创建国家公共文化服务体系示范区过程中，株洲市在全国率先推出"韵动株洲"综合文体服务云、智能文化岛等多个"互联网＋文化"平台。借此拉长服务手臂，市民足不出户就能享受高质量的文化服务。

在株洲，亮丽风景处处在。就连公厕也成为这座城市的闪光点，甚至成为"网红"。株洲市积极践行"小厕所、大民生；小厕所、大文明"的理念，紧扣"四有"目标（城市建成区500米内有公厕，所有公厕有统一标识，有专人管理保洁，有免费手纸），大力推进城区"厕所革命"，用两年时间（2018年、2019年）新建、改造、向社会开放公厕各200座，打造独具株洲特色的"建宁驿站"，把公厕建设成为具备多种功能的便民服务综合体。

70年，沧桑巨变。民生事业大步跨越。

孩子们上课的教室从"简陋"到"精装"，文化场所从"传统老旧的图书馆"到"高贵不贵的大剧院"，从"看病难"到家门口的医疗服务圈，公厕从"有味"变身温情"驿站"。

点点滴滴的变化，绘就了一幅幅幸福株洲的民生画卷。

3. 织牢社会保障，浇灌幸福之花

70年来生活提质，株洲市民的口袋也越来越鼓。党的十八大以来，全市年均新增城镇就业人员5.7万人以上，城镇登记失业率始终保持在3%左右的较低水平。2018年全市城镇居民人均可支配收入42867元，较1949年的94元增长455倍，年均增长9.3%；农村居民人均可支配收入19889元，较1949年的49元增长405倍，年均增长9.1%，老百姓的幸福感和获得感不断增强。

伴随改革开放的步伐，株洲稳步推进各项社会保障制度改革，实现了从城镇职工的"单位保障"向统筹城乡的"社会保障"根本性转变，建成了与经济发展水平相适应、覆盖城乡的多层次社会保障体系，覆盖群体"从小到大"、保障水平"从低到高"、服务能力"从弱到强"。

1986年，株洲率先在全省实行市属全民所有制企业职工退休费社会统筹，并逐步通过建立社会统筹和个人账户相结合的制度，建立全国统一的企业职工基本养老保险制度，实行企业离退休人员基本养老金全部由社保经办机构委托银行发放，建立统一的缴费制度和养老金计发办法及完整的个人账户管理系统，全市企业职工基本养老保险制度在改革中不断发展、完善。

率先在全省建立城镇职工基本医疗保险制度，整合城镇居民基本医疗保险和新型农村合作医疗制度，实施大病保险和补充医疗保险制度，初步形成多层次医疗保障体系。

此外，株洲还率先在全省建立和推行工伤保险制度，率先在全省成立失业保险经办机构。一个个"株洲模式"筑起了人民幸福生活的"保障网"。

这些年，株洲坚持把社会保障全民覆盖作为全面建成小康社会的新要求，实施全民参保计划，开展社会保险诚信等级评定，各项社会保险的参保人数迅速增加，基本做到了应保尽保、应收尽收。

人人都会老，家家都有老。株洲在不断尝试、不断创新中走出了一条"互联网＋"智慧养老新路子。

株洲作为全国第二批居家和社区养老服务改革试点城市，有推进养老服务业发展的强劲动力。实施"八大行动"、加强"六化"建设，试点工作得到部省肯定。出台《株洲市老龄事业发展和养老体系建设（2018－2020年）》等政策文件，不断完善养老顶层设计。

2018年12月，"城乡统筹·幸福株洲"养老服务行动推进大会宣布启动市级养老服务监管平台、"株洲养老"手机App、12349为老服务热线等"智慧养老"服务平台。

其中，在"株洲养老"手机App中，除了生活护理、助餐服务、助浴服务、助洁服务、洗涤服务、助行服务、代办服务等各种家政服务项目外，还可以进行投诉举报，在App上点击"一键呼叫"即可拨打12349为老服务热线。

民生事业一切工作的出发点、落脚点都是让人民过上好日子！

如今，在株洲，人人生活惬意美好，工作安稳有保障，养老服务不断提升，拼搏、创新、文明、美丽的新株洲正在全力向幸福之路阔步前行！

4. 打造平安株洲，护航幸福之城

平安是福，时刻为百姓的安全、幸福"护航"，建设平安株洲，是人民群众所期盼的民心工程。

株洲市是全省唯一的全国综治工作优秀地市"6连冠"、连续4次捧得"长安杯"的市州，近五年获得省部级以上集体表彰91次、个人表彰122人次，涌现"全国优秀法院"石峰区人民法院、"全国模范检察院"醴陵市人民检察院、"全国优秀公安基层单位"荷塘区公安分局刑侦大队、"全国模范司法所"茶陵县司法局下东司法所等一大批先进典型。

群众的满意度就是最大的动力和目标。70年来，全市政法机关始终践行"全心全意为人民服务"宗旨，大力加强和创新社会治安综合治理，努力打造更高水平的平安株洲。

此外，株洲市还大力推进市域社会治理创新，全面推进网格化、信息化、法治化、实名制等基础性工作，持续推进"四巡四防"工程，不断深化平安社区、平安医院、平安学校、平安景区等"十大平安创建"，推动社会治理由政府单一主体治理向"党委领导、政府负责、社会协同、公众参与"的复合型治理结构转变，并运用最新科技手段守护平安。

健全完善立体化、信息化社会治安防控体系。深入推进"综治中心＋网格化＋雪亮工程"三中心合一建设，建设联通视频42000余路，配备网格员3383名。有效提升了城乡安防基础能力和治安管控水平。

5. 执民生之盾，保市场安全

株洲逐步建立并不断完善源头严防、过程严管、风险严控、社会共治的市场安全防范机制。特别是党的十八大以来，市委、市政府全面落实习近平总书记"四个最严"工作要求，消费者获得感、幸福感、安全感日益增强。围绕食品安全，株洲建立了农贸市场食品准入、信息公示、食用农产品质量追溯三大系统，在 68 个城区农贸市场和大型超市建设了快检室，覆盖城区 80% 以上的流通领域，基本形成以监督抽检为主、基层快检为辅的检验检测体系。在全国率先、全省首个实行"12315"多号合一、一号对外，实现"一个指挥体系调度，一个平台管理"。

在这座城市里，人们可以放心、安心地尽享繁华与幸福。

民生改善之路没有终点，只有连续不断的新起点。一直奔跑在追求幸福道路上的株洲，不断书写着民生发展的新篇章。

（作者：张咪）

2019 年 10 月 29 日

株洲平安绿谷项目落户株洲经开区

在 2019 湖南对接粤港澳大湾区恳谈会暨重大项目签约仪式上，株洲经开区与中国平安不动产有限公司成功签约株洲平安绿谷项目，总投资达 300 亿元，为 2019 年湖南—粤港澳大湾区投资贸易洽谈周投资额最大的签约项目，揭开了株洲经开区乃至株洲市加速对接粤港澳大湾区的新篇章。

株洲平安绿谷项目将对株洲龙母河片区（含飞龙湖、升龙湖、腾龙湖）及盘龙湖片区实施"一、二级联动开发"，包括基础设施建设、公共配套建设、产业导入、运营提效等方面，致力打造成为国内产城融合的标杆项目。此外，项目拟采用"G＋1＋X"模式（政府＋平安不动产＋平安不动产引入的其他合作方）引进战略投资者，加大产业支持力度，并快速整合内外部产业资源，重点投资金融、休闲旅游、医药康养、教育和总部经济等高端产业。

株洲经开区（云龙示范区）主要负责人介绍，株洲经开区（云龙示范区）地处长株潭城市群融城核心区域，该项目的签约落户，将在促进产业项目建设的同时，为长株潭城市群一体化发展提速增效。

（作者：贺佳）

2019 年 4 月 18 日

踏遍千山再登峰

——株洲市石峰区产业项目建设工作纪实

虽已入冬，老工业区石峰区却在产业项目建设中不断长出"新枝"。11月21日，石峰区轨道装备产业扩能与制造智能化建设项目开工。该项目总用地面积107.1亩，投资10亿元，预计2021年11月竣工，建成后石峰区轨道交通产业链延伸将再迈坚实一步；10月19日，石峰区轨道交通产业对接大会集体签约的12个产业项目正稳步推进，西门子轨道交通牵引系统调试中心、新能源动力关键部件加工中心等项目加速建设。

清水塘片区，号角吹响，产业项目征拆"石峰速度"正有力推动三一石油智能装备与区域研发中心（总部基地）尽快落地。

今年以来，石峰区自觉践行高质量发展要求，牢固树立"项目为王"理念，深入开展"产业项目建设年"活动和温暖企业行动，紧紧围绕八大产业链精准招商，共引进产业项目37个，其中10亿元以上项目4个，实现开工18个、竣工7个。在"产业项目建设年"活动考核中，石峰区上半年居全市第一，下半年持续领跑。

1. 工业强区再出发

新时代，老工业区石峰区走到转型升级的关键阶段：轨道交通产业由 1000 亿元向 2000 亿元升级，清水塘老工业区企业关停搬迁后亟须补齐产业空洞。

新命题：未来向何处去？

项目是产业的基础，产业是发展的基石。石峰区的领导班子认为，只有坚持项目为王、生态优先，产业发展才可迈向高端，绿色发展才会展现高水平。

"在一个全新时代，招商要有更大的格局，不能眉毛胡子一把抓。"石峰区委书记张建勇要求，围绕关键环节对接洽谈产业项目，着力构建更加完善的现代产业体系。

区委副书记、区长邓元连指出，石峰区产业项目建设招商有八大产业链，产业项目建设有源头活水，尤其是清水塘新城建设迎来重大的历史机遇。

一心向前不回望，无尽高峰脚下踏。

石峰区强化产业链思维，认真梳理轨道交通、清水塘转型、IGBT 等 "1 +3 +4" 八大产业链，夯实产业发展基础，实行 "一链一图、一链一策、一链一库"。

"一链一图"，深入分析、厘清每个产业链的坐标和方位，明确各产业链的重点细分领域及关键节点所分布的重点城市、重点企业和重点产品，绘制产业链发展全景图，实行挂图作战，精准招商，提升全产业链水平。

"一链一策"，立足每个产业链现状、优势和需求，从税收奖励、租金减免、市场开拓、专项扶持等方面入手，有针对性地出台了"轻资产招商 7 条""繁荣商贸服务 7 条""促进建筑和房地产业 8 条"等政策干货，吸引企业项目落户。

"一链一库"，按照"引进一批、开竣工一批、策划一批、培育一批"的要求，精心制定产业链项目清单，目前入库项目超过 100 个，投资超 300 亿元。

为有力推动这项工作，石峰区建立"六个一"工作机制，即每个产业链明确一名区领导担任链长、明确一个责任部门、聘请一批招商顾问、绘制一张产业链布局图、出台一项招商政策、策划引进一批产业项目。

今年以来，该区围绕八大产业链核心零部件和关键环节，组建专门班子，赴珠三角、长三角以及台湾、西安、哈尔滨等地对接洽谈，举办工信部直属高校科研成果校企对接暨八大产业链招商项目集中签约等重大招商活动。

为确保项目攻坚快投快建、落地见效，该区推行领导领着干，每名区级领导联系一个企业和一个重点项目，挂图作战，倒排工期，及时协调解决项目在土地报批、征拆、挂牌等环节遇到的困难和问题。

2. "亩产效益"论英雄

企业引进来，还要发展好。石峰区面积只有 91.3 平方公里，却汇聚了中车株机、株所等优势企业，是轨道交通产业集群的主阵地。近年来，该区的土地和空间资源十分紧缺，尤其是田心片区，几无可供的工业用地，标准厂房趋向饱和，整体形象日益高端，一些低端的企业、低效的产出、低下的效益与园区发展难以与之相适应。

如何让有限的空间资源产生最大的效益？石峰区的做法是按照精准招商的要求，强化产业导向，创建科学的园区亩产效益考核机制，通过推动企业的高质量发展，实现区域经济高质量发展。

2018年，该区创新工作方式，下发《年度绩效评估方案及评分细则》，推行园区"亩产效益"综合评估，明确亩产营业收入、税收等八大入园约束指标，根据评价结果综合运用租金、物业费、园区增值服务等市场手段奖优罚劣，帮助企业建立"质量优先、效益优先、绩效优先"的发展思路。

根据方案，考核对象为入园满一年的生产制造、生产服务类租赁企业，标准分为100分，每半年对园区企业的营业收入、缴纳税金等进行考核打分。年度考核结果总分在90分以上的为优秀企业，60～90分的为合格企业，低于60分则为需改善企业。有不诚信记录或安全事故、环境事件造成人员死亡的企业，将被一票否决，视为考核不合格。

年度考核优秀的企业，每多1分给予下一年度租金及物业管理费减免1%的奖励，在人才公寓、园区免费停车位、城市候机楼VIP服务等园区增值服务方面给予优惠，并获得参与区各类评先评优的资格；合格企业后续场地租赁按正常条件续租；需改善企业下一年度的租金及物业管理费上调10%，不合格企业上调20%，连续两次年度考核不合格的企业，将依法解除租赁合同。同时，在两个完整的会计年度，合格和优秀企业纳税达到相关要求，可获得租金补贴。

今年5月，中车特装、天力锻业、中车八达等3家企业获评"绩效考评优秀奖",给予百万元重奖;1家不达标企业获黄牌警告,并上调20%租金和物业管理费。"政府真金白银支持,企业发展的热情更高、做大做强的信心更足。"中车特装负责人表示。

3. 产业生态优环境

2018年清水塘老工业区所有企业关停搬迁后,摆在人们面前的是一个全新的清水塘。曾吃尽污染之苦的石峰人清醒地认识到,不能再走老路。

该区坚决引进好项目、好企业,对不符合环保、安全底线要求和产业布局的项目原则上不予引进。今年来,石峰区拒签项目6个,从源头上守住引进项目的质量和效益。

同时,大力发展楼宇经济,做好轻资产招商,出台"轻资产8条"政策,依托轨道交通重点企业,引进一批"增链、强链、补链"的配套企业,提高本地配套率,为入驻的轻资产企业、补链企业提供财政支持和政策扶持,免费提供注册、咨询、"代办+带办"等一条龙服务,吸引全国配套企业到园区设立子公司或分公司。近两年来,该区引进轻资产企业34家,增加上千万元税收收入。

株洲万新轨道电气科技有限公司便是一家轻资产企业,该公司去年11月在石峰区注册成立,次月即投入运营,当月上缴利税110万元。见来势很好,今年7月,该公司干脆将生产基地全部迁至石峰区。"政府对企业一路跟踪服务,厂房是现成的,建设时间短,投资成本低,我们对未来充满信心。"该公司总经理康锡忠说。

资金、人才被认为是企业发展的核心要素。石峰区精准施策，定制服务。

——通过政策引导、市场运作模式，建立轨道交通产业发展基金和创新创业类风险投资基金，引导基金投资实体企业。积极梳理落实中央及省、市减税降费、产业扶持等各类惠企政策，累计推送惠企政策信息10.6万条，累计为企业减税降费7亿元。

——优化完善"人才20条""教育6条"，从人才引进、住房保障、子女教育等方面构建了惠企政策体系。建立国创中心、南方军民融合创新中心等七大创新平台，以事业留人，聚力发展。今年以来，共引进院士工作站3个，清华大学等科研团队20个，博士32名，硕士431名，为产业高质量发展提供强大的人才支撑。

配套环境好，发展才有后劲。目前，中车大道、报亭南路等园区路网基本拉通，长沙黄花国际机场株洲候机楼正式运营，开通3条园区定制公交，雪峰岭公园建成开放，中心医院田心分院即将完成提质改造，田心教育布局正加紧优化，石峰区园区环境、形象逐步改善。

一个这样的故事常被石峰人提起。去年，时代电气公司有一个新能源乘用车电驱动项目亟须落地，但如果走正常流程审批立项，时间太长，不仅会错失市场时机，而且可能丢掉已经到手的200万台的订单。石峰区委、区政府得知这一情况后，认为这是新能源汽车动力产业链的关键项目，于是大胆拿出方案，投入1.4亿元代建厂房、代购设备，成功留住项目。襄阳电机等上下游企业听闻后，颇为感动，纷纷前来落户。

4. 发展走向高质量

措施给力，发展有力。目前，八大产业链签约落地新兴绿色工程材料、哈工大风机设计软件、神州高铁等 48 个项目，引进投资 176 亿元，建立完善轨道交通主机企业 2000 万元以上供应企业轻资产招商目录库，派威科技、京畅电子等 38 家轻资产企业注册落地。

"轨上""轨下"齐头并进。"轨上"，轨道交通主导产业发展势头强劲，轨道交通主机企业所获订单占铁总总发包量的 1/3，地铁订单达 120 亿元，IGBT 二期、株机 300 公里动车组等一批重大产业项目开工或竣工，复兴号动车组"绿巨人"等一批新产品下线，国家先进轨道交通装备制造业创新中心晋级"国家队"，成为全国第十家、湖南省第一家、轨道交通装备领域第一家国家级创新中心。1 ~ 10 月，石峰区轨道交通产业完成产值 355.7 亿元，同比增长 14.2%。"轨下"，铁建道岔轨道交通先进制造、中铁物资新型材料等项目落地，中车物流湘欧快线开通运营，IGBT 汽车封装等项目开工，襄阳电机、时代乘用车电驱等新能源动力产业项目已试投产或即将投产，中车电机新能源汽车电机产值同比增长 30%。

石峰区产业发展后劲不断增强。轨道交通、新能源、芯片制造封装等高新技术产业发展迅速，1 ~ 9 月高新技术产业增加值同比增长 12.1%。工业投资始终保持在总投资的 50% 左右，实体经济投资处于上扬空间。受益于清水塘新城全面启动建设，基础设施投资同比增长 53.9%。"四上"企业培育成效显著，共完成 49 家"四上"企业申报。

今年以来，在清水塘老工业区搬迁改造的大背景下，石峰区经济运行保持高质量。1～10 月，规模工业实现增加值 102.5 亿元，同比增长 12.7%；固定资产投资完成 129.5 亿元，同比增长 15.8%。

今天的石峰山下，机器轰鸣，彩旗猎猎，清水塘老工业区搬迁改造腾挪出的广阔空地上，新修的柏油路连通四方，高楼、厂房拔地而起，一座产业生态新城已然崛起。

（作者：李永亮、黎志刚、谭洪汀）

2019 年 12 月 16 日

株洲加速打造世界级
轨道交通装备产业集群

5月10日，株洲市先进轨道交通装备产业链链长办、株洲市轨道交通产业协会、株洲市先进轨道交通装备产业链企业联合委员会先后挂牌。作为国内最大的轨道交通装备产业生产研发基地，株洲正以链长制、产业协会、企业联合党委三方合力的工作模式，形成政、企、校三方协同发力，产业链上中下游"大兵团作战"的推进机制，加速打造世界级轨道交通装备产业集群。

经过80余年发展，株洲已集聚301家轨道交通企业，形成集轨道交通产品研发、生产制造和营运维保、物流配套于一体的全产业链条，产品出口全球70余个国家和地区，电力机车全球市场占有率达27%，位居全球第一。突如其来的疫情倒逼全球产业链加速重构，株洲市委书记毛腾飞认为，产业竞争不再是单个产品或企业之间的竞争，而是平台、产业集群乃至产业生态系统的竞争。在此背景下，株洲市提出以产业链思维创新工作模式，应对挑战。

从2019年开始，株洲以链长制为抓手，统筹推进产业链重大工作，协调解决矛盾问题，产业生态得到不断优化。据介绍，株洲市将在发挥链长制政府引导作用的同时，积极发挥产业协会的市场主导作用、联合党委的党建引领作用，加快打造世界级先进轨道交通装备产业集群。其中，产业协会今年将首先开展产业规划与统计、政策研究与重大项目申报、行业标准及检测认证等工作，攻关一批国际领先的关键核心技术，推出一批自主创新产品，培育一批成长性好的科技型企业，抢占产业发展制高点；企业联合党委将以党建工作为统领和抓手，增进沟通、促进交流、增强企业凝聚力，加强上下游企业联动，带动整个产业链健康发展壮大。

据介绍，下一步，株洲将探索更多新的联动机制，建立联合办公机制、分析研判机制、分类调度机制，及时统筹协调解决产业链发展问题。

当天还举行了产业链上、中、下游企业合作集中签约仪式，BVV 车轴、新型轨道交通装备总部基地、轨道交通新兴工程材料基地等 15 个项目现场签约，总金额达 107 亿元。

（作者：李永亮）

2020 年 5 月 10 日

第三编

不可或缺——湘潭

潮涌湘潭"智造谷"

——湘潭高新区 2017 年发展纪实

1. 突出创新引领，科技创新能力稳步提升

科技驱动，政策先行。2017 年以来，湘潭高新区先后制定出台了《促进总部经济发展的若干意见》《鼓励扶持企业利用资本市场发展（暂行）办法》《"551 人才计划"实施办法》《促进科技成果转化的若干意见》等创新政策 6 个，并修订完善了已有的《鼓励科技创新实施办法》，正抓紧起草《促进产业转型升级扶持办法》《促进战略性新兴产业发展扶持办法》等政策，促成该区"1 + N"政策体系初步形成。截至去年 11 月底，全区累计兑现各类政策性奖励和补助资金近 2000 万元。

湘潭高新区还制定了《加快推进智能制造示范企业（车间）创建实施方案》，明确未来三年将培育 25 家省、市、区试点示范企业。2017 年以来，18 家园区企业完成了信息化、数字化改造，华菱线缆、迅达集团等 12 家获得"两化"融合示范企业称号，湘电风能、天士力药业等 21 家获得数字企业称号。崇德科技获得省智能制造示范车间，国家级两化融合管理体系贯标试点企业称号，华菱线缆进入军民融合技术创新大赛

决赛，湘潭屹丰、金杯电工和千智机器人等15家企业已申报市智能化改造示范项目。

政策有了，如何才能为入园企业提供优质精准的服务呢？该区制定了《"一对一"企业联点服务工作实施方案》，由局领导带队每月进行一次走访调研，收集解决企业困难和问题，全年协调解决"双管"线10千伏电缆线故障、恒宇建材公司与电厂交接处水管爆裂、迅达门口设立自行车租赁点等问题诉求60余起。与此同时，全年组织新认定管理办法等政策学习培训10余场次，策划了《2017高新技术企业培训方案》，组织企业申报高新技术企业，先后举办了3次有针对性的高新技术企业申报培训活动。全区共计37家企业进行高新技术企业申报，成功认定和复核31家，同比增长30%。

在搭建银政企对接平台方面，湘潭高新区全年组织金融大讲坛、2017年双创项目融资路演等专题培训10次。推出符合企业需求特点的信贷产品，加大对中小企业的支持力度，促成了该区与广发银行的"政银保"专项合作项目，创新发起高新区与湘潭企业担保、广发银行的"政银保"专项合作项目，拿出了对园区中小企业2亿元授信的方案。同时，通过推进风险投资、私募股权投资、风险补偿机制、新三板等方式，为园区科技型中小企业融资牵线搭桥，在风险可控的前提下，努力协助企业落实担保措施。全年为高新集团、时变通讯、中通电气、崇德科技等园区重点企业争取各级资金4000余万元。

2. 加快建设院士创新平台，创新经济方兴未艾

2017年11月15日，卢秉恒院士工作站以及3D打印、智慧城市等 8 个项目，正式签约入驻湘潭高新区院士创新产业园。这是高新区院士经济发展历程中一个里程碑式的事件。又一批院士的加盟，既是对高新区创新创业环境的认可，发展模式的认同，也是对创新引领美好未来的期许。

当天签约的 8 个项目为：湘潭高新区卢秉恒院士工作站、陕西恒通 3D 打印产业化项目、中星微电子集团项目、北京泰豪智能工程有限公司项目、湘潭智城联合信息科技有限公司项目、湘潭创新智慧私募股权基金项目、湖南佳伟新能源电池项目、新能源工业车辆动力系统项目。

其中，卢秉恒院士工作站正式落户高新区后，将集成国内外研发力量，重点开展医疗康复、航空制造、航天科技、汽车研发、生物制造等领域的 3D 打印工艺、装备、材料、应用等产业化技术研发，逐渐实现技术转化。

这一波项目入驻的小高潮，是高新区院士经济蓬勃发展的缩影。高新区重点打造的院士创新产业园由中国工程院院士、湘潭大学材料科学与工程学院欧阳晓平牵头成立，充分发挥院士专家团队的技术引领作用，以院士创新研究中心为引导，以院士创新产业园为承接平台，已引进欧阳晓平、邓中翰、王浩、罗安、王贻芳、卢秉恒等 6 位院士和一批高端人才带项目汇集湘潭高新区。

为助推院士产业园的发展，2017 年，高新区帮助华康恒健和酷弗、正芯微电子各获得 20 万元湘潭市创新研究和园区发展专项资金立项支持，千智机器人获得长株潭自主创新示范区50 万元专项资金支持。目前，特种机器人项目已完成产值

1000 万元；超纯高阻硅 X 光探测器项目小型探测器经湘大实验室检测无误，已生产出产品小样；单克隆抗体项目研究人员开始实验室分子实验，项目第一阶段目标提前实现；量子聚能供氧材料项目完成环评工作，签订 7000 余万元订单；湖南时变数字雷达项目快速推进。

同时，2017 年高新区还成功引进镁铝空气电池项目和多肽药物项目，引进高端创新创业项目 9 个，总投资 47 亿元。成功引进香港城市大学席博士高端电池项目落地投产，目前已开始小批量生产。

3. 突出产业转型升级，园区发展亮点纷呈

长沙被称为"创新谷"，株洲被称为"动力谷"，湘潭被称为"智造谷"，这是长株潭国家自主创新示范区最鲜明的特色。制造，智造，一字之差，差之毫厘，谬之千里。在科技创新的引领下，湘潭高新区突出产业转型升级，正加速实现由"高新制造"转变为"高新智造"，园区发展亮点纷呈。

该区与中国科学院科技政策与管理科学研究所共同编制了《湘潭高新区"智造谷"产业发展规划（2017 - 2025）》，系统谋划设计了湘潭高新区作为智造谷核心区未来一段时期内的产业发展。归纳起来，共安排了 21 个方面、66 项具体工作；设计了"3 + 1"主导产业体系和 19 个子领域；编排了 65 个具体项目。同时，以现有园区为基础，引进了国内机器人龙头企业新松机器人重点建设湘潭机器人产业园，着力打造院士创新产业园和力合科技领航基地两大创新平台，致力于引进一批高端人才、布局一批高端项目加快推进智能制造示范区建设。其

中，湘潭机器人产业园项目投资 120 亿元，项目总规划用地约 3240 亩，将打造机器人科研制造产业、金融产业、文化产业、旅游产业和生活配套功能有机结合的"五位一体"机器人特色产业园。

为全力推进国家自主创新示范区建设，湘潭高新区牵头承办 2017 年"创响中国"巡回接力活动（湘潭站），"双创"示范效应获国、省层面肯定。组织举办了"火炬杯"创新创业大赛、"高新杯"大学生辩论赛、就业示范典型评选活动等双创活动，树立先进典型人物 15 人，评选年度创新产品 10 件。组织各部门、相关企业召开自创区专项申报动员会，组织审核推荐各类项目 20 个，其中标志性创新工程项目 2 个、标志性创新平台 7 个、标志性产业集群项目 10 个、标志性创新品牌建设 1 个。

湘潭高新区还着力加强对园区劣质企业和停产企业整治力度，勒令多家高能耗企业停产、"僵尸"企业搬迁，盘活存量用地和厂房 12 万平方米。相继出台了《产业发展局关于建立"一对一"企业联点服务实施方案》《企业减负专项行动方案》《打击和处置非法集资突发事件应急预案》等文件，园区发展环境逐步优化。在培育新兴产业方面，园区 163 家规模企业有 116 家实现正增长，占比 71.2%；汽车零部件产业产值同比增长 53.7%，其中屹丰实现产值 8.03 亿元；飞鸽药业获批省工业品牌培育试点单位；中通电气和崇德科技获得省小巨人企业称号；湘电风能、华菱线缆和湘江液压等 7 个项目获得省财政工业转型升级专项资金支持。

问渠那得清如许，为有源头活水来。2018 年已扬帆起航，站在新的历史起点上，湘潭高新区将坚持以习近平新时代中国特色社会主义思想为统领，坚持"打造智造谷，建设自创区"的目标定位，确保实现技工贸总收入、工业总产值、规模以上工业总产值、固定资产投资、财政收入、高新技术产值分别同比增长 12%、10%、10%、13%、8%、12%，力争规模以上企业 R&D 经费占销售收入比重达 5% 以上、高新技术产业增加值同比增长 20% 以上，力争国、省园区排名实现新突破。

（作者：彭婷、刘澜）

2018 年 1 月 28 日

湘江之滨崛起中部"智造谷"

——一份来自湘潭高新区的成绩单

1. 绘好蓝图定好调

经过 20 余年的砥砺深耕，湘潭高新区已经聚集了一批具有较强自主创新能力的企业和一批优质创新资源。"智造谷"是该区按照科技部《长株潭国家自主创新示范区发展规划纲要（2015–2025 年）》"一区三谷多园"构架的顶层设计，依托现有基础优势，着力发展智能装备制造与高端生产性服务业，形成机器人及智能装备"研发＋制造＋服务"全产业链核心产业集群，打造中部地区科技成果转化、创新要素集聚、创新创业的核心区。

该区与中科院科技政策与管理科学研究所共同编制了《湘潭高新区"智造谷"产业发展规划（2017–2025）》，系统谋划设计了湘潭高新区作为"智造谷"核心区未来一段时期内的产业发展。同时，以现有园区为基础，引进了国内机器人龙头企业——新松机器人，重点建设湘潭机器人产业园，着力打造院士创新产业园和力合科技领航基地两大创新平台，致力于引进一批高端人才、布局一批高端项目加快推进智能制造示范区建设。

《湘潭高新区"智造谷"产业发展规划（2017-2025）》提出，湘潭高新区作为"智造谷"的核心示范区，将构建"一轴两片多点"的产城融合发展新格局。"一轴"，即以湘潭大道为中线，构建湘潭高新区产城融合发展轴。"两片"，即围绕湘潭大道中轴线，分成南北两片，北片定位"芯片产业园"，集中布局创新创业服务、软件与工业设计、信息与大数据服务等；南片定位"智能制造港"，优化提升现有产业，围绕高端装备集中布局人工智能、3D打印、机器人、新能源装备、智能材料等。"多点"是布局核心功能、园中园、重点项目以及未来可能布局的新区，包括（但不限于）两大创新资源核心聚集区、高端装备园、信息产业园等。

2. 引进人才强"智脑"

"智脑"，是思想创新的源泉，也是一个园区软实力的重要标准之一。7月4日，2018湘潭市院士专家工作站集中授牌仪式成功举行，湘潭高新区的中星电子和西交智造两家公司荣获市级院士工作站授牌，为园区"智脑"注入了新的活力。

中星电子是一家致力于新型智慧城市建设技术开发应用产业化项目实施与运营的企业，邓中翰院士工作站依托于中星电子团队，综合考虑安防监控物联网芯片技术国内外研究热点以及发展趋势，组织院士及其创新团队与企业研发人员开展联合攻关。

西交智造是一家专业从事3D打印技术产品开发、生产、销售一体化的高科技企业，是卢秉恒院士工作站的唯一运营主体，该工作站由卢秉恒院士牵头，集成国内外研发力量，重点开展医疗康复、航空制造等领域 3D 打印工艺、装备等产业化技术研发。

近年来，湘潭高新区高标准打造了中南地区首家院士创新产业园，高端人才、先进技术和产业资本等创新资源集聚效应初显。该区累计引进研发和产业化项目 23 个、院士工作站 6 个，其中千智机器人、时变通讯等 5 个项目建成投产，纯超高阻硅等项目加快推进。同时，出台鼓励自主创新、促进成果转化、产学研合作等 3 项政策，园区企业创新创业活力不断释放。今年 1～6 月，全区专利申请数量同比增长 21%，专利授权数同比增长 15%。

为吸引、激励各类人才来湘潭高新区干事创业，今年 3 月，湘潭高新区出台了高层次人才引进"8 条政策"，不吝重奖，向高端人才伸出橄榄枝。随后该区立即开展了"551"人才认定、人才奖励、高层次人才生活津贴的申报和初审工作，共有 20 家企业申报，其中申报"551"人才认定 80 人、人才奖励 40 人、高层次人才生活津贴 80 人。经多部门联合考察评议，"551"人才认定、人才奖励和高层次人才生活津贴各 10 人进入下阶段专家评审。

为进一步激发引才融智，今年 6 月，湘潭高新区还召开了人才政策解读专题培训会，为企业解读湘潭市最新人才政策《莲城人才行动计划》《湘潭产业人才引进三年行动计划 (2017－2019)》。培训吸引了 100 余人参会，除湘潭高新区机关和企业积极参与外，各园区企业也慕名前来，培训收到了较好的效果和良好的评价。

3. 重大项目建设酣

炎炎夏日里，迎着炽热的阳光走进湘潭高新区，一条条宽阔笔直的马路、一座座绿树掩映的厂房、一栋栋高耸入云的楼房映入眼帘，在蓝天白云的映衬下这些显得格外耀眼和美丽，随处让人感到一股蓬勃的生机和向上的力量。

在湘潭高新区新松机器人产业发展（湘潭）有限公司（简称湘潭新松），这里的工作人员正高效而紧张地忙碌着。湘潭新松将投资 120 亿元，着力打造一个百亿级的机器人产业园，带动相关应用行业转型升级，创造千亿级新增产值。自项目去年 11 月正式动工以来，政府积极作为，新松公司全力以赴，目前进度超出了预期。

湘潭新松机器人产业园只是湘潭高新区快速发展的一个缩影。今年 1～6 月，该区 51 个重点项目完成投资 61.85 亿元，完成年度计划的 52%。其中，38 个市重点项目开工 34 个，开、复工率为 89.5%，完成投资 49 亿元。

3D 打印产业化项目、智能制造 3D 打印设备生产与应用示范基地等 26 个科创项目正抢抓工期加速推进，有望在今年竣工；新能源和新材料领域人才刘会基三元正极材料项目正式启动。一个又一个的项目传来顺利开展的喜讯，园区发展后劲逐渐增强。

与此同时，今年 7 月 6 日，第七届湖南省电子商务大会在湘潭举行。会上，京东湘潭电子商务产业园正式授牌。这个落户湘潭高新区的产业园，拟建成一个集商务办公、技术交流、生活配套等多功能于一体的电子商务综合服务园区,使湘潭成为中南地区京东电商生态圈重要集聚地,吸引长株潭、华中乃至全国电商总部经济落户。京东湘潭电子商务产业园的成立,为湘潭"智造谷"的发展增添了新的动力。

而在另一边,阿里巴巴菜鸟物流园项目也已经落户高新区。目前,该项目一期征拆工作已经扫尾,项目二期红线范围内的房屋测量、资料收集和复核工作已经完成,并进行了在册集体经济组织成员公示,即将召开人口和房屋面积认定会议。湘潭高新区的招商引资和项目建设工作已渐入佳境、来势喜人。

4. 精准服务筑好巢

栽好梧桐树才能引来金凤凰,优质高效的服务才能赢得投资者的"芳心"。今年3月,湘潭高新区以干部带头,对企业开展了"一对一"精准服务。经前期广泛摸底,该区确定对100家重点企业开展"一对一"精准服务,希望以此做大一批龙头企业,做强一批骨干企业,做精一批创新型企业,转型一批传统企业。活动由33名区直部门副职以上干部对企业"一对一"联点。

为使活动取得实效,湘潭高新区重点实施"一单四制",即:建立企业服务问题清单,落实服务签到制、问题交办制、登记台账制、讲评通报制。同时,采取一月一调度、一月一讲评的方式,听取关于工作情况及交办问题解决情况的汇报,并制定联点服务企业工作"负面清单",严明工作纪律。

迅达大道路牌设置不完善、屹丰集团需加大人才招聘力度……翻开联点干部的工作日志，每一页都是一次实地走访记录。今年1～6月，全区累计走访企业超过420人次，收集并交办问题291个，解决225个。

为打通服务群众企业的"最后一公里"，湘潭高新区梳理出负面清单、事项清单73项，优化办事流程，提高审批效能。"最多跑一次"改革3月在全区全面铺开，今年上半年，区政务大厅共接待服务群众近2000人次，办理"最多跑一次"事项898件，办结率100%，群众满意率100%。

根据湘潭市委提出的"五联五问——联人才，问工作忧乐"，湘潭高新区还建立了精准服务人才工作制度，对符合条件的68名产业人才开展培训研讨、评先评优等八大服务，明确由科级以上领导每月现场联系服务对象，并由人社局牵头建立人才信息库。该工作自3月开展以来，已收集人才问题57个，交办13个，解决6个，目前正在对接任务7个，对人才提出的诉求和交办的问题进行了有效的推进。

为了让引进的人才安心创新创业，高新区还制定了独具特色的领导班子成员一对一服务专家工作制度，由工管委领导一对一服务符合高新区产业发展方向和前景需求的各类高层次人才，联系服务的人才包括中国工程院院士欧阳晓平等15人，每年安排工作经费用于专家团队建设和科技研发。

时变通讯李跃星、BIJAN RAHMANI、金杯电工陈海兵等成功申报湘潭市政府特殊津贴，汪永明等3人为湘潭市第七批优秀专家，周舟等11人为湘潭市第七批专业技术骨干人才，陈小军等3人被评为专业技术骨干人才，孟凡东、汪永明被评为湘潭市 2017 年度优秀产业人才。伴随着高质量的人才服务，今年，湘潭高新区在评先推优上成绩斐然，一大批优秀人才在国家、省、市平台崭露头角。

风劲潮涌，自当扬帆破浪；任重道远，更需快马加鞭。今年，湘潭高新区将落实好"质量变革、效率变革、动力变革"的经济发展新要求，盯紧年初工委明确的目标任务，确保技工贸总收入、工业总产值、规模工业增加值增速、固定资产投资、财政收入、高新技术产值分别同比增长 15%、10%、10%、15%、10%、15%，国家高新区排名前进 5 位，进一步抓好新经济培育、智能化改造、招商引资突破、重点项目建设等工作，让中部"智造谷"这片土壤更加肥沃、招牌更加闪亮。

（作者：徐荣、彭婷、刘澜、谢宇求）

2018 年 7 月 21 日

喜闻足音更铿锵

——湘潭高新区2019年高质量发展纪实

1. 党建引领力促改革

抓好党建是最大的政绩。党建工作抓得好不好，直接影响到党的凝聚力、战斗力的发挥。2019年，湘潭高新区认真贯彻落实新时代党的建设总要求和新时代党的组织路线，认真开展"不忘初心、牢记使命"主题教育，全面深化园区改革。在党建引领下，全区经济运行稳中有进，在全省产业园区中排名第六，较2017年前进43位。

"感谢组织信任，我将在新的岗位上脚踏实地、真抓实干，为全区高质量发展贡献力量。"去年10月，湘潭高新区认真贯彻"不忘初心、牢记使命"主题教育专项整改工作要求，通过一场极富特色的全员竞聘上岗，大力选拔、使用敢于担当作为的干部，激活了干部职工的干事创业热情。

按照"精简、高效、统一"的原则，该区精简一级部门副职岗位10个、一级部门科长岗位39个。立足发展优势产业链、提升服务企业群众能力等需求，新设科技创新局、政务服务中心两个一级部门。实行以市场化为导向的开放灵活用人机制，以事定岗，以岗定薪，唯才是举，营造有利于人才脱颖而出的选人用人环境。此次选聘的科级以上干部中，提拔任职19人，降职使用18人，落聘待岗3人。以党建为引领，全面深化改革，湘潭高新区真正将甘于奉献、敢于拼搏的同志选聘到了合适的岗位上。

"小机构、大服务"力图精简的同时提升运转效能，"全员聘任、双轨运行"实现能上能下、唯才是举，激发团队活力。湘潭高新区按下机构、人事制度深化改革的启动键，激活的是高质量发展的满腔热情。

与此同时，为提升干部执行力，湘潭高新区还创新推出了"预安销号"制度。每月末，各部门根据实际情况填报下个月主要工作预安排表，提请党政办公会议审定后实施。区督查室每月底对本月"预安销号"情况进行审核，完成即销号，因主观原因没有完成的要受惩罚，"预安销号"与干部的"官帽子""钱袋子"挂钩。湘潭高新区旨在通过这种方式，让全区年度重点工作与部门月度中心工作有机衔接。

"效率更高了，作风更实了。"这是"预安销号"给湘潭高新区带来的最大变化。数据显示，自2013年推行"预安销号"制度以来，该区共预安排中心工作4190项，销号4106项，完成率为98%。

2. "高""新"底色越擦越亮

去年1月3日，"嫦娥四号"成功登月，助推它升空的长征三号乙遥三十运载火箭上的点火电缆，就是湘潭高新区企业湖南华菱线缆生产的。去年12月27日，长征五号遥三运载火箭发射圆满成功。长征五号遥三运载火箭箭体仪器仪表连接用高温导线，以及整个发射平台所用电气控制系统用特控电缆，也均由华菱线缆提供。截至目前，华菱线缆已经为长征系列火箭提供了上百次服务。

与华菱线缆一样，湘潭高新区有一大批智能制造企业驱动着"智造谷"创新发展。2019年，湘潭高新区兑现自主创新奖励1026万元，新增高新企业53家，实现研发投入12亿元，实现技术合同交易额26亿元，申请发明专利407件，实现万人发明专利拥有量20件。湘潭高新区创业中心更是在全国980家国家级科技企业孵化器考核中脱颖而出，被评为优秀（A类）国家级科技企业孵化器。这是该中心继2015年来第4次获评为"A类国家级科技企业孵化器"，成功实现"四连A"。

"高""新"是湘潭高新区发展最鲜明的底色。该区出台《鼓励科技创新实施办法》等文件，从股权融资人才引进、科技成果转化等方面给予创新创业者支持。同时，试行企业集中注册登记，降低中小微企业创业门槛，2019年实现集中注册企业283户、中小微企业注册731户。湘潭高新区还建成了国家、省、市三级众创空间各2个，聚集创业团队60个、创业企业280家。

"我们正着力引导园区企业加快智能化技术改造，加快企业智能化示范创建步伐。"湘潭高新区有关负责人介绍，目前，全区已实施信息化、数字化改造工业项目18个，12家企业获得"两化"融合示范企业，21家企业获得数字企业称号，3家企业获批省智能制造示范车间。

作为中南地区首个院士创新产业园，湘潭高新区院士创新产业园定位于高端领军人才项目培育、高端科技成果转化，在整合集聚资源上独树一帜，成效喜人。园区整合 10 万平方米标准厂房，总投资达 40 亿元，聚集 6 名两院院士、68 名高层次人才，建成院士工作站 5 个、行业顶级实验室 3 个，每年引进知名专家、学者 10 名以上，引进各类高层次人才 20 名左右，形成了国内少有的非省会城市高端"人才洼地"，为科技创新提供强大智力支持。

3. 项目建设热火朝天

冬日暖阳下，走进湘潭二桥北桥头，只见位于湘潭高新区的新松机器人产业园项目工地上，人来人往、高耸的塔吊、一栋栋渐成雏形的厂房，构成了一幅热火朝天的项目建设图景。

2019 年，湖南省政府工作报告明确要支持人工智能、机器人等产业发展，并把机器人产业园建设作为全省重点工作予以部署。打造机器人产业链，是湘潭布局前沿、抢占先机的重要选择，也是湘潭高新区积极响应湘潭市推进园区改革创新高质量发展十条措施和"湘潭向北、西拓南延"发展战略，积极找准"智造谷"定位融入长株潭区域经济一体化发展的关键一招。

新松机器人产业园项目占地 3240 亩，分 3 期建设，预计总投资 120 亿元。其中 1 期规划建设"一平台四基地"。"一平台"，即智能产业创新服务平台；"四基地"，即机器人产业研发创新基地、机器人装备及零部件生产基地、工业 4.0 产业基地和机器人健康产业基地。整个项目计划用 5~8 年时间，以湘潭为核心，立足长株潭，辐射华中地区，形成以机器人产业创新研发生产应用为基础的智能制造集聚高地，实现工业 4.0 的产业转型升级，推进"智造谷"建设。目前，已签约并通过入园申请的企业达 10 家，还有 20 余家企业正在接洽中。

没有项目就没有发展。新松机器人产业园的发展，就是湘潭高新区以项目建设为抓手，推动园区高质量发展的一个缩影。为推动项目落地，湘潭高新区工管委对重点项目实施"按月讲评"机制，讲评结果与月度绩效挂钩。同时，干部争当"服务员""店小二"，对园区 100 家重点企业开展"一对一"精准服务，全年共走访调度 165 次，解决问题 35 个。

在务实的工作作风、有力的工作举措下，2019 年，该区共实施重点项目 36 个，完成投资 52.6 亿元，同比增长 12%。新开工项目 24 个，竣工项目 15 个，投产项目 13 个。新引进的 12 个项目全部完成公司注册，5 个项目实现开工，3 个项目建成投产，入园协议履约率达 100%。

项目建设离不开前期精准招商。近年来，湘潭高新区围绕"两主一特"发展定位，紧扣产业链招商，着力招大引强。2019 年引进项目 15 个，合同引资 92.9 亿元。其中，"三类 500 强"企业投资背景项目 3 个，工业实体项目 11 个。工业用地规模超 1000 亩，达到前三年总和。

4. 幸福指数节节攀升

新年伊始，我们走进湘潭高新区双马街道新塘里社区牡丹公寓，发现这里的墙面焕然一新，小区里铺好了排水管道。"以前这里基础设施薄弱，排水管道更是已经瘫痪。"在这里住了 30 年的郑建和感触颇深。

群众的呼声在哪里，服务就跟进到哪里。为了解决居民生活难题，新塘里社区主动承担改造任务，积极争取相关部门支持，最终筹集 20 万元，历时约 10 天，完成了牡丹公寓下水道改造，使其连接城市主干道管网。至此，困扰居民多年的这一问题得到解决。

民生是最大的政治。过去一年，湘潭高新区始终洋溢着浓浓的民生情怀，让群众"宜居宜业"的梦想越来越近，也越来越清晰。

2019 年 1~10 月，该区实现民生投入 2.38 亿元，同比增长 26.74%。全面完成省、市 13 件民生实事项目，其中超额完成 7 件。此外，累计发放低保金及各项补贴 155.37 万元，累计救助 5103 人次，发放各类救助金 373.18 万元，支出优抚金 140.6 万元。新增城镇就业 2352 人，为全年目标任务的 117%。

在保兜底、惠民生的同时，湘潭高新区还注重着力解决辖区居民最关心、最直接、最现实的民生问题，持续优化人居环境。该区投入人居环境整治资金 296 万元，出动整治人员超 1 万人次，出动工程车辆 2560 车次，清理陈年垃圾 2420.5 吨，拆除违章建筑 94 处 7902.14 平方米。改（新）建农村户用厕所 1047 户，改造开放式垃圾池 32 处。完成基础设施投入 2.39 亿元，铁牛埠港区二期项目、社山港泵站更新改造工程顺利竣工。全面解决污染防治立行立改问题 179 起，空气质量明显好转。

为适应居民日益增长的生活需求，湘潭高新区还在全省首创了物业信息化建设平台，目前已进入实施阶段，预计年内完成建设并投入试运行。届时，区、街道、社区三级物管体系都将在这个平台内进行统一管控，能有效提升全区物管工作效率和行业规范化水平。

唯拼搏者进，唯实干者胜，唯担当者赢。站在新的历史起点上，全体湘潭高新人必将不惧风雨、不畏险阻，始终怀揣初心、勇担使命，继续保持昂扬斗志，以高新实践探索高质量发展道路，用自己的拼搏和汗水干出一个更美好的明天！

（作者：彭婷、刘澜）

2020 年 1 月 15 日

奋力打造"湖南商贸第一区"

——湖南湘潭岳塘经济开发区 2019 年发展回眸

冬日里，我们迎着温暖的阳光走进湘潭岳塘经济开发区（简称岳塘经开区），一条条宽阔笔直的道路、一座座绿树环绕的厂房、一栋栋巍峨高耸的楼房映入眼帘，在蓝天白云的映衬下显得格外耀眼和美丽，让人感受到了她蓬勃的生机和向上生长的力量。

在刚刚过去的 2019 年，岳塘经开区技工贸同比增长 20%，批零贸易服务业企业主营业务收入同比增长 21.5%，固定资产投资同比增长 21.85%，圆满完成了年初制定的目标任务。

同时，岳塘经开区不断增强内功，努力提升发展质量，积极在全省产业园区综合评价中争先进、进位次。近两年，园区排名提升 41 位，连续两年获评全省优秀物流园区。

2019 年，岳塘经开区朝着奋力打造"湖南商贸第一区"的工作目标，撸起袖子加油干，步稳蹄疾勇争先，党的建设、招商引资、项目建设等各项工作有序推进，谱写了一曲奋斗的赞歌。

1. 抓党建，筑牢战斗堡垒

走进岳塘经开区，我们看到，围绕商贸物流主导产业"以链招商""以商招商"如火如荼;中国(中部)岳塘国际商贸城新添食品酒水行业入驻,商贾云集;中国(中部)岳塘国际商贸城岳塘购电商大楼等项目快速推进,日新月异;竹埠港新区综合开发项目一期已经开工,开发建设进入实施阶段。这是岳塘经开区以党建为引领,扎实开展"不忘初心、牢记使命"主题教育取得的实实在在的成效。

党建是一切工作的基础。自主题教育开展以来,根据中央、省委、市委、区委安排部署,岳塘经开区以高度的政治责任感,坚持"守初心、担使命,找差距、抓落实"的总要求,立足发展实际,通过抓学习教育、强化理论武装,抓调查研究、补齐发展短板,抓检视问题、强化工作作风,抓整改落实、推进园区发展,将主题教育工作视为推进园区发展的新动力、新契机,园区发展呈现欣欣向荣的景象。为扎实开展主题教育,岳塘经开区结合实际,进一步提高政治站位,通过对标对表,精心部署,成立了主题教育工作领导小组,制定出台了《岳塘经开区关于开展"不忘初心、牢记使命"主题教育工作的实施方案》。为进一步营造主题教育宣传氛围,岳塘经开区制作了宣传手册、应知应会知识要点,对政务大厅、党群活动中心、党员阅读室等进行了主题教育氛围营造,同时深入企业、项目、村(社区)开展主题教育宣传工作。为解决工学矛盾问题,岳塘经开区将大部分学习时间安排在晚上或者周末,开展了主题教育学习读书班集中学习6次,党工委书记及班子成员讲党课3次,经验交流2次。为实现园区主题教育工作全覆盖,岳塘经开区党工委统筹,企业党委实施,班子成员根据联点原则，对各非公党支部主题教育工作开展情况进行了督促指导，组织开展了送党课下基层、主题教育知识抢答赛等活动，以丰富的主题教育形式引导广大党员淬炼初心使命，接受思想政治洗礼。

不忘初心，方得始终。岳塘经开区党员干部在理论学习中重温初心、滋养初心，汇聚起干事创业、"赶考"再出发的强大精神力量。

2. 抓招商，激活一池春水

岳塘经开区坚持"请进来、走出去"原则，多措并举开展招商活动，先后参加"湘潭对接粤港澳大湾区招商推介会""2019 湖南与央企对接合作大会""央企走进湖南·湘潭招商引资发布会"等省市重大招商活动，组织赴北京、深圳、长沙、武汉等地开展小分队招商，引进了中国铁建股份有限公司、深圳市方德智联投资管理有限公司、湖南 58 科创有限公司等一批央企、行业领军企业，全年引进重大项目 6 个，协议引资 108 亿元，被评为 2019 年度全省商务工作先进园区。

这是 2019 年以来，岳塘经开区以招商引资为抓手，促进园区高质量发展的一个缩影。近年来，岳塘经开区以打造"湖南商贸第一区"为发展方向，围绕商贸物流、电子商务、仓储等主导产业，以链招商，强链补链，优化环境，不断提升产业聚集度，园区发展呈现生机勃勃的景象。

同时，园区积极牵线搭桥，推动企业"强强联手"，以商招商、二次招商亮点突出。促进岳塘国际商贸城与湘潭综合保税区签订战略合作协议；强化步步高集团与金阳农产品合作，步步高果蔬采购中心落户金阳农产品，项目已启动建设；推动以岳塘国际商贸城为主的园区企业打造湖南省特色优质农产品产销平台项目，"三湘农品嘉年华、福满莲城年货节"盛大开幕；继岳塘经开区与58科创集团签订项目协议书后，推进58科创集团与岳塘国际商贸城、湘潭发展投合资设立项目公司；引导岳塘国际商贸城与58农服携手打造湖南智慧农业科技服务项目。

营商环境是招商引资的生命线。为营造"最佳营商环境"，岳塘经开区坚持"软硬"两手抓，在完善道路等硬件基础设施的同时，在政务服务、扶持政策等方面大力营造良好投资环境。目前，岳塘经开区内"六横六纵"立体交通路网已基本成形，荷塘客运枢纽站、湘潭博纳学校等公共服务项目已启动建设。通信、电力、燃气、供水已全面覆盖园区，为园区物流企业发展提供全方位的配套服务。

岳塘经开区还制定了招商引资等一系列政策制度，全力推行代办、快办、优办的前期手续代办服务，专题出台《岳塘经开区加快现代服务业发展的实施办法（试行）》等，对入驻专业市场的企业、税收贡献企业、入驻的总部企业、积极塑造品牌及标准的企业等进行政策扶持。

此外，岳塘经开区还通过举办中国民营经济创新发展高峰会、潭商大会·长株潭国际商贸物流专场、第十四届中国杜鹃花展览、湖南湘潭金阳水果博览会等重大推介活动，协助重点企业举办"民营企业发展和关心下一代工作研讨会""中国儿童产业展览交易基地考察及签约发布会""布艺轻纺城样板体验馆开放庆典""首届岳塘国际商贸城布艺轻纺秋季订货会暨缤纷美食节""岳塘国际商贸城2019布艺轻纺春季展销会"等大型活动，全面推动商贸物流产业发展。

3. 抓项目，增强发展后劲

在中国（中部）岳塘国际商贸城对面，沿板塘十六路到佳木路口右侧，四栋黄白相间的建筑十分抢眼，这就是已经建成并逐步运营的湖南省长株潭仓储物流园一期启动区。

项目入口处的工地上，工人们正在进行物流园办公楼的土建施工。走进四栋大楼，楼栋之间的道路已全面硬化，大楼内部已经完成基本装修，且楼层之间的30余部电梯、消防通风设备也全部安装完成。

项目建设负责人刘长青说，从2018年9月项目启动，到当年12月6日第1栋封顶，此后几乎每隔不到一个月的时间就有一栋楼封顶，到2019年3月，四栋大楼的主体基本完工，之后便是大楼的装修。"当时这种建设速度在湘潭应该是最快的。"经常凌晨一两点还在工地上的刘长青说。

没有项目就没有发展。在产业项目建设方面，中国（中部）岳塘国际商贸城项目市场区进行了工程整体验收，市场运营全面开展；湖南联升（中联重科）工程机械产业园、玮鸿冷链物流标准仓库等6个项目完成建设投入运营；湘潭博纳学校、方德智联科创园、中国湘菜文化博览园等5个项目前期工作加速推进，正在加速启动建设；岳塘购电商大楼、中国杜鹃花博物馆等4个项目建设正快速推进。

在基础设施建设方面，岳塘经开区已完成团山铺路一期、竹埠港路二期竣工验收工作；商贸城配套路网已建成投入使用；X157 完成芙蓉大道复线至芝樱园段道路部分建设，高速跨线桥完成边跨施工，正在进行主跨施工；工矿棚户区二期全部完成主体施工；苏湖生态水系项目全部工程顺利完成，即将正式投入使用。

作为岳塘经开区一张闪亮的名片，竹埠港新区也正孕育新的生机。2019 年 8 月，竹埠港新区控制性详细规划高标准完成编制，12 月 24 日，竹埠港新区综合开发项目一期开工，正式拉开竹埠港新区综合开发建设大幕；新区以"长株潭城区最美江岸、高端商务与商住板块、湘潭城市新中心"为发展目标，着力建设创新、开放、宜居、和谐、生态新区。在产业布局上，着重构筑以创智文旅、总部经济、现代金融等新兴服务业为主导的产业体系，实现由以传统工业为主到以新兴服务业发展为主的产业转型，与辖区内初具规模的中国（中部）岳塘国际商贸城、金阳农产品商贸城物流中心等现代商贸物流产业以及国家 4A 级景区盘龙大观园、盘龙小镇等旅游休闲产业协调发展。

展望 2020 年，岳塘经开区将紧紧围绕高质量发展要求，以打造"湖南商贸第一区"为发展方向，以竹埠港新区开发引领园区转型升级，力争 2020 年实现技工贸总收入同比增长 20%，固定资产投资同比增长 10%，财税总收入同比增长 10%。

（作者：彭婷、肖姿）

2020 年 1 月 6 日

70 年春华秋实　70 年蝶变新生

——湘潭市岳塘区实现高质量发展的解析

湘江滔滔，奔腾不息，出株洲，向北方，却猛然折回，深情地绕向湘潭，留下一道美丽的 "U" 形弧线。于是，有了这片文明璀璨的热土，诞生了一个堆金砌银的聚宝盆。它就是长株潭城市群两型社会建设的重点区、湘潭市的首善之区——岳塘区。

70 载春夏秋冬，70 年硕果累累。敢为人先的岳塘人民在这片沃土上辛勤耕耘，砥砺前行，为把岳塘区打造成为 "产业新高地、城市新样板、法治新标杆、幸福新典范" 的 "四新岳塘" 而不懈奋斗。

1992 年建区，逐梦前行。现在，岳塘区已迈入 "全国绿色发展百强区" "中国工业百强区" 之列，荣获 "国家科技进步先进区" "全省加速推进新型工业化先进单位" 等多项荣誉称号。在时代的大潮中，岳塘区始终不忘初心，牢记使命，谱写了一曲经济社会高质量发展的精彩乐章。

1. 党的建设不断夯实，基层党组织 "火车头" 效应明显

8 月 6 日至 8 日，岳塘区委书记胡海军带队到全区 9 个街道，开展 "关爱基层加强基层建设" 调研。调研中，村、社区干部围绕"如何给基层减负，更高效推动居民服务"提出了许多真知灼见。8月9日，胡海军立即召集基层干部代表及区直相关部门负责人，召开"为基层减负·街道社区与区直部门面对面"会议。

欲筑室者，先治其基。基层党组织是党执政大厦的"地基"。作为湘潭市中心城区，近年来，岳塘区委主动适应城市化进程中的新情况和城市经济社会结构的新变化，紧密结合岳塘实际，探索城市基层党建特点规律，推进城市基层党建工作创新发展。该区出台了《关于加强城市基层党建工作的实施意见》等系列文件，打造了"3456"城市基层党建新格局，构建了以街道、社区党组织为核心，驻区企事业单位、两新组织及各领域党建工作有机联结、资源共享、功能优化的城市基层党建工作体系。城市基层党组织的政治功能和服务功能持续增强，党领导城市工作和治理城市的能力明显提高。

针对城市新建小区党建工作缺失、小区凝聚力不强等问题，岳塘区在2018年兼合式支部探索的基础上，2019年在全区推进了60个小区党建示范点。发挥党组织服务功能，定期开展活动，在化解小区矛盾、营造和谐居住环境等方面发挥作用，让党建功能融入居民生活，满足群众需求，让居民找到主心骨，让党员找到归属感。

在商务楼宇、商业街区，岳塘区按照相邻相近、规模适度、共建共享等原则组建了党建联盟。君子莲商圈位于岳塘区建设路口核心区，辖区内商务楼宇林立，云集了1000余家法人企业、150余个基层党组织、3000余名党员。为深化城市基层党建，在市、区、街道党组织倡议下，君子莲商圈党建联盟成立，建立起资源共享、事务共议的工作体系，形成了"共驻共建共享"的区域化城市党建新格局。

针对商圈、市场等经营主体小而散，党员选择性"隐身"等问题，岳塘区在岳塘国际商贸城、河东汽车城、金阳水果城等专业市场积极开展党员"亮身份、亮职责、亮承诺"活动，营造浓厚党建氛围。引导48名党员商户带头诚信经营，主动接受消费者监督。开展诚信经营户评比活动，让党建延伸到专业生产经营中，融入城市发展大局中，充分发挥党员在文明守法、诚信经营、优化服务等方面的先锋模范作用，为促进非公经济健康发展作出积极贡献。

2. 产业档次不断攀升，经济发展的高质量日益凸显

7月18日，以"产城融合·赋能湘潭"为主题的2019年小镇中国（湘潭）发展大会在盘龙山庄开幕。以小镇为媒，以发展为题，来自全国各地相关领域的嘉宾、客商共襄盛会、共叙情谊、共谋发展。

会上，岳塘区的湖南金阳城与云通物流合作项目、岳塘国际商贸城与怡亚通战略合作项目、岳塘国际商贸城与乐禾食品战略合作项目、岳塘国际商贸城与快狗打车战略合作项目、58众创·乡村振兴创业园项目成功签约，将为岳塘经济高质量发展注入源源不断的活力与动力。

70年前的岳塘，经济发展是很单薄的，除了"户户冒烟"的小农经济外，就是国家布局的几家大型工业企业"各自为战"，商贸服务业基本停留在"提篮小卖"阶段。70年过去，岳塘区已成为全市经济的核心一极,内生动力不断增强,发展气象更加开阔。

自 1992 年新岳塘区成立以来,地区生产总值由当年的 6.3 亿元跃升至 2018 年的 620 亿元。其中,从 1998 年突破 10 亿元到 2011 年突破 100 亿元,只用了 13 年时间;从 2011 年的 100 亿元到 2015 年突破 500 亿元,仅用了 4 年时间。特别是"十二五"期间,地区生产总值翻两番。

以商贸物流为主导产业的省级园区岳塘经开区自 2013 年 7 月成立以来来势强劲,园区技工贸总收入、固定资产投资等主要经济指标年均保持 40% 以上的高速增长,先后获得全省省级物流示范园区、两型社会综合示范创建片区、现代服务业示范集聚区和创业孵化基地等多块省级"金字招牌"。

岳塘经开区商贸物流中心集聚效应正在凸显,荷塘现代综合物流园被评为"全国优秀物流园区"。步步高配送中心、伟鸿冷链物流、中部国际机械物流、金阳农产品商贸物流中心建成运营,第七代超大型综合性商贸市场集群——中国(中部)岳塘国际商贸城扬帆起航,岳塘区即将成为"湖南商贸第一区"。同时,园区内以盘龙现代农业示范园为代表的现代化都市农业加速发展,第一、第二、第三产业融合度不断提高。

岳塘区服务业经济从无到有、从有到新、从单元到多元,经济增长的"主引擎"作用逐渐显现,特别是商圈、业态集中区的支撑作用愈显突出。建设路口商圈、板塘商圈日渐繁荣,以盘龙山庄、华天、华都、华宇、福星凯莱等为代表的品牌酒店服务业健康发展,以红旗商贸城、建鑫家居广场等为代表的专业市场集聚发展，以湘潭金融商务区为代表的金融业蓬勃发展。当前，全区正逐渐形成"沿江拓展、轴线集聚、多区联动"的服务业发展新格局。

3. 民生福祉不断增强，幸福康乐的获得感真真切切

"我患有听力障碍、糖尿病、骨质疏松等病症，找工作一直非常困难。今年，在岳塘区就业扶贫人才市场的帮助下，找到了一份工作，现在已经上班3个月了。"8月8日，岳塘区东坪街道顺江村建档立卡贫困户刘其带着感谢信来到区就业扶贫人才市场，对给予过自己帮助的区就业局、街道、村工作人员表示感谢。这是岳塘区全心全意为民谋福祉的一个缩影。

岳塘区始终坚持把惠民生、促和谐作为工作的出发点和落脚点，为群众办好了一批好事、实事，办成了一批大事、难事。

70年前的岳塘，老百姓的温饱问题正在解决，腰包还是空瘪的，衣服还是单色的，文化和精神生活也是简单的"几菜几汤"。如今，人民群众的获得感、幸福感、安全感是沉甸甸的，民生温度还在涨、还在升。近两年来，岳塘区综治民调排名在全省提高近100个名次。

岳塘区把脱贫攻坚作为最大的政治责任和最重要的民生工程，扎实落实"一户一策"计划，紧盯"两不愁、三保障"，统筹抓好健康扶贫、就业扶贫、教育扶贫、产业扶贫、危房改造等工程，2015年全区实现全面脱贫。城乡就业持续扩大，居民收入显著提高，仅在今年上半年，岳塘区就新增城镇就业人数11080人，登记失业率控制在3.23%以下。

百年大计，教育为本，教育关系着每一个家庭的未来。岳塘区以办人民满意的教育为宗旨，全面实施"教育强区"战略，全区义务教育均衡发展。自2014年以来，全区累计投入5亿余元，完成薄弱学校改造项目73个。截至目前，全区学龄儿童、初高中入学率均达到100%。"全国义务教育发展基本均衡区""全国社区教育实验区""湖南省教育工作两项督导评估考核优秀单位""湖南省现代教育技术实验区""湖南省青少年校园足球试点县市区"多项国家级、省级荣誉被岳塘区收入囊中。

岳塘区医疗卫生服务体系建设不断完善，全区医疗机构从1986年的124家增加至2018年的382家。城乡居民养老、医疗、失业、工伤、生育保险及城乡低保、农村五保、孤儿供养提标扩面，80岁以上老人全面享受高龄补贴，群众生活得到了根本保障。岳塘区还是全市首个成功创建全省现代公共文化服务体系示范区的区县，龙狮、广场舞、"周周乐"、"情满岳塘"等系列群众文化活动深入开展，打造了一批国、省、市文化品牌，老百姓的精神文化生活日益丰富。

4. 生态文明不断提升，绿色先行的"幸福歌"越唱越响

8月20日傍晚，笔者沿岳塘区滨江路一路前行，来到了位于湘江湘潭段的竹埠港综合排污口。6名"钓友"依次排开，在落日余晖下的湘江边悠闲垂钓。

而在竹埠港重金属污染治理中心，技术人员正在对因化工污染而"受伤"的土壤进行"疗毒"，目前已完成数十万立方米的污染土壤治理。

竹埠港，在20世纪80年代初期便成为全省乃至全国最具活力的化工生产区，因严重的"环保毒瘤"，2013年被列入湘江保护与治理省"一号重点工程"重点治理区域。

以习近平生态文明思想为指导，岳塘区怀着壮士断腕的决心，按照"市领导、区实施、市场化"的原则，仅用一年时间，就将这里的28家化工企业全部有序关停，为全省湘江保护与治理提供了示范和样板。

如今的竹埠港，花香蝶舞，翠嫩欲滴的瓜果蔬菜让农民乐得合不拢嘴。岳塘区委副书记、区长陈爱民介绍，竹埠港分片治理与开发的方案已经出炉，将建设公园景观带、文化时尚创意中心、滨江商业金融区等，未来发展可期可待。

良好的生态环境是最公平的公共产品，也是最普惠的民生福祉。70年来，岳塘区全面加强湘江沿岸环境保护，生态环境质量得到明显改善。现在，全区城市污水处理率达95.5%，城市生活垃圾无害化处理率达100%，Ⅲ类或优于Ⅲ类水质达标率达100%，工业"三废"排放达标率达100%，工业企业主要污染物排放达标率达100%，工业固体废物综合利用率达100%。绿色，正成为岳塘发展的亮丽底色。

国家4A级景区盘龙大观园亦是岳塘区践行绿色发展理念的典范。2009年，盘龙集团在岳塘区指方村投资建设了盘龙大观园。10年间，该集团累计投资24.45亿元，建起了这个以名贵花木观赏为主题的景区。10年来，盘龙大观园共引进名贵花草树木30余万株，景区森林覆盖率达90%，负离子数量是城区的100余倍，引得游客纷至沓来，曾被住建部授予"中国人居环境范例奖"。

入园处，翠竹夹道，松柏相迎，花香裹着翻新的泥土气息扑鼻而来。走进杜鹃园，迎接游客的是红的、黄的、紫的等各种颜色争奇斗艳的杜鹃花。提根杜鹃、悬崖杜鹃、古桩杜鹃，各个品种的杜鹃花齐放。盘龙集团董事长冯友根介绍，全世界共有2000余个杜鹃花品种，95%的品种在这里都可观赏到。

杜鹃花只是盘龙大观园花海中的一种，这里共有十大主题花卉园，构成了中国独特的赏花胜境。"荷花园里集中了全世界1208种荷花；兰草园里种植了500多个国兰、洋兰等珍稀品种；盆景园里汇集了上千盆日本黑松等名贵品种。"提起盘龙大观园的花，冯友根如数家珍。

除了盘龙大观园，近年来，岳塘区湖湘公园、木鱼湖公园、滴水湖公园等一大批公园也相继建成，城市绿化率逐年提高，城镇建成区绿化覆盖率达50%。

时间飞逝，岁月留痕。岳塘区70年的风雨历程，既是一部艰苦奋斗的创业史，也是一部与时俱进的发展史。历史的鸿篇一旦开启，每一页都是崭新的。站在新时代新起点，岳塘"商贸兴区、工业强区、生态立区、旅游旺区、文化亮区、创新活区"的发展定位越来越清晰，"四新岳塘"的奋斗目标越来越近。岳塘区将以习近平新时代中国特色社会主义思想为指导，全面开启转型发展新征程，谱写高质量发展新篇章，为建设富饶美丽幸福新湖南做出更大贡献！

（作者：彭婷、陶妞）

2019 年 8 月 23 日

律动的心

——湘潭昭山示范区 2019 年亮点回眸

　　站在岁末年初的交会点，俯瞰长株潭城市群中那颗亮丽的"绿心"——湘潭昭山示范区，它舞出了人与山水和谐发展的最美律动。

　　途次生态绿心，置身最美"后花园"——盘点大美昭山。

　　徒步，休闲，聚会，昭山深处的花海是一个好去处。江西人童军生，在昭山镇七星村承包了大片土地，建大棚，种百合，眼下一垄垄百合花开得正艳，紫红色的花海夺人眼球。

　　昭山的冬天是姹紫嫣红的，昭山的生态是翠碧蓝绿的。成立伊始，昭山示范区就把绿心保护作为最重要的政治使命和行动自觉；成立伊始，昭山示范区高标准编制片区总体规划，不踩生态红线，不越环保底线，典型经验上了《人民日报》。

　　昭山示范区主要负责人介绍，近年来，昭山示范区实施"提一退二进三"战略，花费近 5 亿元资金，退出了 38 家能耗高、污染重，不符合"两型"标准的工业企业，实现了全区工业企业清零。

　　同时，不符合绿心定位的产业坚决不引，累计拒批 19 个重污染项目，拒绝 200 余家不符合产业定位的企业入驻。成功引进了一批高品质的绿色企业，成功建设了一批绿色项目，成功营运了一批绿色产业，成功获批国家级文化产业示范园、国家全域旅游示范区创建单位和湖南健康产业园核心区，因此，一批名企名品联袂而来。

花香自有远客来，昭山示范区的生态之美在美丽乡村绽放，生态文明建设成果被中央电视台《美丽中国》推介。五年来，"绿心"不断生长，累计造林和改造林 1 万余亩，新建生物防火隔离带 50 公里，5 万余亩林地全部实行封育管理。

行走在美丽乡村七星村中，前来参观学习的林业代表们实地查看、听取介绍，实地感受昭山示范区省级生态廊道的整体建设情况。省级生态廊道昭山示范段建设以来，七星村通过实施修复河流、沟渠、水塘，栽植水生植物，促进水系的贯通连接，恢复湿地生态系统，满足景观和水系净化功能的需求，为湿地动物提供丰富的栖息环境，得到了省林业厅专家的好评。

同时，还结合农村人居环境综合整治与旅游发展，推动村旁、路旁、水旁、宅旁绿化美化，实施美丽乡村建设，改善居民的生产、生活环境。

暂离"水泥森林"，踏步生态"绿心"，沿着蜿蜒曲折的廊道，踏过涓涓流水的石桥，行走在昭山的乡村，有"千里莺啼绿映红，水村山郭酒旗风"的意境，大美昭山风景如画。

据有绿水青山，龙头舞动乾坤阔。

盘点发展昭山，昭山从一副楹联中走来，"昭山凌云皆瞩乾坤阔，古寺参天同辉日月华。"昭山又走进了"中国楹联文化区"。今年11月，中国楹联学会发文批复，同意命名昭山示范区为"中国楹联文化区"。这国字号的荣誉，是对昭山地区文化事业发展的充分肯定。

昭山示范区主要负责人介绍，示范区文化底蕴深厚，群众文化丰富多彩，特别是楹联文化特色鲜明，今年被评为"中国楹联文化区"；七星村获评"湖南省特色旅游名村"；"献礼新中国七十华诞"大型快闪活动登上"学习强国"平台；参加"我和我的祖国"——莲城大合唱比赛获全市二等奖；昭山城市海景水上乐园通过4A级景区景观质量评定；该区被推荐参加首批湖南省全域旅游示范区创建验收；做优园区孵化平台，拓宽近10000平方米创业空间，湖南（昭山）国际创意港、绿心文创谷分别被评为省级、市级众创空间；引进落地昭山国际知创基地、好样文化传媒、金丝楠木馆等一批重大文产项目。

截至12月底，新引进文化企业41家，同比增长51.8%；文化企业总产值7.4亿元，同比增长35%，文化产业呈现蓬勃发展态势。《湘潭昭山文化产业园打造文化产业新高地》先后被《中国日报》、《中国经济报》、中国新闻网等刊登转载。

吃生态饭，走绿色路，做健康产业大文章，是昭山示范区的特色和亮点。在今年项目招商上，该区在"湖南—粤港澳大湾区投资贸易洽谈周"成功签约健康产业项目2个，分别是"三类500强"企业威高集团湖南区域总部、超亚肿瘤及重大疾病早期筛查试剂盒。

在建的健康产业项目有湖南惠景生殖与遗传专科医院，已完成一期主体工程建设及室外装修工程，预计年底前将完成全部装修工作。湖南健康产业园医学、医疗、医药创新中心项目整体项目已顺利封顶，正在进行室内装修，预计年底前完成装修工程施工。

同时启动的健康产业科技创新工作硕果累累，如"活性自体免疫细胞库建设和临床转化应用的研究"项目纳入 2019 年度湖南省重点领域研发计划并获 100 万元资金支持。三医创新中心、红外热成像人工智能医疗健康临床诊断分析系统与云平台、自体免疫细胞治疗制剂应用研究等 3 个项目获评 2019 年度创新型省市建设专项"2019 年度市级科技计划'4 个 10 大'自主创新示范工程项目"；全人源化单抗基因小鼠科技创新团队、湖南惠景医疗投资有限公司的辅助生殖与肿瘤免疫团队获 2019 年度创新型省市建设专项"2019 年度市级科技计划'4 个 10 大'创新团队"的光荣称号。

在重点项目建设上，1～11 月，昭山示范区的市级重点项目投资完成率居全市园区第一，省重点项目完成率为 161%，预计全年重点项目投资完成率、省级重点项目投资完成率居全市园区第一。

今日昭山，文旅产业和大健康产业是"龙头"，龙头舞，产业兴。"未来，我们要将昭山打造成适合养老的生态、宜居、健康新城。"昭山示范区党工委副书记、管委会主任肖定安说。

答好民生之问，细微之处显亲情。

盘点幸福昭山：昭山示范区党员干部，常怀民生"三问"——问需，问计，问效。幽幽古井悠悠情，汩汩甘甜拳拳心。昭山示范区昭山镇白鹤村有一口古井，近日当地政府对其进行了修缮保护，附近居民喝上了甘甜的清泉。

今年上半年，昭山示范区组织党员干部进行走访，发现昭山镇有几个村民小组因为地下水位下降，近百户村民出现了饮水困难，当地政府立即现场查勘、检测水样，听取建议，制订挖井方案，采取"村民出资＋政府补助"的方式，半个月内，政府打造机井 60 余口，从根本上解决当地群众安全饮水问题。汩汩的地下泉水流入了广大居民家中，大家都拍手称赞："地方政府办了一件大好事。"

一是问需。为饮水困难群众打深井，帮农户网上销特产，为困难户补办社保。第二批"不忘初心、牢记使命"主题教育开展以来，永葆为民情怀，履行使命担当，解决群众急、难问题 9 个，广大党员干部坚持办实事、解难题的务实作风，均获得当地群众称赞。

二是问计。昭山示范区扎实推进脱贫攻坚，"两不愁、三保障"各项工作落到实处，遵循"四跟四走"产业扶贫思路，带动群众，平均每户贫困户年增收益 2000 余元。适时认真落实扶贫资金，中央财政扶贫资金和区扶贫资金已按程序下拨到位，脱贫攻坚持续深化。

三是问效。2019 年，昭山示范区承担的省、市 16 项重点民生实事项目，大部分超额完成。在其他民生实事方面，如平安建设考核和国家安全人民防线工作考核均被评为市级优秀单位；已完成的市对区应急管理考核，居湘潭市先进行列；顺利完成全国文明城市复查迎检工作；昭山镇窑洲社区居民宋定波入选"助人为乐—湖南好人"。

推进市生态绿心森林步道（昭山段）建设工程；昭山镇顺利通过省级卫生乡镇检查验收，创新创业服务中心等4家单位顺利通过省、市文明卫生单位验收。

此外，在乡村产业振兴方面，该区依托七星樱皇生态休闲农业、玉屏途居房车露营基地等项目，重点发展乡村旅游；加快特色产业发展，初步形成以幸福村、红旗村、七星村为代表的特色产业村。

即将过去的2019年，昭山示范区践行"绿水青山就是金山银山"的"两山"理论，浇灌出生态文明建设的花果飘香。昭山示范区党工委书记黄劲松表示，作为长株潭城市群的"绿心"，作为两型社会建设示范区，作为湘江生态链的重要节点，昭山示范区将始终以"守护绿心，造福千秋"为初心，以"发展绿心，惠泽人民"为使命，始终坚持"在保护中发展，在发展中提升"的理念，致力探索保护与发展的新途径，全面提升生态品质，全力建设生态新城，实现园区经济社会高质量发展。

（作者：曾佰龙、胡宁、王玉姣）

2019 年 12 月 25 日

产业项目建设年里的"功守道"

——湘潭市发改委项目建设走笔

1. 谋定而后动，一个个项目加速落地

"三大攻坚战"吹响号角，产业项目建设是一场硬仗。要想占据主动，需要谋定而后动。

湘潭市发改委协调指导全市各级各部门开展本行业本领域"十四五"规划基本思路和重大课题研究，牵头完成了全市"十四五"规划基本思路（征求意见稿）。牵头编制了《湘潭市现代物流业高质量发展规划》（征求意见稿），印发了《湘潭市乡村振兴战略规划》《湘潭市县域经济发展规划》。

同时持续释放政策"红利"，印发实施了《关于加快推进园区改革创新高质量发展十条措施》《湘潭市服务业创新发展"千百扶培"三年行动方案（2019－2021年）》《湘潭市开展家政服务提质扩容"领跑者"试点城市实施方案》《完善促进消费体制机制激发居民消费潜力行动计划》《推进"湘潭向北"发展2019年工作方案》《关于加快夜经济高质量发展实施方案》等一系列文件。

年初，业内人士对经济下行压力有过充分评估，认为今年

更加充满挑战。湘潭市发改委针对这一情况，按月加强对GDP、固定资产投资、城乡居民收入、园区发展、服务业发展等重点工作开展形势分析，为市委、市政府科学决策提供了重要参考。结合"不忘初心、牢记使命"主题教育活动，加强调研，形成了40余个调研报告成果。印发《改革发展情况专报》22期，及时反映新情况，努力贡献"金点子"。

谋定而后动抓项目，关键是动起来。湘潭市的做法是成立重点项目最强"帮帮团"。今年湘潭市推行31位市级领导联点负责96个重大项目的联点制度，市委书记、市长和其他联系市领导始终把重大项目建设放在重中之重，认真履职，现场办公解决问题、组织专题调研推动工作，起到了示范带头作用。此外，湘潭市又在"三长制"（链长、盟长、行长）的基础上，创新性推出"四长制"（链长、盟长、行长、校长），初步形成了链长负责优服务、盟长负责闯市场、行长负责融好资、校长负责校企融合的"湘潭模式"，产业链、政策链、资金链、创新链打通了。

一个项目的落地，总会遇到各种问题，有些问题甚至贯穿项目始终，湘潭市用机制做保障，"持续发力"为企业解难题。如市长每季度主持召开一次重大项目调度会，分管副市长每月召开一次专题调度会，重点研究解决重大项目推进过程中的困难和问题，市落地办牵头进行交办，市政府督查室每月进行专项督查，有力推动了一批"老大难"问题的化解。今年以来，湘潭市累计交办各类问题278个，完成率达到87%。

时间就是生命，项目更是如此。湘潭市建立重大项目实行挂图作战机制，成立湘潭市重点建设项目挂图作战指挥室，科学制定每一个项目"路线图"和"时间表"，对项目建设任务进行细化、量化，定时、定岗、定人、定责，明确月度投资计划和建设目标，按月进行调度和跟踪评价，确保项目建设按时推进。

截至 11 月，湘潭市全年计划推进的 249 个产业项目累计完成投资 464.2 亿元，占全市重点项目已完成投资的 83.1%，投资完成率为 84.6%，高出上年同期 12.6 个百分点。列入省"5 个 100"的吉利汽车技术改造升级项目等 8 个重大产业项目累计完成投资 78 亿元，完成年计划的 92.8%，投资完成率排名同类市州前列。

事项，已完成 7 项，其他 7 项有序推进，重点抓好了力促民营经济高质量发展改革，出台实施《关于促进民营经济高质量发展的实施意见》《湘潭市营造企业家健康成长环境弘扬优秀企业家精神更好发挥企业家作用的实施方案》《湘潭市优化营商环境 28 条措施》等文件，调研形成《湘潭市推进民营经济发展重点工作任务清单》，以湘潭市委督查室、市政府督查室名义进行交办，对落实情况实行"一月一调度"，精准破解该市民企经营过程中遇到的"堵点""痛点"问题。

2. 万事皆有法，一项项改革破除瓶颈

改革新突破，激活了一江春水。2019 年，湘潭市发改委牵头 14 项改革的同时，放宽市场准入，会同湘潭市商务局印发《关于做好〈市场准入负面清单（2018 年版）〉实施工作的通知》，指导协调各有关单位全面实施好市场准入负面清单制度。

争取国、省层面支持湘潭经开区申请放宽医疗器械注册审批权限。

此外，持续深化价格体制改革，继续落实省定一般工商业用电价格降价10%的目标，截至10月底，落实省定上述政策，共为企业减轻用电负担4371万元。落实国家燃气企业增值税率改革，预计每年可减轻非居民用户用气负担410万元。此外，湘潭市发改委牵头推进长株潭城市群信用奖惩联动，实现三市守信激励、失信惩戒名单共享，湘潭市城市信用排名稳居全省前列，营商环境进一步得到净化。

值得一提的是，今年湘潭市扩大投资项目承诺制实施范围，将园区民营企业纳入承诺制范围，为岳塘购电商大楼、湖南电化厚浦科技有限公司年产5000吨新能源材料生产线等园区产业项目审批按下了"快捷键"。同时园区体制机制改革成果丰硕，湘潭高新区创新创业机制改革试点、雨湖工业集中区市场化开发运营机制改革试点成功入选湖南省第一批产业园区体制机制创新试点园区名单。

湘潭市发改委园区办负责人介绍，市委、市政府制定《关于加快推进园区改革创新高质量发展十条措施》，在园区制造业高质量发展、园区功能布局优化、园区转型升级、提升园区承载能力、推进园区绿色发展、优化园区营商环境、加强园区要素保障、深化园区机制创新、园区财税体制改革、完善园区考评体系十个方面进行重点突破。对194项具体工作任务全部进行分解，交办到各园区、市直有关单位，按月进行调度分析。

湘潭市坚持"赋权强园"。今年在以往权力下放的基础上，对过去下放权力运行情况进行了全面、精准评估，根据产业发展需要，进一步向3个市管园区下放权力157项，向雨湖、岳塘区政府下放权力129项，向湘潭县、湘乡市、韶山市下放权力33项，确保了产业项目建设审批事项在园区形成"闭环"。

3. 守正兼创新，一个个园区争先进位

"栽得梧桐树，自有凤凰来。"园区是一棵棵枝繁叶茂的"梧桐树"。湘潭将园区打造成为产业项目建设主阵地，推进园区二次创业、争先进位、转型升级，该市园区以1.84%的市域面积，创造了全市75.9%的规模工业增加值、85%的高新技术产值、54.4%的财税收入。

湘潭市发改委制定实施《关于加快推进园区改革创新高质量发展十条措施》，召开推进园区改革创新高质量发展十条措施和"湘潭向北"发展政策新闻发布会，介绍了政策出台的背景，对主要内容进行了解读。制定《关于下达落实〈关于加快推进园区改革创新高质量发展十条措施〉工作任务的通知》，将194项工作任务，分解到各园区、县（市、区）和18个市直责任单位。

为了让改革举措落地，形成"闭环"，湘潭市发改委联合市委督查室、市政府督查室，对相关责任单位落实园区十条194项工作任务情况开展复核，形成并下发了《关于〈关于加快推进园区改革创新高质量发展十条措施〉落实情况的通报》。同时，市发改委协调解决园区困难问题，组织召开全市园区高质量大会，落实全市每个园区都有一名市领导联点，通过现场办公解决问题。湘潭市发改委相关负责人说："我委对每次调研中园区反映的困难和问题都建立了台账，采取'销号制'，来推动各项困难和问题的解决。顺利推进了天易经开区开展环保问题整改、湘乡经开区和韶山高新区的调区扩区、雨湖工业集中区申报省级高新技术开发区等多项工作。"

在市发改委的组织下，湘潭市吹响园区争先进位"冲锋号"，制定了《湘潭市 2019 年园区争先进位工作方案》，并将争先进位工作纳入全市园区绩效考核。2018 年度全省产业园区综合排名中，该市园区实现了较大幅度的进位，湘潭高新区进 43 位，天易经开区进 10 位，韶山高新区进 35 位，岳塘经开区进 17 位，雨湖工业集中区进 70 位。此外，湘潭市分国、省、市三级建立考核评价体系。把招商引资落地签约率、按时开工率、合同履约率、项目达产率、亩产贡献率、规模投资额等"五率一额"和生产总值增速、财政收入质量、规工增加值等 7 项经济指标作为考核重点，引导园区"争先进位""二次创业"。

2019 年，对于湘潭产业项目建设而言，是个丰收年。2019 年，湘潭成功获批国家战略性新兴产业集群；5 月，国务院办公厅印发《国务院办公厅关于对 2018 年落实有关重大政策措施真抓实干成效明显地方予以督查激励的通报》，对湘潭市战略性新兴产业工作进行表彰；湘潭完成了全市产业转型升级示范区建设推进，被国家评估为优秀；湘潭成功争取湘潭市岳塘区、雨湖工业集中区、湖南国防工业职业技术学院成为 2019 年湖南省双创示范基地；申报了 2 个国家级企业技术中心；预计 2019 年全市第三产业增加值达 1050 亿元，增长 7.5% 左右，在 GDP 中的占比达 47%。

湘潭市发改委主要负责人介绍，2020 年，湘潭市发改委将继续深入学习贯彻习近平新时代中国特色社会主义思想，按照市委、市政府的决策部署，以供给侧结构性改革为主线，按照高质量发展要求，加快湘潭市建设现代化经济体系，促进经济社会持续健康发展。突出抓好重大规划政策、重大项目建设、园区争先进位、产业转型升级、重大协调、社会民生实事、粮食安全管理等方面的工作。

（作者：曾佰龙、肖礼强、王熹）

2019 年 12 月 19 日

故园今朝更好看

—— 新中国成立 70 周年湘潭发展掠影

1949 年 8 月 9 日，老湘潭城沸腾了，一支解放军先遣队穿着土布衣军装，在群众簇拥中，由小东门入文庙东街，出学坪，经大埠桥进入市区，

解放军所过之处，"中国共产党万岁""中国人民解放军万岁"的欢呼声响彻云霄，这一天，毛主席的家乡湘潭迎来解放获得了新生。

弹指一挥间，70 年过去。沸腾声、欢呼声仿佛如昨，而伟人故里湘潭早已旧貌换新颜。湘江边，大型货轮的汽笛声响起，一批宽厚钢板正在码头装船，即将发往共建"一带一路"国家。逆湘江而上，竹埠港焕发新的生机，28 家化工企业关停退出后，这里正在建设的一个商贸新区，已高楼林立；继续北行，是横跨湘江的昭华大桥，大桥右侧的昭山风景宜人，左侧湘潭综合保税区在全省率先建设的海外仓格外忙碌，一条"网上丝绸之路"正在形成。

70 年，留下了大地印记，留下了光辉记忆，留下了成长轨迹，而更重要的是，留给了人们更多的梦想与希冀，如今的湘

潭，在习近平新时代中国特色社会主义思想指引下，贯彻落实省委省政府创新引领开放崛起战略，走进了朝气蓬勃的新时代，每一个湘潭人都成了追梦人。

1. 一头拓荒牛，从白手起家到可持续竞争力居全省前列

8月23日，湘潭经开区举行三季度重大项目集中签约，当天签约、开工、竣工、投产的项目总投资金额达到540亿元，刷新了历史纪录。湘潭经开区能有今天的发展，靠的是拼搏精神。

立在湘潭经开区管委会大门前的拓荒牛雕塑，给人一种拼搏进取的力量，这是一种能穿越时空、沟通未来的力量。

在"上无半片瓦，下无一桌一椅"的艰难条件下，大家借来了20万元，租下当地农民的一套住房作为办公场所，就这样开始了艰辛的创业历程。

一位早期来这里创业的"拓荒者"在回忆录中写道：

"以前到市区，仅有一条山间的砂石路。我带着孩子去卖凉薯，凌晨三四点就得起床，顶风冒雨走，经常摔跟头。现在可好了，宽敞的柏油路车来车往，孩子们带着我在家门口就可以坐高铁、城铁，去哪都方便！"

75岁的宾美其见证了湘潭经开区的发展。从荒山野岭到千亿园区，从"编外户"发展成为全国排名第38位的国家级经济技术开发区和经济总量全省排名第3位的园区，湘潭经开区以湘潭市2.7%的土地，创造了湘潭市20%的GDP、20%的税收、30%的技工贸总收入和40%的进出口额，创造了湘潭改革开放以来经济发展的奇迹。乘众人之智，则无不任；用众人之力，则无不胜。

经开区如此，湘潭更是如此。新中国成立初期，湘潭百废待兴，一穷二白，地区生产总值只有0.91亿元。经过近30年的发展，1978年，湘潭地区生产总值达10.45亿元。改革开放后，湘潭发展进入加速期，尤其是党的十八大以来，随着国家"一带一路"倡议、省创新引领开放崛起战略实施，以及长株潭两型社会建设、长株潭自主创新示范区的深入推进，湘潭经济总量不断跃上新台阶。1978年湘潭全年的地区生产总值，仅相当于2009年6天、2018年2天创造的经济总量。

近期公布的《2018年中国城市竞争力报告》显示，湘潭的经济竞争力在全国293个城市中排名第82位，居湖南省第3位；可持续竞争力、宜居竞争力、宜商竞争力在全国均排名70余位，居全省第2位。湘潭在蜕变。

2. 一根钢丝绳，从老工业基地到"一谷三城"的产业梦

8月20日，湘潭工业战线传来一个重磅消息：湘钢80公斤级水电用钢首次批量接单，这种特殊钢材创下了水电用钢厚度、高厚径比两项世界之最。湘潭是国家"一五"时期部署的老工业基地，湘钢是当时布局的重点大型钢铁企业。

60多年前，24岁的梁广栋与其他怀揣强国梦想的青年一道，从祖国四面八方来到湘潭，立志在这里建设一座雄伟的钢城。尽管当年"厂区还是一片平地，除了几栋宿舍和集体宿舍改成的办公楼外，什么都没有"，但他们"抢晴天、战雨天"，提前4个月试生产，在简陋的厂房里捻制出了第一根直径18.5毫米、长度500米的钢丝绳。这根钢丝绳对湘潭来说具有划时代的意义。从"江南一枝花"线材产品到拥有线材、棒材、板材三大类400多个品种,如今的湘钢,不仅成为全球产能规模最大的宽厚板生产基地,还是多个钢材细分领域的"隐形冠军",频频亮相海内外"超级工程"。

窥一斑而知全豹,伴随着湘钢的成长,湘潭的产业也越做越强。1949年,湘潭工业总产值仅有0.19亿元。1978年,靠着53.7万口铁锅、1000台电风扇等工业粗加工产品"支撑",全市规模工业总产值达到16亿元。改革开放的春风拂来,湘潭工业迈入快速发展期:1995年总产值突破百亿元大关;2008年跨入千亿元行列;2017年达3517亿元,较1978年增长了约219倍。俯身深耕,改变湘潭。

近年来,湘潭在坚持"工业立市、工业强市、工业兴市"战略的基础上,加速产业转型,加快新旧动能转换,新崛起了"一谷三城"——智造谷、军工城、汽车城、文创城,新构筑起了"1+4"(智能装备制造和汽车及零部件、食品医药、新材料、新一代信息技术)产业体系。其中,"1+4"重点产业占全市工业比重超过70%,老工业基地焕发第二青春。

从港珠澳大桥到北极亚马尔石油项目,从太空航天"脐带电缆"到"井下蛟龙",从共建"一带一路"国家"超级工程"项目到非洲海岸线上竖起的"大国装备","湘潭智造"正惊艳世界,走向全球。

今年,国家发改委、科技部等联合印发首批产业转型升级示范区2018年建设进展评估通报,其中,湘潭产业转型升级示范区建设获评"全国优秀"。创新引领,开放崛起,湘潭顺势而为，乘势而上，正大步迈进新时代。

3. 一个小山坳从贫穷落后到人均 GDP 连续 8 年全省第二

"韶山冲，冲连冲，十户人家九户穷；有女莫嫁韶山冲，红薯柴棍度一生。"昔日，人们用这首民谣来形容湘潭韶山。新中国成立后，韶山作为毛主席的故乡，同全国各地一样迎来了新生，发生了翻天覆地的变化。改革开放的春风吹来，韶山人民迈开了新的步伐，追赶时代的大潮。

1984 年，家离毛泽东故居仅一塘之隔的汤瑞仁开始自己做生意，成了韶山冲这个小山坳里第一个"下海"的人。"当时我花 7 角钱买了一斤白糖、1 元钱买了两斤绿豆，柴火自己砍，大米自己种，开始卖稀饭。"3 年后，靠着 1.7 元钱起家的汤瑞仁，开起了毛家饭店。30 年后，300 余家毛家饭店分店遍布全国。近年来，汤瑞仁累计资助贫困家庭学生 4500 余人，安排下岗职工再就业 3 万余人，带动 1 万余户种养专业户增收致富。

新中国成立 70 年来，韶山人艰苦奋斗，开拓进取，用双手改变了家乡面貌，让韶山冲从偏僻落后的"小山坳"变成全省首个县级"全国文明城市"、中国著名红色旅游胜地，并向"世界旅游目的地"奋进。韶山的巨变只是湘潭市 70 年来翻天覆地变化的一个缩影。2018 年，湘潭人均地区生产总值达75609 元，分别是 1949 年、1978 年、2008 年的 1200 倍、159倍、3 倍。湘潭的人均 GDP 已连续 8 年仅次于长沙，排在全省第 2 位。从百姓的"钱袋子"来看，湘潭城市居民人均可支配收入从 1986 年的 885 元提高到 2018 年的 36866 元，32 年间增长逾 40 倍；农村居民人均可支配收入从 2000 年的 2559 元提高到 2018 年的 19408 元，18 年间增长 6.6 倍。

今年上半年，全市共保障城乡低保对象 58181 人，发放保障金 1.08 亿元；新增就业 3.41 万人，城镇失业登记率控制在 3.5% 以内。截至 6 月底，全市已脱贫 35918 户 98776 人。民生红利不断释放，绿色生态一片盎然。

近年来，湘潭市大力整治生态环境，深入推进湘江保护与治理"一号重点工程"，竹埠港工业区成为湘江流域首个实现化工企业全关闭的重金属污染治理重点区域，城市污水处理率达 92.5%，湘江湘潭段水质常年稳定在三类，全市森林覆盖率达 46.31%。徜徉在湘潭的大街小巷，"九纵九横""成环成网成片"的路网结构，让城市通行更加高效；林立的楼宇、繁华的城市综合体，为城市增添无穷活力；一江两岸、新城与古街交相呼应，仿佛述说着"岸花飞送客，樯燕语留人"的故事。乡野里，一幅幅水墨画正徐徐展开，青山绿水、名人故居、特色小镇、花海乐园，吸引着无数人的眼球。一个宜业宜居的滨江新城正迅速崛起。

奋斗当橡笔，装点我湘潭；

今朝更好看，明日更可期！

（作者：徐荣、曾佰龙、肖畅）

2019 年 9 月 5 日

让湘潭在新时代浩荡前行

1949 年 8 月，也是在这朗朗秋日，湘潭解放了，命运从此掌握在人民的手中。10 年后的盛夏，毛主席回到了阔别 32 年的故园，写下"为有牺牲多壮志，敢教日月换新天"的诗篇，鼓舞大家奋勇向前。285 万湘潭儿女斗志昂扬，投身社会主义建设中，让"故园"换了新天。

长风八万里，转瞬七十年。70 年艰难前行，我们经历了从计划经济到市场经济、从农村改革到全面深化改革、从基本温饱到全面小康、从内陆封闭到全方位开放、从站起来到富起来再到强起来的伟大历程。勤劳的湘潭人民高举中国特色社会主义伟大旗帜，信心满满地走在改革开放的前列，使一穷二白的湘潭发生了沧桑巨变。70 年奋斗追逐，我们实现了从"老湘潭"到"大美湘潭"的跨越，从工业基地到产业新城的跨越，从积弱积贫到全面建成小康的跨越。

俱往矣，峥嵘岁月，向未来，梦在前方。今天，我们正逐步实现"伟人故里、大美湘潭"的奋斗目标。我们比历史上任何时期都要接近我们的梦想。湘潭正处在大发展、大跨越的关键时期，我们将坚定信心抓改革、谋发展，克服各种艰难险阻，朝着共同的目标奋斗，在创新引领开放崛起战略之中，打造创新开放的新高地。

在新时代浩荡前行，我们有自己的优势，那就是支撑湘潭未来发展的"四梁八柱"。"四梁"是"一谷三城"建设，"八柱"是"八大支撑体系"。

如今"一谷三城"（智造谷、汽车城、军工城、文创城）积累了雄厚实力，代表先进智造水平的湘电风能将风力发电机树立在了非洲海岸，湘钢智造产品参与了十几个国家"超级工程"；汽车产业"龙头"吉利汽车产值已超百亿元；全市具有军工科研生产资质或配套资质企业达19家，协作配套企业112家；湘潭今年有13件文创作品亮相中国文博会，昭山示范区还要创建国家级文化产业示范园。

我们有国家战略支撑、良好空间支撑、立体交通支撑、扎实产业支撑，再加上人口支撑、优势科教支撑、宽广平台支撑、厚重人文支撑，这"八大支撑"共同撑起大美宜居湘潭建设，撑起湘潭的核心竞争力。湘潭地处全国"两型"社会综改试验区、长株潭（国家）自主创新示范区核心，获得全国科技进步先进城市、全国知识产权示范城市、全国文明城市、中国优秀旅游城市、国家园林城市、国家森林城市等一系列国家战略支撑。

我们是"一带一部"核心增长点、长株潭一体化重要组成部分，湘潭全域均处于长江经济带范畴，空间支撑起来的价值不可估量。我们是湖南融入长三角、泛珠三角的前沿重镇，紧邻长沙黄花机场，普铁、高铁、城铁路网健全，坐拥7条高速公路，三千吨货轮通江达海，已经成为中部地区"海陆空铁"齐备的立体式交通枢纽。交通的支撑正在扩大湘潭的"经济圈"和"朋友圈"。我们还有人口支撑和科教支撑。目前湘潭市人口 285 万人，城市化水平达到 63.1%，随着一体化进程加快推进，湘潭正加快从人口流出地转为人口流入地。湘潭地处湘江西岸大学走廊核心部位，拥有湘潭大学、湖南科技大学等13 所高等院校、13 家博士后工作站和流动站、6 家国家级重点实验室、6 家国家级企业技术中心，拥有 30 万名成熟产业工人和 16 万名在校大学生。

我们还有产业支撑、平台支撑和人文支撑。湘潭是全国重要的工业基地，优势产业贡献了全市规模工业增加值的 70% 以上；平台有湘潭高新区、湘潭经开区、湘潭综合保税区 3 个国家级园区，还有 15 家院士工作站、全省首家产业创新研究院等高端创新平台，以及一大批国家级、省级企业孵化器。人文支撑是最大的软实力，湘潭历来有重文重教、重商重工的优良传统，创造过"小南京""金湘潭"的辉煌历史。

知湘潭者，知其有名满天下的湘军、源远流长的湖湘学派；知其是一代伟人毛主席的家乡，是举世闻名的红色圣地，是我们党初心出发的重要发源地。至湘潭者，能感受到湘潭蕴藏着蓬勃的朝气和无穷的活力。面向未来，我们将以习近平新时代中国特色社会主义思想为指引，不忘初心、牢记使命，团结拼搏、苦干实干，加快建设富裕湘潭、法制湘潭、幸福湘潭、文化湘潭、美丽湘潭。让我们一起携手，在新时代浩荡前行。

（作者：曹炳芳、张迎春）

2019 年 9 月 5 日

第四编

从区层看发展

中流击水　逐梦湘江

——湖南湘江新区全面深化改革开放的生动实践

每次到河西，61 岁的吕章建总喜欢摇下车窗，看道路两旁的摩天高楼、现代工厂向车后掠去。"就像当初襁褓里的婴儿，转眼就长成活力满满的孩子，看着就让人欢喜！"

湘江长沙段，橘子洲西，一片 1200 平方公里的热土是湖南湘江新区。

已从省发改委退休的吕章建，见证了这个孩子的呱呱坠地——2015 年 4 月 8 日，国务院批准设立国家级湖南湘江新区。从此，"湘江新区"这四个字，悄声潜入古城长沙每个人的心里。

山清水秀、产兴人旺、现代繁华，3 年时间，湘江新区站立潮头，带着"改革开放"的基因，一路奋进，一路高歌，谱写出攻坚克难、实干担当的时代篇章。

1. 应时而生：一个国家战略

任何辉煌的今天，都是历史造就的。

湘江新区以湘江母亲河为名，前身是作为两型社会综合配套改革试验区探索的长沙大河西先导区，包括岳麓区、望城区、宁乡市 3 个区（市）和长沙高新区、宁乡经开区、望城经开区、宁乡高新区、岳麓高新区 5 个园区，面积约占省会长沙的 1/10。

河东河西，一江之隔。但在开发开放前，湘江新区是大片农田和极少数工业，与河东的繁华都市形成鲜明对比。

相关数据显示，21 世纪初期，长沙河东建成城区以 48.19% 的土地集中了 72% 的人口和 74% 的就业岗位，城市中心承载力早已难堪负荷，经济发展增速也相对滞后，GDP 始终徘徊在省会城市中游。

城市发展到了一定阶段，就要拓展新的发展空间。2008 年，在省委、省政府关怀指导下，长沙决策者科学谋划，将目光投向潜力巨大的广袤河西，于"空白"处谋发展，开启了"沿江建设、跨江发展、一江两岸、比翼齐飞"的新纪元。

一个善于审时度势的区域，发展的脚步总是与时代前进的足音同频共振。

湖南的改革开放如何布局，一直牵动着中央领导的心。2013 年 11 月，习近平总书记赴湘考察时发表重要讲话，对湖南作出"一带一部"战略新定位。

天时、地利、人和！省委、省政府迅速启动国家级新区的申报工作。2015 年 4 月，一纸文件从国务院飞出，开发开放湘江新区上升为国家战略。

从申报到最终获批，不足一年时间，湘江新区跻身"国家队"创造了前所未有的高速和高效。

开发开放湘江西岸，是中央在改革开放和推进实施"一带一路"倡议、长江经济带战略关键时期作出的一项重大战略决策，意义非比寻常。

——一个新平台。湘江新区有着得天独厚的区位优势，承东启西、接南转北，战略地位突出。其上升为国家战略，显示了中国坚定不移推进改革开放的决心和信心，推动改革开放布局由东部向中西部内陆地区、由沿海向沿江地区梯度转移，有利于构建产业承接和要素集聚的新平台。

——一个增长极。相较发达地区，中部地区不仅缺少强有力的增长动力引擎，而且开放的程度和水平偏低。布局建设湘江新区，弥补了湖南核心增长极和对外开放门户的空缺，更推动长沙在更高起点上融入"一带一路"和长江经济带等国家战略，有利于打造长江中游城市群核心增长极。

——一个新支点。湘江新区开发开放，为长沙打开了城市发展空间，优化了产业布局，增强了城市综合功能，有力推动了长沙由传统制造业城市向经济中心城市升级，成为带动区域经济协同发展的龙头，有利于培育沿江开发开放新支点。

——一块试验田。湘江新区开发开放的意义在于窗口作用、示范意义，在于敢闯敢试、先行先试，在于排头兵、试验田的作用。通过大胆试、大胆闯、自主改，湘江新区形成了一系列可复制可推广的制度创新成果，有利于为两型社会综合配套改革探索新路、积累经验。

紧跟中央和省市部署，湘江新区以逢山开路、遇水架桥的决心和勇气，自我加压，求新求变，汇聚起发展的澎湃动力！

2. 先行先试：一次城市变局

城市的嬗变，佐证着改革创新的威力。

40 年前，从河东望河西：低矮的房子，阡陌的农田。"宁要河东一张床，不要河西一间房"，是当时长沙人对河西的注脚。

40 年后，河西焕然一新：滨江金融商贾云集，洋湖总部巨头汇聚，梅溪湖生态宜居，大王山日新月异，产业园区方兴未艾。"三十年河东，四十年河西"，是如今长沙人给新区的赞叹。

这里，是湘江新区先行先试、改革创新的试验田，是长沙、湖南甚至中部地区对外开放的一扇窗。

城市格局的改变不可能一蹴而就。获批的 3 年间，承载"三区一高地"国家战略使命的湘江新区，高质量发展的特质不断彰显。

17 条含金量高的支持政策落地开花，空间发展战略规划、产业发展规划、生态环境保护规划等 10 余个专项规划先后出台，管理体制、多规合一、产城融合、投融资等"十大改革"措施强势推进，简政放权、综合管廊、智慧城市、绿色生态示范城区等创新探索紧锣密鼓。

从顶层设计到简政放权，从空间布局到产业规划，从生态保护到城乡统筹，主要领域"四梁八柱"的改革创新全面铺开，硕果累累。

改革已成为新区的使命，创新已融入新区的灵魂。

创新，首先从开发管理模式开始。

立足经济功能区定位，湘江新区推进全域统筹融合。具体来讲，就是不动行政体制，以资本和基金为纽带，加大新区财政对重大产业项目的投入，发挥新区产业基金作用，与辖区内3个区市、5个园区结成更加紧密的发展共同体、利益共同体。这种灵活高效的"湘江开发模式"，将新区管委会与各区市、园区的摩擦降到最低，既整合了资源，又保证了开发速度。

促进经济转型升级、打造区域经济"升级版"，是国家级新区的重要使命。在新旧动能转换风起云涌的当下，创新在湘江新区的产业发展上也体现得淋漓尽致。

其实，早在2015年获批创建之初，实现高质量发展的目标，就如一粒种子，种进了所有新区建设者的心中，在历任管理者手中传递。

以改革创新为抓手，湘江新区坚持项目为王、产业为重、人才为本，着力推进质量、效率、动力三大变革。通过"创新链+产业链+资金链+政策链+人才链"融合发展，进一步提升区域价值链，构建起实体经济、科技创新、现代金融、人力资源协同发展的新区现代经济体系。

高端装备与人工智能产业崛起千亿产业集群；先进储能材料产业使之正成为中国"储能材料之都"；信息终端、3D打印和工业机器人产业分别引进龙头企业；以智能系统测试区为依托，全国乃至全球智能网联汽车创新及产业化高地"湘江智谷"即将形成；湖南金融中心金融机构云集，湘江基金小镇基金管理规模逼近2000亿元。

值得一提的是，近年来，湘江新区着力破除束缚经济发展的体制障碍，积极布局前沿产业、参与全球产业链。

11月28日，开园仅6个多月的湘江新区智能系统测试区获工信部认可，获批"国家智能网联汽车（长沙）测试区"，再次捧回一块"国字号"招牌。智能网联汽车产业链建设取得明显成效，已逐步成为引领新区新旧动能转换和高质量发展的有力支撑。

今年前三季度，湘江新区全域已集聚智能网联汽车产业重点企业191家，其中，算法、芯片、大数据、传感器等基础层企业152家，技术层和应用层企业39家，共完成产值104.6亿元，同比增长16.7%。

3年来，围绕建链、强链、补链、延链，湘江新区引领湖南产业转型升级的主战场"火力全开"。2017年，区域地区生产总值从成立之前的970亿元增加到2208.85亿元，增长了1.3倍。

产业发展凯歌高旋，不仅是优质营商环境的体现，也是宜居宜业环境的引力。

"去梅溪湖大剧院看音乐剧""李自健美术馆又有新画展了""到华谊电影小镇去逛逛"。每逢周末或节假日，无论是长沙市民，还是外地游客，都纷纷相邀结伴拥入湘江新区。昔日的滩涂、阡陌蝶变成星城休闲游玩的首选地。

在湘江新区，随着建设的加速推进，蝶变故事不断上演。"高铁+航空+高速+过江隧道"交通网建设并驾齐驱，梅溪湖、洋湖等生态新城一步一景，艺术中心、美术馆、旅游度假区等文化设施项目拔地而起；网格化、规范化、精细化管理正延伸覆盖每个项目、每个角落；安全指数、文明程度、居民幸福感不断提升。产城融合、智慧升级、"海绵城市"，在探寻城市建设的路途上，湘江新区的脚步从未停歇。

从湘江畔的杜甫江阁眺望过去，湖南金融中心的几幢摩天大楼，勾勒出优美的城市天际线。

产业、资本、人气不断向这里集聚，一座拥有国际化胸怀、改革开放风貌的时代新城，崛起在湘江西岸！

3. 开发开放：一方创新高地

开放，是内陆城市超越自我、走向世界的通行证，更是湘江新区加速发展的强力引擎。

"进一步打造开放平台，以湖南湘江新区、东部开放型经济走廊为依托，构建'大通道、大通关、大平台'开放体系。"作为"一带一路"重要节点城市，长沙将加快"引进来、走出去"步伐的重担，落在了新区肩上。

"这是一个令人着迷的城市！"今年 10 月，德国客商克里斯蒂安·勃兰特随德国经贸合作对接代表团参观新区后，发出这样的感慨。仅这次对接会上，就有 6 家德国企业与新区达成初步合作意向。

3 年开发开放，越来越多的国家、地区向新区伸出"橄榄枝"，中信戴卡、伟创立、大陆集团等世界 500 强企业纷纷落户、增资扩产；与此同时，新区高端制造、电子信息、移动互联网等优势产业，也纷纷走出湖南、走向世界。

快速提升的还有发展理念。"湘江新区真是雷厉风行！"前不久，百度集团与长沙市、湘江新区合作共建"自动驾驶与车路协同创新示范城市"，对新区的靠前服务和高效务实赞不绝口。据悉，新区先后与百度互访洽谈近 20 次，从接触到签约落地仅用了 3 个月。

"服务也是生产力""为投资者提供便利"，正是这种发展理念的转变，使地缘和先发上都不占优势的湘江新区，频频赢得智能网联汽车企业的青睐。

今年以来，桑德新能源汽车、中国长城总部基地等 6 个项目开工建设；百度、大陆、京东、酷哇等 24 个项目签约落地；还有 20 余个项目正紧密洽谈。新区智能网联汽车产业的朋友圈越做越大，开放的脚步越走越快。

欲登高而远眺，人才举足轻重。

"谁拥有了创新创业的人才，谁就掌握了创新发展的主动权。"获批以来，湘江新区以建设国家双创示范基地为契机，先后出台《创新创业人才奖励扶持办法》《双创平台建设的若干意见》，补充、完善、细化长沙人才新政 22 条，通过突出创新、创业、创投"三创联动"，强化产业链、创新链、资金链、人才链"四链协同"，打造"一核一圈多点"的双创空间布局和创新创业生态圈，引来每年数以万计的青年人才逐梦湘江，与新区构建梦想共同体。

今年 5 月 23 日，中南大学科技园（研发）总部开园，标志着湘江新区校地合作的深度、广度进一步拓展。不久后，中南大学冶金与环境学院副院长赵中伟和他的团队便用"黑科技"，将青海格尔木东台吉乃尔盐湖的高镁锂比卤水，净化成优质的南美盐湖卤水。这项或将改写世界锂产品产能的原创颠覆性技术，以 1.048 亿元的高价，就地"转"出落户中南大学科技园（研发）总部。

"正是新区对创新创业的引导扶持，让更多的科创人才留在长沙、扎根湖南。"中南大学科技园（研发）总部一负责人介绍，目前已有 95 家企业落户，涵盖新一代信息技术、高端装备制造、新材料等战略性新兴产业领域。

这只是湘江新区创新创业平台的冰山一角。

58 众创、百度创新中心、"柳枝行动"众创空间等众创平台，国家超级计算长沙中心、长沙智能制造研究总院、长沙智能机器人研究院等未来产业创新平台，湖南移动互联网产业基地、中电软件园、湖南省大学科技产业园等专业产业创新园区，如雨后春笋，在新区迅速兴起。

截至 2017 年底，新区共有各类创新创业服务平台近 500 个，其中各类众创服务平台 60 余个、使用面积超 180 万平方米，创新研发和服务平台 400 余个，包含 120 余个国家级技术创新平台。

尤其是今年以来，湘江新区一方面以建设岳麓山国家大学科技城为引领，突出区校合作，加快科技成果转化落地；另一方面依托建设湖南金融中心，推动科技和普惠金融支撑，"政产学研金"高效联动。仅"智汇湘江·科创新区"11 场科技成果转化项目路演就累计对接基金机构 160 家，达成投资合作意向超 17.45 亿元。

10 月 29 日，天仪研究院一群年轻人自主研制的四颗卫星在酒泉卫星发射中心成功发射，这是该院继成功研制和发射我国首颗商业化科学实验卫星"潇湘一号"后的第四次发射任务。而这个"全国第一",从设计到研制、发射,仅用了破世界纪录的不到一年时间。其背后,正是新区产业发展基金的金融之手在无声推动。

水积而鱼聚,木茂而鸟集。一个个梦想的碰撞和实践,带来无数创业"天使";一只只"领头雁"的扎根和成长,引发产业高地裂变。

1~10月,新增市场主体4.1万余个,注册企业2.4万余家,同比增长近50%;"五大园区"集聚各类人才近30万人,拥有国家"千人计划"专家20余名、海归创新创业人才5000余名、博士后等高端人才140余名、北上广深地区赴湘人才2500余名;博云新材、华曙高科、宏雅基因、哈药慈航等科技企业,增材制造、移动互联网、自主可控及信息安全、航空航天(含北斗)等优势产业链蓬勃发展。

一批能够突破关键技术、发展高新产业、带动创新创业的科技型人才和企业,让湖南乃至中国有了追赶世界科技最前沿的可能。

曾经荒凉之地走出的改革精神、开放胸襟、创新魄力,已成为湘江之滨这片开发开放新高地的血脉和基因。

4. 笃志前行:一场中部崛起

东方欲晓,莫道君行早。

改革开放的大潮中,历史的车轮穿过世纪的风云一路奔驰。对于肩负国家使命的湘江新区而言,时间尤显匆匆。

面对新的征程,展望未来远景,湘江新区的决策者更加理性，更加缜密。

今年伊始，湘江新区定下新的目标：围绕"一体两翼三个走在前列"重点发力，以实体经济为支撑，以统融发展为抓手，干在实处、走在前列，走出一条湖湘特色鲜明、产业高端高新、引领美好生活的经济功能区转型创新融合发展之路！

崛起，源于改革创新！崛起，源于使命担当！湘江新区以一个全新的起点，吹响了新时代改革开放再出发的进军号角。

推动质量发展。统筹考虑经济、生态、社会等综合效益以及片区开发平衡，围绕研发投入占比、产业投资占比、生态文明建设支出占比、高新技术产业增速、市场主体增速等开展"亩产"效益评价，积极制定推广城市设计、土地利用控制等标准体系，加快建立形成推动高质量发展的指标体系、标准体系、政策体系、统计体系和考核评价体系，为充分发挥"湘江质量"引领示范作用提供有力支撑。

促进科技创新。一方面，统筹推进国家自主创新示范区、国家双创示范基地建设，抓好岳麓山国家大学科技城、湘江智谷等重大创新载体建设，着力引进发展高端研发机构，加快将湘江新区打造成为创新引领的示范区和排头兵。另一方面，积极探索"基金＋基地"建设模式，大力培育发展科技金融，积极争取普惠金融试点，推进知识产权综合管理改革试点，推动创新链与产业链、资金链、人才链、政策链互促共赢发展。

振兴实体经济。继续实施"招商引资一号工程"和"优势新兴产业链行动计划"，建立健全"5个100"项目协调推进、要素服务、项目服务等机制，抓好新经济应用示范场景建设，出台落实促进智能网联汽车、高技术服务业、总部经济、互联网等产业发展的支持政策，打造全国领先的高端制造业和高技术服务业集聚区。推进引才育才用才制度改革，实施全生命周期土地供应管理制度，推进投融资体制改革，积极稳妥化解地方债务风险，打造"新区系基金"，为实体经济发展提供高效资源要素支撑。

优化营商环境。深入推进"放管服"改革，进一步精简行政审批事项，完善行政审批事中事后监管措施，加强以"一网、一单、一窗、一端、一库、一档"为主体的"六个一"政务服务体系建设，加快智慧新区建设，实现"最多跑一次""不见面审批"。探索建立集成化行政执法监督体系，用好省、市下放的开发建设权限，进一步优化新区管理运行机制。

生态文明建设。深入实施生态优先规划机制、多元化自然资源产权化机制，继续推进以流域保护为重点、以涉农行政村为受偿还主体的综合性生态补偿试点，探索推行"河长制""湖长制""山长制"，开展绿色出行、绿色市政、绿色建筑、海绵城市、分布式可再生能源、重金属污染治理等试点示范，坚决打赢蓝天保卫战、碧水保卫战、净土保卫战，打造全国绿色发展范本。

不谋全局不足以谋一域，不谋大势不足以谋一时。

获批3年，湘江新区在19个国家级新区的竞赛中，跑出了经济总量第八、经济增速第五、产出强度第六的佳绩，发展规模和质量雄视中西部。

　　湘江之变，是"新常态"下长沙乃至湖南发展的缩影，亦为中国经济转型升级的一个绝佳范本。

　　中流击水，奋楫者进。迎着改革开放的长风，湘江新区正以更高的起点、更宽的视野、更大的气魄，上下求索、闯关夺隘，挺起中部崛起的脊梁！

（作者：王晗）

2018 年 12 月 3 日

雨花经开区：
当好"店小二"，高端"智造"正扬帆

冬日的长沙，依然有着江南的葱翠。沿着万家丽路往南，现代化的工业建筑园与湖光山色交相辉映。这里是长沙雨花经开区。

连续两年位列全省省级园区综合评价首位，连续3年在长沙市重大产业项目观摩中排名中心城区第一。拿第一不易，连续保持第一更不易。

在这里，很多人自豪地说："制造业是咱的当家优势，高端智造产业集聚是高质量发展的密码。"

这底气，来源于历史的沉淀和布局——引进的比亚迪汽车项目是2009年全省最大的工业项目；率先打造湖南省首个机器人产业集聚区；引进和打造全市首个园中园工业地产项目；别出心裁建设长沙创新设计产业园，从工业设计方面"激活"工业基因。

这底气，来源于今天的精明增长理念——"抓"产业链不同于"抓"基础建设，要有定力和耐力，避免急功近利，避免"东张西望"；"抓"产业链要用产业思维，要学会算长远账、算产业生态账。"精准""舍得"这是其核心产业链思维。

这底气，更源于放眼未来的上下求索——中部地区崛起工作，要推动制造业高质量发展，习近平总书记的殷殷嘱托，言犹在耳。湖南省委、省政府团结带领广大干部群众，贯彻落实中央决策部署；长沙市深刻领会，实施"新旧动能转换工程""科技创新引领工程""营商环境优化工程"等七大工程。雨花大地，延"链"、聚"群"、连"带"，掀起高端智造发展浪潮。

2019 年，雨花经开区交出亮眼"成绩单"——预计完成规模工业总产值 372 亿元，同比增长 11.5%。

我们走进雨花经开区，感受其澎湃动力。

1. 保持定力："舍得"与"不舍"，折射理念之光

都说雨花区地很多。诚然，从城区往南远眺，雨花经开区怀抱同升湖，头枕跳马镇，一弯绕一弯，既有青山绿水作伴，又与高铁、机场为邻。

地多且地段好，以地换钱，GDP 数据岂不更"漂亮"？雨花经开区坚决拒绝。2013 年以来，雨花经开区提出聚焦智能制造，发展机器人；其后，把新能源汽车及零配件、人工智能机器人及传感器作为"一主一特"产业链，精准发力。

在很长一段时间，雨花经开区的招商显得"谨慎"而"缓慢"。

有人不解发问："雨花经开区为什么这么不舍得土地？"疑问的背后来自一个个被婉拒的项目：项目投资大、体量大，企业找上门为什么要拒绝？雨花区经开区有自己的一本账："不符合产业链方向的不要，不符合绿色发展理念的不要，要就要尖端技术，要就要价值链高端环节。"雨花经开区主要负责人的一席话，道出"挑剔"的原因。

也有人夸："雨花经开区，真舍得！舍得投钱、愿意做'陪跑'。"赞扬的背后是一个个"隐形冠军""单打冠军"的入驻。有些项目虽不是"高大全"，却是产业链的关键环节，"小而特""小而优""小而精"，关乎产业方向，关乎未来市场。对于这样的企业，即便还处在成长期，即便产值不"耀眼"，雨花经开区却积极争取、为其"开绿灯"。

深圳大族激光集团落子长沙，是雨花经开区的"力作"。

2014年，大族激光是我国激光设备占有率第一、世界激光企业第二位的企业，雨花经开区招商团队"一眼相中"。但大族激光那时并没有合作意向。前后4年时间，雨花经开区始终没有放弃，终于在2018年9月，把大族激光"娶"进来。

单看目前的产值，园区看"走眼"了吗？答案是否定的。

雨花经开区看中的是大族激光带来的"蜂王"效应——蜂王起舞，大小蜜蜂环绕其中，形成独特的产业"磁场"。因为大族激光的入驻，8家产业链上下游企业纷纷在雨花经开区抢滩，同时还有一批企业正在洽谈入园。今年1月，大族激光更是捧回"国家科学技术奖"，从侧面印证其实力。

用4年引进企业，用37天助力企业投产，从雨花经开区这一"慢"一"快"的对比，我们或许能感知到它抓产业链思维的心态：不急功近利，不焦躁浮夸，相反，有着久久为功的坚韧和"建功必须有我"的担当。

"抓产业，不折腾，不片面追求立竿见影。我们欢迎更多的像大族激光一样的企业入驻，我们也愿意花较长的时间来培育、来扶持。"雨花经开区负责人语气坚定。

2. 挖掘潜力：大数据赋能，智造"先人一步"

轴承产能过剩的行业背景下，客户还排着队下单？雨花经开区辖区龙头企业湖南申亿五金有限公司（简称申亿）做到了。

不仅做到了在同类型产品上遥遥领先，申亿甚至做成了行业标准的"制定者"。今年1月，由申亿参与建设的国家工业标准基础数据库平台，在经过验收后对企业开放。申亿负责该平台高档数控机床等重点领域，涵盖紧固件、弹簧、联轴器、齿轮、轴承类基础零部件的数据资料。依托该库，企业和用户可在第一时间找到与之对应的产品，数据库还打造了可视三维模型，实现了虚拟产品数字化。

实现从做产品到订行标的飞跃，没有30年来的经济积累不行，没有企业数据资源的建立不行。"大数据、物联网与制造业结合日益紧密，成为企业发展方式的转换器、产业升级的助推器。"该公司负责人王凯波说。

今天的申亿，早已不满足"传统制造商"的定位，它还在积蓄力量向"服务性制造"转型。它正在打造标准件服务供应链平台，依托"互联网＋"所建立的信息、物流、技术、电商、传媒及会员六大体系，为客户提供增值服务。

在雨花经开区，一大批制造企业向服务领域延伸，各显神通。中南智能装备有限公司（简称中南智能）推出"数字孪生"系统，为智能装备行业提供解决方案；大族激光携手华制智能和腾讯科技共建"工业云"，将大族激光数万套设备运行数据互联互通；唐智科技湖南公司创建"机械设备健康管理与智慧运维信息服务"工程中心，为企业做"体检"服务。腾"云"驾"物"，专业性强，投资大，既靠企业自身努力，更需要园区"推波助澜"。

好政策陆续出台——2019年7月，雨花经开区率全省园区之先，出台一揽子政策建设智慧园区，拿出1亿元的专项资金，打造智能工厂、智慧物业、智慧物流等九大应用场景；成立50亿元产业投资基金，加大对产业链核心企业的投入，进行提前布局；设立两只以500万元为单位的风险补偿基金，撬动银行向辖区小微企业发放约1亿元的贷款；投入200万元，对知识产权托管企业、知识产权示范企业进行补贴和扶持。

好成绩纷至沓来——雨花经开区获评全省商务工作先进园区、全省外贸先进单位；中国（长沙）创新设计产业园入选第三批湖南省服务业示范集聚区；中南智能获批国家重点研发计划智能机器人专项、工业互联网创新发展工程、工信部制造业双创平台；中国轻工长沙公司、长泰智能入围国家"2019年绿色制造系统解决方案供应商"专项；雨花经开区获长沙市人工智能产业示范园区，园区企业获长沙市级智能制造试点项目42个、省级智能制造示范项目（车间）3个。

2019年，雨花经开区新能源汽车及零配件产业链预计实现产值320亿元，增长9%；人工智能机器人及传感器产业链实现营业收入102亿元，增长27%，其中长步道增长24%、菲尔斯特增长 34%、可孚智能医疗增长 364% 等。

3. 凝聚活力：甘当"店小二"，提升企业获得感

八载光阴，雨花经开区初步完成了产业链布局，培育是其当前工作重心。对企业的培育，雨花经开区早已摆脱了旧思维。过去，很多工业园区对企业的引进与培育，拼的是土地价格、水电气价格、每年的产业扶持和补贴政策。

这些企业当然关心，但光有这些还远远不够。企业更看重的是市场的扩展，以及产业生态环境。

企业的关注点便是雨花经开区的发力点。培育高端智能制造，雨花经开区甘当"店小二"。"不叫不到、随叫随到、服务周到、说到做到"的"店小二"精神，已成为雨花经开人的行为准则。

这个"店小二"思路活。针对企业关注的市场扩展，雨花经开区多方奔走，积极为辖区企业对接资源。雨花经开区主要负责同志，更是当起"超级推销员"。在省市会议上，在大小会议上，在多个展会上，他们积极为企业做"代言""穿针引线"。目前，中南智能与辖区比亚迪企业签下 7000 余万元的合作大单；大族激光更是与中联重科、蓝思科技等本土企业"强强联手"，共拓发展版图。这样促成的合作在雨花经开区不胜枚举。

这个"店小二"跑腿勤。2019 年 7 月，从企业设立、公司信息变更到扶持奖励政策申领，54 项涉及企业方方面面的事项，均由园区"帮代办"。去年，为企业"帮代办"办件量已经达到了 1138 件。对于"帮代办"效果，园区更是出台监督监管机制，确保服务落地落实。

这个"店小二"心很细。打造园区 15 分钟生活圈，建设党员之家、职工之家、中西餐厅等配套设施，让园区更宜居；累计推出公寓 600 余套，安排入住 2000 余人；出资开通园区到河西高校、地铁站、城铁站等地的免费穿梭巴士；妥善解决企业职工子女入学 260 余人等。

这个"店小二"朋友多。高校、民间组织、智库专家等，都成为雨花经开区"座上宾"，相互交流，助力企业成果转化。在雨花经开区的组织下，深圳宝安智能制造行业协会、智能超精密光学制造技术国际专家等，为产业链企业传经送宝；全市人工智能机器人与传感器产业技术创新战略联盟、中国（雨花）创新设计战略联盟相继成立，搭建起投资对接和技术交流平台。

这个"店小二"人实诚。对上级组织已出台的政策，雨花经开区"吃透"政策、迅速落地、积极争取，2019 年共为企业争取和兑现政策资金 1 亿元；对园区制定的振兴工业实体经济扶植奖励办法，快速兑现，2019 年雨花经开区为企业送去 1600 余万元产业扶持政策"红包"。

这个"店小二"眼光远。雨花经开区出台《聚焦"一主一特"实施"六走六化"大力推进园区制造业高质量发展三年行动计划》，提出聚焦新能源汽车及零配件、智能工业型机器人和传感器件的"一主一特"产业，力争到 2022 年打造 1000 亿级规模的产业集群；大力推进产业智能化、智能产业化、项目高端化、企业品牌化、人才专业化、环境优质化。从目标到具体任务，为雨花经开区未来三年制造业的高质量发展画下了蓝图。

如今的雨花经开区，早已跳出"一城一池"的发展模式。

为抢占最好的码头和获得不可再生的土地资源，园区更是走出雨花，发展雨花，着力打造半小时、1小时产业配套圈。

2019年10月，雨花经开区携手韶山高新区，建设"飞地园区"。12月即实现开工建设，项目总规划用地600亩，计划总投资20亿元，将打造成人工智能传感器及机器人、新能源汽车及零部件、航天航空等新兴产业及配套服务产业园。

时间的指针指到2020年。站在全面建成小康社会的历史新起点，雨花经开区承载初心，阔步向前。既高位起步引龙头企业，又顺势而为铸链条、强集群，雨花经开区高端"智造"业发展正当时！

（作者：欧阳倩、王健、杨小军、郝丽霞）

2020年1月17日

开放雨花开启高质量发展"加速跑"

跑，是一个动作，更是一种状态。

对一个区域来说，"跑"有很多方式，跟跑、并跑、领跑等不同形态，代表着区域不同的发展阶段，也折射出区域不一样的格局与视野。

既要为当前发展尽责，又要对子孙后代负责，这是长沙市雨花区高质量发展的奔跑决心。

创新驱动、产业升级有优势，深化改革、开放崛起有闯劲，这是雨花区高质量发展的奔跑路径。

行走雨花大地，我们处处感受到奔跑路上的火热干劲，也常听到放眼长远的理性思考。

迈向高质量，雨花开启"加速跑"——以领跑者的姿态，以领跑者的担当，以领跑者的胸襟！

高质量发展的思维逻辑：辩证看待"质"与"速"。

"时不我待，抢抓机遇谋跨越！错过高质量发展这趟时代列车，对不起居民群众，对不起子孙后代。"雨花区主要负责同志在多个场合、多次会议上，反复强调。

这种紧迫感，来源于深刻的内省。

雨花人说得很直率:"外界对雨花区的印象似乎还停留在'城乡接合部'的发展初期,这么多年,雨花一直在奔跑,但总还是想再加速、想再冲刺。"

这些年,在新一届领导班子的带领下,雨花区有过好几次思想解放的大讨论。尤其是 2019 年,省委巡视组对其全身"体检",结合省委巡视整改以及"不忘初心、牢记使命"主题教育活动,一场场大讨论接踵展开,一项项整改举措紧凑落实。

伴随一场场的"头脑风暴",一个个关乎发展、着眼未来的问题被找出来。

——实体经济总量成绩傲人,但提质增效的发力点在哪里?

2019 年,雨花区地区生产总值保持 8% 以上的增速;地方一般公共预算收入、固定资产投资、社会消费品零售总额分别保持 12.21%、9.8%、8.5% 的增速。2019 年 5 月,雨花区推行企业开办改革,平均每个工作日新增企业 64 家,成为全省市场主体最多的区县。

数字见证着雨花作为,但它保有强烈的忧患意识。

踏上新时代的历史征程,处在高质量发展的历史节点,要向思想要红利。

对粗放经济果断告别,推动城区精明增长;对总部经济、首店经济,大力度扶持;对生鲜电商、智慧零售等总部企业,助推布局;对高端服务业和特色楼宇,积极引进、培育消费新业态、新模式,更多的亿元楼宇正在培育。

——片区发展不平衡,如何有的放矢、统筹推进?

雨花由过去的老郊区发展而来，既有发展相对成熟的内城区、主城区，又有正在蓬勃发展的园区主战场和重点片区，还有亟待加速发展的城郊接合部和跳马生态区。

攻坚园区，聚焦新能源汽车及零配件产业、智能工业型机器人及传感器产业，选准"小而特、小而优、小而精"切口；攻坚重点片区建设，推进高铁新城片区、雅塘片区、红星片区大提速、大提质、大提标；攻坚城区，统筹抓好"一圈两场三道"建设，城中村、老旧小区、危旧房改造和微改造，强化网格化精细管理；攻坚生态区建设，严守绿心生态红线，加快发展绿心产业，建设美丽宜居乡村。

——对外开放步履加快，但如何提升开放层次？

开放是雨花人融入血液的基因。高铁新城拔地起，往来有商客，交谈聚商机。临铁、临空的区位优势不断转化成发展优势。外贸进出口增长 55.9%，这是雨花区 2019 年交出的开放经济答卷。

在开放中发展，在开放中形成优势。今年，雨花区将依托农博会、中非经贸博览会等平台，以更加开放的姿态走向国际；将加快完成湖南出口产品集聚区建设，借助高桥大市场采购贸易方式，以更加自信的姿态迎接新一轮高水平开放。

正视"质"与"速"，正持续激发高质量发展的巨大动力！

高质量发展的行动指引：平衡把握"破"与"立"。

地处长沙市中心城区的雨花，寸土寸金。不减少无效和低端供给，怎能扩大有效和中高端供给？

雨花大地，一场产业结构的"破旧立新"大变革，正轰轰烈烈地展开。

中南智能装备有限公司（简称中南智能）10年前起步伊始，推出了"长沙一号"系列机器人，建成了国内第一条汽车柔性生产线。在传统制造产业领域，中南智能曾经引领风骚。

就在传统制造企业忙着升级设备、改造车间的时候，中南智能2018年完成改制，随后，跳过从制造到智造的传统路径，迈向智造服务产业化。

拿着检验设备往返于车间，组织多名专家现场勘测，效率低、人力投入大，这样的难题中南智造有了解决方案：依托于推出的数字孪生系统，设备零部件、车间运作情况等被不同颜色标示，其所处位置、形状轮廓都与工厂实景现场一一对应。轻点鼠标、调取目标，足不出户即可进行虚实结合的"模拟巡检"。

这样破旧立新的故事，每天都在雨花区上演。

"旧的"越来越少。"前段时间，有些智造企业主动找上门，被我们婉拒，我们现在是选商。"雨花经开区一位负责招商的干部介绍。雨花区在选的，是那些"小而特、小而优、小而精"的项目，抓好二次招商、以商招商，引进更多补链、延链、强链项目，促进产业集群发展。

"新的"越来越多。围绕长沙市主要负责同志调研雨花区的指示精神，雨花区智能工业型机器人及传感器产业链抓铁有痕：长步道2019年产值增长26%，菲尔斯特增长29%，唐智科技增长84%，可孚智能医疗增长364%，大族激光获评"国家科学技术进步奖"。

目前，雨花区"四上"企业达 856 家，高新技术企业达 327 家，长沙市级智能制造试点企业达 42 家。

立新，就要把高端价值链"挖"出来。

在湖南唐智科技发展有限公司（简称唐智科技）诊断中心的大电子屏上，一张全国地铁、高铁线路的"体检报告"跃然屏上。了解故障诊断行业的人，几乎都知道唐智科技的名字。业界称其研发、生产的系列产品为"唐氏 CT"——专门给高铁、地铁列车做"体检"。

诊断中心副经理刘旷站在大屏幕前，密切关注着各地传回的数据。只要显示异常，屏幕会立刻蹦出红色故障提示。

这套"千里眼"库，不仅能在线监测，还能远程诊断，及时发现设备"亚健康"。"从故障维修变为全周期服务，大数据让智造业延伸至生产性服务业。"刘旷说。

这样的"立"，如今在雨花大地遍地开花。辖区大族激光携手华制智能和腾讯科技共建"工业云"，将大族激光数万套设备运行数据互联互通，反馈给生产部门进行产品优化改进，推动服务制造化；湖南申亿五金有限公司参与打造国家工业标准基础数据库平台，标志着其实现从做产品、做产线到制定行业标准的跨越。

"破""立"之间的嬗变，让雨花高质量发展生机盎然。

高质量发展的机制保障：准确拿捏"进"与"退"。

2019 年，湖南可孚医疗科技发展有限公司（简称可孚医疗）与雨花经开区正式签约。当月签约、当月开工，开工一个月即投产。这是令人振奋的雨花速度。

可孚医疗副总经理薛小桥还记得签约时的担心：六七月正是湖南的汛期，梅雨不断，很担心项目一直"泡"在雨里，建设速度拖慢。

每周一调度、每天一会商，雨花区广大干部下沉一线，指挥精确到天。他们用行动打消企业的担心：大干晴天、抢干阴天、巧干雨天。

这份干事创业的劲头，刷新着项目建设的"雨花速度"：2019年全年完成重大项目投资272亿元，为年度计划的130%，其中产业投资增长25%。长沙市重大产业项目观摩连续3年排名中心城区第一。

谋发展，雨花人始终憋着一股劲。

——退，把该放的放到位，政府对企业无事不扰、有求必应。

"以前执法单位都是各自登门，一一接待真的有点无所适从。"位于万家丽路旁一家网吧的负责人周勇，面对雨花区率先全省推出的"双随机、一公开"联合监管，连称"务实方便"。

"上一次门、查多项事"！对违法者"利剑高悬"，对守法者"无事不扰"。2019年5月，雨花区启动联合监管，将对市场主体抽查的事项梳理合并为五大类15项，单个企业每年日常迎检次数最多一次，检查对象减少95%。

雨花区还按照减证专项行动要求，梳理事项225项。取消事项123项，精简达30%以上。简政不是减责，不是当甩手掌柜，科学有效地开展监管，才符合"放管结合"的本意。

——进，把该服务的服务好，让政府职能切实得到转变。

甘当"店小二"：在全省率先实行企业开办"一日办结、费用全免"，成为全省企业开办最快的区县（市）；开长沙市之先河，打造 13 个政务服务"全科综合窗"、7 个"专科综合窗"，实行无差别受理，全面推进"只进一张门、办成所有事"。雨花区作为长沙样本区成功迎接国家发改委营商环境测评。

愿做"铺路人"：对中央、省、市制定的各项降费减负政策，雨花区"吃透"政策、领会精神。2019 年，雨花区已依法减免各项税收 37.02 亿元，节省参保费 1.1 亿元。同时，兑现区级产业扶植奖励 6000 余万元，园区产业扶植奖励 1600 余万元。

勇为"娘家人"：扎实开展企业（项目）服务日，建立健全企业诉求交办机制，为企业（项目）解决诉求问题 200 余个。着力解决企业融资、用工等难题；在全省率先成立区总商会商事调解中心，设立全省首个 24 小时法院，企业合法权益保障更加有力。

"进""退"得宜，为雨花高质量发展铸就强劲引擎。

新的时代，是奋进的时代，是奔跑的时代。

时代在变，经济结构与形态在变，但雨花区的忠诚与担当没有变，追求与激情没有变！

在奋进中发展，在变革中加速，雨花区在高质量发展跑道上加速驰骋！

（作者：欧阳倩）

2020 年 1 月 16 日

厚植沃土万木兴

——雨花区打造一流营商环境纪实

1. 包容的心态，广迎四方宾客

长沙火车南站的迎来送往，高桥大市场、红星大市场里来自不同产地的商品，鳞次栉比的楼宇里天南地北的口音。无论是穿梭在高楼林立的城区，还是漫步在绿树成荫的街巷，在雨花，你总能感受到这个区域由内而外的开放气质，总能在不经意间被包容的心态感染。

包容并蓄，这是雨花气质。

但包容与开放，并不意味着产业引进没有原则。相反，雨花有清晰、科学的产业布局思路：往南，新能源汽车、人工智能及机器人产业蓬勃兴旺；往北，商贸商圈人流如织，伴随着高桥大市场"市场采购"贸易方式试点的获批，开放雨花"销全球"；往西，"腾笼换鸟"助力文化产业焕新容；往东，现代商贸物流项目跨越式发展。

棋盘明晰，落子从容。"我们将举全区之力，以优化营商环境为抓手，打造更高效能政务环境、更具活力市场环境、更加公平法治环境，推动雨花经济高质量发展。"雨花区委书记张敏的话语，彰显着雨花区的决心与魄力。

"你来，我为你安好家。"这是雨花区对四方宾客的温情承诺。

雨花区在做的，是安一个有品质的家。"家有梧桐树，自有凤凰来。建设美丽宜居品质雨花，把城市建设管理和公共服务做精、做特、做优、做细，以一流环境吸引一流人才创办一流企业。"雨花区委副书记、区长刘素月如此诠释。

随着棚户区改造、老旧社区提质改造，基础设施大变样；"一圈两场三道"的铺排，"生活圈"越来越丰富，停车场、菜市场、人行步道拐角即到；蓝天保卫战的推进，天更蓝、水更清、景更美。优美的环境，优质的生态，成为营商环境的切题之义。

雨花区也在为企业安一个温馨的家。企业无论大小，都期盼有更好的营商环境，以轻装前行、加速奔跑。今年以来，雨花区设立"企业（项目）服务日"，一批批党员干部身赴一线，上门访、听民意；一个个现场办公会，在项目、在企业召开。

"哪些难题需要帮忙解决?""对政府部门有何建议?"企业的需求，由雨花区委、区政府牵头，召集相关部门现场交办、责任到人。目前，帮助51个企业（项目）解决了105项诉求问题。当前，雨花区结合"不忘初心、牢记使命"主题教育活动，及时搜集企业反映的问题，推进整改。历史遗留的问题，不回避、不推卸；现实迫切问题，拿方案、排日期。

温馨的家需要安全感。"法治是最好的营商环境。"雨花区用法治之手为各类市场主体架起了一张"防护网"。率先全省设立 24 小时法院，当事人可自助立案和递交材料；建立的雨花区总商会商事调解中心，是湖南省首家法治化、公益性的商会商事调解组织；深入 200 余家企业和工程项目施工现场，摸排工程建设、金融领域涉黑涉恶违法犯罪问题，权利平等、机会平等、规则平等，公平的市场竞争让市场活力更充盈。

2. 普惠的政策，均洒每一寸阳光

"一个经济体的成败取决于多种变数，其中往往被忽视的是那些方便企业和营商的细节。"这是经济学家考什克·巴苏的话。

细节决定成败，雨花区深谙其间道理。细节的"打磨"，亟须细心地倾听企业所需，也须细致地"上接天线""下接地气"。

上级组织已出台的政策，雨花区敏锐"捕获"，迅速落地、积极争取。去年以来，针对中央、省、市制定的各项降费减负政策，雨花区"吃透"、领会精神。截至目前，雨花区已依法减免各项税收 22.87 亿元，降低社保费支出 7710 万元，预计全年降低社保费支出 1.1 亿元。对收费项目，严格执行清单制度，并予以公示，提高收费透明度。截至目前，共为全区企业减负 157.79 万元，预计全年减负约 300 万元。

坐落于雨花经开区的一家机器人企业，凭借减税降费带来的资金支撑，不断加大研发投入，发展势头越来越好。"增值税税率下调为我们减税，今年税率再次下调，节约下来的资金，公司将用于加大产品研发投入，提高产品市场竞争力。"

该企业财务负责人介绍。

新的政策在出台，既要有"眼力"，也要有"定力"。前者是要清晰明确地看到企业的"痛点""堵点"，后者是要"一以贯之"，避免朝令夕改。

近年来，雨花区每年拿出数千万元，奖励技术创新，鼓励企业做大做强。在今年1月25日召开的经济工作会议上，雨花区派发6000万元"大红包"，奖励"经济功臣"。对于高新技术企业培育，雨花区更是积极申报、争取奖补政策。今年以来，帮助74家企业获得省级研发财政奖补资金4057万元，协助134家企业申报长沙市2018年度新认定高新技术企业研发经费补助；指导全区202个项目向长沙市申报了创业资金；选拔了以伊鸿健康创始人胡双为代表的一批优秀青年创业者，除区级财政给予奖励外，还通过多种途径协助区内初创企业获得风险投资上千万元。

雨花区按照减证专项行动要求，梳理事项225项，取消事项123项，精简达30%以上。简政不是减责，不是当甩手掌柜。科学有效地开展监管，才符合"放管结合"的本意。

对市场主体的监管，雨花区之前的做法是由11个执法部门不定期、分头到企业检查。今年，雨花区率先全省启动"双随机、一公开"联合监管，打造行政执法"监管者联盟"，将巡查改为抽查，实现"双减少"目标——被检查企业数量显著减少、检查企业的次数显著减少，仅抽取5%的市场主体，并将抽查事项梳理合并为五大类15项，减少多重执法、减轻企业负担。

从目前来看，雨花区单个企业每年日常迎检次数最多一次，检查对象减少95%，按全区6.5万户企业计算，至少减轻6.17万户企业迎检负担，以行政执法"监管者联盟"，"上一次门、查多项事"，对违法者"利剑高悬"，对守法者"无事不扰"。

3. 创新的举措，激发市场活力

营商环境犹如一根扁担，一头挑着企业的"冷暖"，另一头挑着经济"兴衰"。优化营商环境是一项长期的系统工程，更需要不断地探索、创新服务方式。

提速，再提速！便捷，再便捷！今年初，雨花区委出台"营商环境25条"，大到政策环境，小到配套公寓，事无巨细地织密"服务网"。"要从企业的角度出发，以等不起、慢不得的紧迫感，切实打通企业堵点。"秉承这样的理念，一个囊括理念、行动、机制的优化服务体系逐步形成。全省首家、全省首创、全省第一、全市第一……在推进过程中，雨花诸多创新之举，备受关注。

从5个工作日、至少跑5个相关部门，到总时限不超过1个工作日、只进一张门，雨花速度，令人振奋。湖南五方机械租赁有限公司总经理李林是并联审批服务的受益者。

他介绍，以前企业开办的五大环节——企业注册、发票申领、印章刻制、银行开户、社保登记，需分头找多个部门。今年5月，雨花区创新推出并联式服务，五件事整合成为"一件事"，一站通办。李林仅花了3小时不到，就完成了所有流程。"在雨花区开办企业对我们免费发放了印章，还有些资料可以填报地址，免费快递到家。这些小的细节，很让我们感动。"李林说。

走进政务服务大厅，不少办事人员会发现，以前面对众多服务窗口，不知如何选择。如今，分类别的单一窗口早已不见，取而代之的是"全科综合窗"。"以前是按部门、事项设置窗口，如今我们将200多件政务服务事项统一到同一窗口，企业和个人不必在大厅来回跑、分头排队。"该区优化营商环境办工作人员介绍。

家门口就能办证，服务更周到了。61岁的居民杨爹爹办理老年优待证，原计划着要子女陪同去区政府，但电询后被告知社区就能办。"不用大老远去办，服务周到。"杨爹爹翘着拇指称赞。据了解，目前老年优待证办理、个体工商注册、普通食品经营许可等一批社会民生、市场经营类事项，均已下放到街道、社区，使"就近办"事项数量占区级事项30%以上。

数据"代"跑路，服务更便民了。市民孙先生前不久刚刚拿到了自己工作室的电子营业执照。"现在办证连门都不用出，在手机上按要求填写提交一下资料就行，省事得很。"他说，"办证可以自助，取证可以随时，这样的服务必须点赞。"今年以来，以"最多跑一次"或"一次都不跑"为目标，雨花区把"互联网＋政务服务"作为深化"放管服"改革的突破口，涉企便民的400余件事项实现"网上办"，实现依申请类政务服务事项"网上办"比例99%、"一次办"比例99%以上。雨花区还在长沙市首创开发"雨花营商掌中宝"微信小程序，及时向企业精准推送政策信息、传递政策动态、解读政策意图。

专人来帮忙，服务更暖心了。在涉及工程项目报建等专业性强的工作中，雨花区以政府购买服务的方式，配备帮代办队伍180余人，为企业提供专项服务。同时，结合"千人帮千企"行动，党员干部主动上门服务。在雨花经开区的虹德精工机械有限公司，董事长张德富拿出多张卡片，上面印着雨花经开区工作人员的姓名、电话。他介绍："大事小事，我们都找得到专门的人来帮忙。如果一段时间没有联系，我们还能收到园区工作人员的短信，（他们）主动提供一些园区的政策信息。"

历史遗留问题不再推诿拖延，新办法新举措彻底解决；检查执法越来越规范，行政审批越来越高效，群众办事越来越便捷。伴随着营商环境的优化，企业和群众都切切实实感受到了可喜的变化。营商环境没有最好，只有更好。唯有继续"栽好梧桐树"，打造一流的营商环境，才能引来一只只"金凤凰"，在雨花区这片蓝天沃土之上，蹁跹、翱翔。

（作者：欧阳倩）

2019 年 11 月 6 日

风驰电掣活力来

——从长沙火车南站看雨花区位格局

一份议案，让长沙迈入高铁时代。

每到周末，市民熊伟都会从长沙火车南站坐高铁回娄底老家，半个小时的车程，让熊伟觉得回家比出趟城还简单、方便。

"以前我回趟家，得先坐公交，到汽车南站再坐汽车，3个多小时才能到家，火车就更慢了。"熊伟回忆，有次没赶上娄底的班车，坐了隆回的车子，车主直接把他丢到了高速娄底地界的一座桥下，告诉他爬上桥就可以拦去娄底城区的的士，大晚上的，熊伟手脚并用，手还被小石头刮伤，费了一身劲才爬到了桥上，搭上了回城的的士。

"被黑车甩，车子半路抛锚等，这些我都遇到过，有了高铁后，这些经历都成了回忆。"熊伟说。

还有春运期间一票难求、高峰期一节货运车厢要排队一个月的情况成为当时难以解决的问题。

一方面是人们对出行越来越高的需求，另一方面是普铁时代，我国铁路的南北大动脉——京广铁路的运能饱和、客货争流两大问题随时间的推移愈发突出。

"其实，武汉到广州新建一条铁路的设想，在当时铁道部的'九五'计划里就有了。到了 2003 年，各方觉得技术条件已经成熟，就开始积极呼吁推进武广线的立项。"广铁集团相关工作人员告诉笔者。

2003 年初，不少全国人大代表提出议案，希望国家尽快立项，建设京广铁路客运专线。国务院对议案十分重视，翌年就批准了可行性研究报告。2005 年，国务院常务会议通过《中长期铁路网建设规划》，确定当年开工建设武广客运专线，2010年建成。

"我记得是 2005 年 10 月份的样子，我们黎明渔场的村支两委专门组织村里的党员、党小组长、村民代表开了一个会，会议内容就是告诉我们，国家要修高铁，长沙火车南站候车大厅将建在我们村。"原住在雨花区黎托乡（2012 年析置成东山街道、黎托街道）黎明渔场的李长勤回忆，"听到这个消息，大家都很兴奋，由农民变市民，还是建高铁站，以后的发展肯定不会差。"

2005 年 6 月 23 日，武广高铁在长沙城东的浏阳河边正式开工；2006 年底，长沙火车南站正式启动拆迁；2007 年 11 月，长沙火车南站正式动工，总体设计造型体现长沙"山水洲城"的地域特色；2009 年 12 月 26 日，武广高铁通车，至此，长沙迈入高铁时代，长沙和武汉、广州三地进入"三小时高铁圈"。

日夜奋战，两年崛起一座新地标。

长沙火车南站主体工程从动工到建成，仅用了两年时间。

而前期的拆迁速度之快，也是创长沙之最。

"2006年底，拆迁工作正式启动，当时，我们黎明渔场5个组纳入了拆迁范围。"李长勤告诉我们。

拆迁动员会开后不久，有不少党员主动上门找拆迁组的工作人员签字，"平阳、黎托、东山等5个组的拆迁，用时不到两个月。"李长勤说。

2007年11月，火车南站正式动工。"每天有上百台挖机、汽车来回穿梭，那场景宛如千军万马。"李长勤的小儿子李振宇也跟朋友合伙买了一台挖机去建设火车南站，挖机一天3个班，配两个师傅。

那时李长勤几乎每天都带着在自家休养的堂姐夫去施工现场转转，"真的是一天一个样，每天看都有变化，自己也跟着工程进度激动。"李长勤说。

2009年12月26日，承接南北的武广高铁开通，长沙火车南站正式开门迎客。"高铁开通那天，前来看新鲜的群众是里三层外三层，黑压压的，就像过节一样热闹、喜庆。"雨花区东山街道的一位工作人员告诉我们。

"早就做好了，准备第二天一大早去看高铁开通仪式的，可惜那天老婆生病，没去得成，虽然朋友发来了照片，但还是有点遗憾。"李长勤有点懊恼地说。

当年底，为弥补遗憾，李长勤组织了9个朋友，坐高铁去武汉、岳阳玩了一圈。"又快又稳，环境很舒适。"李长勤回忆起人生第一次坐高铁的场景，"不到一个半小时，窗外的风景还没欣赏够就到武汉了，高铁就像没有翅膀的飞机。"

"在高铁正式运营初期，长沙火车南站工作环境还比较差，到处都是灰尘。由于当时处在比较偏僻的位置，没有公交车，连出租车都很少，所以每天上班只能早上四点半起床，在长沙火车站坐单位通勤车，才能按时赶到单位开始一天的工作。"杜海波是长沙火车南站的一名客运值班员，自 2009 年武广高铁开通，他便在长沙火车南站工作至今，他告诉我们，"那时候高铁还是一个新生事物，平均每天旅客到发量只有约 3000人次。"

而随着 2014 年沪昆线的开通，长沙火车南站每天旅客到发量急剧增加，客运专线车次增多，为满足需要，长沙火车南站进行了改扩建工程，长沙火车南站总站区的面积也从 23 万平方米增加到了 70 万平方米。

"2009 年火车南站刚开始运营的时候，一天只有十几二十趟车次，如今，从长沙火车南站进出的人每天有 20 多万人次，高峰期达到 30 万人次，始发和停靠的列车 500 多趟。"长沙火车南站地区综合管理办公室社会事务部物业管理科科长欧阳砥中告诉我们。

时间是最好的见证，如今长沙的高铁网络，东到上海、西至昆明、北到沈阳、南到香港，跨长江，越湘江，穿南岭，衔珠江，可直达全国 23 个省会城市（直辖市）和香港。

湖南"窗口"，尽显发展活力。

10 月 16 日，欧阳砥中特意带着笔者在火车南站转了一圈。

展现在笔者眼前的火车南站站区是一派繁荣而有序的景象：人来车往的落客平台，整洁、有序；热闹的进出大厅，明亮、舒适；广告牌、商家的各类陈设规范有序，旅客出入秩序井然。

作为目前全国高铁枢纽之一的长沙火车南站，每年的旅客量以 10% 的速度增加，于是 2011 年，雨花区在这里专门设立了长沙火车南站地区综合管理办公室，该办公室具体负责站区"交通、市容、治安、经营"秩序的管理及其综合服务，成为擦亮湖南"窗口"的总牵头人。

如今，这里完善的现代化设备设施与人文服务高度融合，实现了高标准、严管理、零换乘、零距离、智能化、人文化的高铁服务新模式。今年国庆期间，长沙火车南站共到发旅客超 200 万人次，日均到发 28.6 万人次，同比增长 12.6%。

不仅如此，在长沙火车南站，可以实现高铁、地铁、磁浮、公路客运等多种交通方式零距离换乘。乘客不用出高铁站，就能坐上地铁、出租车、公共汽车到城区逛一逛，或是直接换乘班线客车前往周边县市，还可以直接在高铁南站换上登机牌后轻松乘磁浮快线直达黄花国际机场航站楼。

曾经以种菜、养鱼为主业的城乡接合部升级为长沙高铁会展新城，高铁、地铁、磁浮快线等多种高效快速交通方式在此对接，将庞大的客流带到全国各地。

高铁的集聚和虹吸效应，拓展了城市未来发展的空间。

运达中央广场、恒大国际广场、绿地城际空间站等项目纷纷落子以长沙火车南站为核心的长沙高铁会展新城。

"火车南站的区位优势、集聚效应以及这个片区的发展前景都是我们比较看好的。"运达中央广场相关负责人曾表示。

268 米高的运达中央广场成为长沙高铁会展新城的地标性建筑，直通商场口的地铁，为其带来巨大的人流量。"国庆期间，每天都有 5 万人次进入我们商场消费、购物。"运达中央广场购物中心总店的店长周强告诉我们，而前不久运达中央广场才开盘的摩天公寓，一开盘就销售火爆。

还有大众、菲亚特、三菱、博世、沃尔玛……世界 500强、中国 500 强企业纷纷落户长沙，高铁的优势不仅仅扩大了长沙的开放度，更增强了长沙的吸引力。

如今，以长沙火车南站为基点，在周围 46.9 平方公里的土地上，长沙高铁会展新城正以"湖南商务客厅"的定位，跑出空间大提质、产业大升级、城市大发展的时代速度。

长沙火车南站依旧巍然屹立，以更加开放包容的姿态，拉近长沙与世界的距离，为每一位旅客带去方便与温暖。

（作者：张福芳）

2019 年 10 月 24 日

扎实而惊艳的年轮

——雨花区 2019 年经济社会发展回眸

蓦然回首，原来已这么美。

气温逼近 0℃，北风呼呼刮脸。雨花非遗馆夜市却灯火通明，人声鼎沸。10 余间非遗小吃店排成两排，热气腾腾的臭豆腐，酥烂绵软的糖油粑粑……非遗技艺摆在桌前，人们大快朵颐。

石燕湖景区，拜月表演、水上"超级大月亮"表演等丰富着"夜游"体验，夜间体验天空玻璃廊桥，再配上电音和啤酒，这里是年轻人的户外狂欢夜场。

德思勤书店里，暖暖的灯温暖着安静阅读的人。还有读书分享会、创意集市等活动，吸引了不少市民参加。

多个不同的美丽画面，点亮了雨花夜经济。夜的冷，抵挡不住发展的澎湃热情。隆冬时节，行走雨花大地，我们感受到的正是这股能融冰化雪的火热干劲。

据初步核算，雨花区地区生产总值突破 2000 亿元大关，增长 8%。增速不算"惊艳"，但要知道，这是雨花区在宏观经济承压运行的背景下逆风奋起，连续多年保持总体平稳、稳中有进、进中提质的良好态势。

两组数据，可以看出雨花高质量发展的美丽成色。看结构：服务业占 GDP 比重提高 1 个百分点；智能工业型机器人及传感器产业链增长 27%；完成外贸进出口总额 18 亿美元，增长 51.6%；引进盒马鲜生、中铝国际、红星美凯龙、爱琴海购物公园等 500 强企业 9 个。以战略性新兴产业为引领、现代服务业为主体、先进制造业为支撑的现代产业体系已初步形成。越来越多的企业以"智"取胜，奏出高质量发展的时代强音。

看民生：2019 年，雨花区城镇居民人均可支配收入 59048 元，增长 8.3%，在长沙城区中名列前茅；"一圈两场三道"两年行动计划全面完成，新建 15 分钟生活圈 64 个，新（改）建农贸市场 15 个、停车场 20 个、新增停车泊位 8339 个；圭塘河水质年平均值近十年来首次达到 Ⅳ 类标准。这些不断增长的数据，不断收获的荣誉，令群众的幸福感节节攀升。

数字或许枯燥，但数据的背后，是雨花区委、区政府的坚强领导，是区人大、区政协的监督支持，是全区上下的齐心协力、攻坚克难、努力奋斗。

数字的轨迹也刻画出一个个美丽的瞬间：一条条道路，连通的是道路，更是人流、物流、资金流；一个科研团队，突破的是技术，更是产业成长的高度；一家小微企业，收获的是订单，更是轻装上阵的信心；一个个梦想的实现，提升的是幸福，更是一个区域的吸引力。

雨润之花，已然美丽绽放。依稀回忆，曾经竟这么累。

2019 年雨花年轮，之所以扎实而惊艳，是因为雨花区人民的智慧和力量非同寻常。GDP预估突破2000亿元大关，但雨花并不满足，仍在冷静思索：未来发展的新动力在哪里？

这是刀刃向内的清醒：作为长沙市老城区，现代服务业的发力点在哪里？库存、资源盘活的出口在哪里？传统动能减弱，人工智能及传感器如何脱颖而出？站在全国百强区的第一方阵，雨花更有未雨绸缪的部署。

这也是放眼全国的担当：雨花区综合竞争力排名全国百强区第17位，是前20强中唯一非沿海省份城区，在新一轮发展浪潮中，雨花区不但要当"排头兵""先行者"，为改革探路、为发展闯关、为未来蓄势，更要在未来发展中抢占制高点。

创新，出路还在创新！对党政干部来说，思路要创新，唯有坚持创新发展理念，才能推进经济高质量发展；对企业来说，技术要创新，唯有坚持技术引领，才能在经济浪潮中勇立潮头。

——不是不要GDP，而是要高质量的GDP。高铁会展新城片区，曾经是一派城乡接合部的景象。在这一大片土地，开发房产岂不是来钱更快？雨花没有盲目，而是在市委、市政府的部署下，打造会展中心、商务中心。今年以来，城际空间站、吾悦广场项目等地标性项目拔节生长。项目建成后，将包括15栋5A甲级写字楼、5个大型体验式商业综合体及多家星级酒店。同时，结合片区发展，雨花区提质石燕湖景区，大刀阔斧整治圭塘河，发展生态游、商务游、商业购物游等，将高铁会展新城的吸引力发挥到最大。

——不是不要制造业，要就要尖端技术，要就要价值链高端环节。对于智能工业型机器人及传感器产业链的招商，早已不是"看到是菜就往篮子里装"。雨花区瞄准的是价值链的高端环节，或者单个领域"隐形冠军"。制造服务化、服务制造化，产业智能化、智能产业化，智能工业型机器人及传感器产业链正在雨花区宕开一笔。

中南智能装备有限公司 10 年前起步伊始，2018 年企业改制后，角色开始转变："以前我们是'卖产品'，现在是'卖服务'。"今年 7 月，该司推出的"数字孪生"系统，即依托设备的数字复制体，精确地为智能装备行业提供解决方案。

"卖服务"的过程，也能为制造业创造新市场。辖区大族激光智能装备有限公司（简称大族激光）携手华制智能和腾讯科技共建"工业云"，使大族激光数万套设备运行数据互联互通，反馈给生产部门进行产品优化改进，推动服务制造化；唐智科技湖南公司创建"机械设备健康管理与智慧运维信息服务"工程中心，推动装备安全技术创新。

——不是关门搞创新，而是在开放中拥抱发展。刷新开放气质，雨花吹响"冲锋号"，在对外贸易领域风头正劲。今年初，湖南高桥大市场采购贸易方式出口正式走单，完成外贸出口 6.2 亿美元，位居中西部地区同类型市场前列。5 月，首届中非经贸博览会分会场活动圆满完成，中非经贸博览会唯一长期线下展销平台——非洲商品展销馆正式开馆，湖南出口产业集聚区（一期）基本建成。

在产、学、研中协同发展、锐意创新；在举办、协办、参加各种展会中扩大"朋友圈"；在加大减税、加大扶持中鼓励创新、激励人才。开放的雨花活力更强，完成外贸进出口总额18亿美元，增长51.6%。

"党和政府带头过紧日子，让老百姓过上好日子。"这是雨花执政者的郑重承诺。对"三公"经费一压再压，对一般性支出一减再减。但对民生投入，雨花只增不减、一增再增。今年，雨花区将财政收入的八成投入民生领域，让百姓共享发展成果。

——既要生活精彩，也要人生出彩。"上午去注册，当天就拿到了营业执照，还免费送给我公章。"岳阳小伙刘斌来雨花区创业，行政效能的提高，让他增添不少信心。跟刘斌一样的创业者，平均每个工作日新增64人以上。

今年以来，雨花区营商环境不断优化，减税降费等普惠性政策进一步落地，创新创业活力竞相迸发。雨花区在全省率先实现企业开办"一日办结""费用全免"，成为全省企业开办最快的区县（市）；同时，开全省之先河启动部门联合抽查"双随机一公开"改革，雨花区单个企业每年日常迎检次数最多一次，检查对象减少95%。目前，市场主体总量达17.7万余户，每万人拥有市场主体1913户，位居全省区县（市）第一。

——既要有钱花，也要愿花钱。"世界这么大，咱也能去看看。"这个冬天，东塘街道退休老人杨中华带上老伴，来了一场说走就走的旅行。日益转变的消费观念，是社会保障体系给予的底气。统筹推进低保提标、城市特殊困难群体帮扶、特困人员供养等；在长沙市率先实现特困人员住院、门诊等费用兜底保障；新增家庭医生社区工作室 25 个，在全市率先探索医保基金专业化监管模式；新（扩）建学校、幼儿园 9 所，新增学（园）位 4950 个。这些政策"大礼包"，送到了消费者的心坎上。

数字记录下老百姓的好日子：2019 年，社会消费品零售总额增长 8.5%，消费不断升级，结构持续优化。

——既要金山银山，也要绿水青山。"环境美了，空气好了，越来越多的人来这里游玩、住宿，我们的腰包也越来越鼓。"跳马镇新田村村民刘守信介绍，号召村民参与的"蓝天保卫战"、圭塘河"民间河长"巡河等工作，增强了他们的环保意识。

保护生态也是改善民生。今年以来，雨花区为打赢蓝天保卫战、治污攻坚战，出台一系列强有力举措向污染宣战。同时，加大了圭塘河流域的综合治理，完成农村"五治"无害化厕所改造 3037 户，大力推进垃圾分类减量工作等。如此，山更绿，景更秀，水更清，村民吃上旅游饭，过上有滋有味的新生活。

——既要富口袋，也要富脑袋。"多年坚持公益事业，将一个 50 多人的志愿者团队，发展到现在的 3000 多人的 60 多个团队，""我要以真心、真爱提供志愿服务，打造一支群众信任依赖的'砂家帮'队伍。"在近日雨花区主题教育先进典型报告会上，社区党员游端霞、全国岗位学雷锋标兵刘映先等 6 位同志的感人故事，用身边典型教育身边人，引发了现场听众的强烈共鸣。

结合"脱贫攻坚战""产业项目建设年""营商环境优化年""不忘初心、牢记使命"等专题，雨花区不断创新方式为全区人民补足精神之"钙"，使党的创新理论成果以寻常之姿飞入千家万户。

岁末之际深情回顾，一项项举措，一个个亮点，带来了今天的变化，也树立了明天的信心！而往前，雨花还将勇于变革创新，坚持开放共赢！新的一年，雨花还将收获更多温暖、绽放更多精彩！

（作者：欧阳倩）

2019 年 10 月 24 日

无惧风雨浩荡行

——天心区推进产业项目建设侧记

1. 项目建设蹄疾步稳

"长沙外滩、省府新区、暮云片区"三大板块建设蹄疾步稳，湖南地理空间大数据应用中心（二期）、平安财富中心、省人工智能产业园等一批重点项目加速推进。项目建设热潮涌动的天心区正在上演着一个个精彩的故事。

早在年初，天心区就成功签约中华版权代理总公司长沙工作站、酷哇人工智能及大数据产业技术研究院等 20 个重大项目，总投资近 200 亿元；3 月 28 日，天经国际企业街区、人才公寓等 5 个重点项目宣布集中开工；还有今年 4 月初"2019 湖南—粤港澳大湾区投资贸易洽谈周"开幕之际，天心区又成功与启迪网安（武汉）实业、深圳市永联科技等十几家企业集中签约，为天心区产业项目建设再添"劲旅"。

11 月初，天心区携手长沙酷哇人工智能及大数据产业技术研究院有限公司打造了湖南省首个城区智慧环卫示范区，并签订天心区车联网大数据及电子地图研发运营总部项目合作协议，该项目表示酷哇机器人将在天心区建设车联网大数据及电子地图研发运营总部。

11月15日，第十九期钱学森论坛暨2019长沙空间信息产业国际博览会开幕式上，天心经开区与中驰车福互联科技（北京）有限公司、新一代人工智能产业技术创新联盟、湖南帅一机器人科技有限公司等20余家公司（联盟）进行了入驻园区及项目合作签约。

天心区为何能受到这么多企业青睐？湖南帅一机器人科技有限公司董事长易海明在接受采访时表示，之所以会选择来长沙天心区开办子公司，正是看中了这里的营商环境、双创氛围和良好的产业基础。

天心经开区新引进企业广州南方测绘科技股份有限公司湖南分公司的总经理邓万军则表示，选择入驻天心经开区的地理信息产业园，主要是看中了园区的集聚效应。"我们是为地理信息产业做装备生产的，能与园区其他企业形成优势互补，共同促进这个产业的发展。"邓万军说，也曾考察过多个地方的园区，但天心经开区的服务、政策、集聚效应最好，是不二选择。

除了产业项目，基础设施项目建设也在天心大地上如火如荼地推进。前不久，太平街地块棚户区改造项目提前1年完成了棚改征收，进入施工阶段，该项目的完成，将拓展太平街的空间，提升太平街的整体品质；还有老城区有机更新，今年完成了白沙路、太平路及两厢等5个项目以及黄兴南路步行街段、历史步道妙高峰段等11个标段建设；大力推动了先锋、黑石、新天等城中村改造，古道巷、107国道城市化改造等项目进展顺利;"长沙外滩"金融企业入驻工作、省府新区的总部经济打造、南部片区的"三干两轨"建设等正在有条不紊地推进。

得益于产业项目的落地、推进,今年天心区各项主要经济指标好于预期、快于同期,实现较快较好的增长。

目前,天心区已成功吸引平安集团、保利集团、五矿集团、中信保诚、中交建集团、招商局集团等世界 500 强企业进驻;中百罗森、浪潮集团等一批中国 500 强项目成功落户。

2. "腾笼换鸟"换出新希望

12 月 10 日,刚成功拿到湖南省第一块"人工智能产业园"牌子的天心数谷·智能经济创新产业基地内人气很旺。

千视通、中驰车福、酷哇研究院、逸尚智能、灵想科技等 30 多家具有核心技术优势的优质人工智能企业在此集聚并快速发展。

作为天心区绿心"腾笼换鸟"的重点项目,天心数谷·智能经济创新产业基地今年 5 月正式开门迎客,依托天心经开区内大数据(地理信息)产业链、人工智能产业联盟,重点发展以智能经济、数字经济、网络经济为主的高技术服务业,全力打造数字经济集聚示范区。今年,基地产业规模可达 2 亿元。预计到 2020 年,基地年度产业规模达 10 亿元,税收 5000 万元,到 2024 年引进企业 300 家,年度产业规模超百亿元。

回到 2018 年初,一场"绿心"区工业企业退出战役在天心区打响,位于长沙市南大门的天心经开区,九成面积属"绿心"范围，按照 2017 年中央环保督察组反馈湖南省意见要求，2018 年底前应退出工业企业 361 家，占长沙市绿心退出企业的 2/3 以上。

战役打响后，长沙市委主要领导对天心区提出要求，"天心区必须要以'滚石上山、爬坡过坎'的劲头进行二次创业，做好增量空间，探索长株潭绿心工业退出、片区'腾笼换鸟'的生态样本。"

省、市领导多次深入园区调研，帮助谋划产业转型，布局发展大数据及地理信息产业。天心区积极行动，主动作为，以"生态优先"理念布局园区产业。于是就有了 3 年前，在"绿心"范围的核心地带，湖南地理信息产业园强势崛起。短短几年，园区地理信息产业总产值突破 50 亿元。在"WGDC 2018 全球地理信息开发者大会"上，湖南地理信息产业园被评为"2018 年度最具发展潜力园区"。

一年前，在省委组织部、省人社厅合力推动下，长沙人力资源服务产业园宣布开园，当年就升级为省级园区，今年 9 月又升级为国家级园区，已吸引 100 余家国内外人力资源服务机构（企业）入驻。

今年初，天心区又高起点规划"天心数谷"，对"绿心"工业退出区实施"凤凰涅槃未来之城"产业规划，抢抓大数据历史机遇，全力打造继湘江智谷、高新麓谷、中国 V 谷、种业硅谷之后，追梦长沙的"第 5 谷"——"天心数谷"。

目前，湖南地理信息产业园成功获批省级特色产业园、省级现代服务业集聚示范区，建设了 5G 应用示范区，推广大数据、人工智能应用场景 23 个，成功举办了第十九期钱学森论坛暨 2019 长沙空间信息产业国际博览会；长沙天心文化（广告）产业园在长沙市率先成立文化创意产业协会，创建全国首批"国家商标品牌双创基地"、全国文化金融合作示范区，"创谷"品牌深入人心，全区文化企业达 3413 家，其中"四上"企业 66 家；湖南人力资源服务产业园迈入"国家队"后，今年产值将突破 25 亿元。

天心，以"退"为"进"，无惧风雨，浩荡前行。

3. 优化环境书写"天心未来"

面对全国整体经济下行、"绿心"区工业企业退出的压力，天心区凭什么吸引这么多企业入驻，项目建设如火如荼。

在天心区，有个响亮的提法："像呵护眼睛一样呵护营商环境、像善待亲人一样善待辖区企业、像兑现军令状一样兑现政府承诺。"

天心区正是以营商环境优化促产业项目建设，坚持"产业项目建设年""营商环境优化年"两个年一起抓，两者相辅相成、协同发力，共促高质量发展。

"今年我们的文化出口将上涨 50%，电商业绩上涨 707%，产值增长 30%，搬到天心区不到 1 年时间，有这样的业绩，是我们没想到的。"近日，在湖南山猫吉咪传媒股份有限公司采访时，该公司董事、副总经理刘晓军颇为高兴地透露。

"当初搬到长沙天心文化（广告）产业园也是公司的战略选择，看中了这里文化创意企业的集聚效应和发展潜力，没想到搬来后，天心区的各项服务都很贴心。"刘晓军告诉我们，在天心区，企业享受到了宾至如归的待遇。

网红企业湖南文和友文化产业发展集团有限公司的负责人文宾更是在多个场合点赞天心区的营商环境，"天心区对文和友的帮扶用全方位来说一点也不为过。"

"前不久，我们搬新办公室，消防第一时间上门指导我们对消防通道进行整改；得知我们的综合税负率较高，税务部门又安排人到公司进行上门辅导；知道我们有上市计划后，区里专门安排人帮助我们股改。"该公司的办公室主任叶鑫说，这样的贴心服务事例，不胜枚举。

"营商环境的氛围上来了，百姓办事更方便了，在天心投资兴业更舒心了。"这样的氛围，已逐渐成为天心干群、企业家们的共识。

今年春节后第一个工作日，天心区就高规格召开动员部署大会，在长沙市第一个出台"天心营商环境优化30条"。

随后，又连续打出一套"组合拳"：在全省第一个成立区级企业服务中心，成立国内首个园企产销对接服务中心，实行政府AB角制度、推行"区长企业接待日"制度、建立区领导联系走访企业制度；"容缺受理""立等可取"、首个区域信贷"白名单"、免费公章刻印等一系列惠企政策落地落实；"诚信天心"平台正式运行、"双随机、一公开"监管全覆盖等举措为企业发展保驾护航；启动湖南省首个"夜间经济服务中心"，为繁荣夜间经济助力；稳步推进重点改革，梳理全区权力清单3220项，"一次办、网上办"比例达99%。

一系列"组合拳"的落地，使天心区今年新增企业7328

家。目前全区共有上市企业 9 家，省级上市后备企业 9 家，新申报高新技术企业 83 家。

（作者：张福芳）

2019 年 12 月 12 日

南进！南进！汇聚融城"向心力"

——长株潭一体化中的"天心"担当

1. 担时代之责，建设南部都市圈

天心区凭什么能承担融城重任？凭借得天独厚的地缘优势。

天心区地处长沙南大门，处于长株潭三市"品"字格局的核心区域，与三市无缝对接，距株洲、湘潭城区中心均不过18公里，具备绝佳的地理位置。

天心区也是省政府所在地。随着省政府机关南迁，大批省直机关进驻天心，一个面向全省的新的行政中心在此加速成形，快速聚合政治、经济、文化等各类发展要素。这使天心当之无愧地成为长株潭的行政核心区。并且，天心区还是长沙融入泛珠三角、长江经济带、"一带一路"的重要门户和核心节点，是长沙北上南下的历史大通道、内联外延的交通大枢纽。京港澳、沪昆、长潭、绕城四条高速形成高速路网，湘江大道、107国道、芙蓉南路撑起城市骨干路网，走湘江，入长江，通江达海极为便捷，距黄花国际机场也仅需30分钟车程。

各类要素加持，天心，拥有无可比拟的融城优势。正因如

此，省委常委、长沙市委书记胡衡华对天心的融城之责提出更高要求：作为长株潭城市群的核心城区，天心区要在开启全面建设现代化长沙新征程中走在前列，在新起点上展示高质量发展的新作为！

何以要承担？

"从长沙城市发展格局来看，是职责；从天心自身发展需求来看，是机遇。"天心区委书记朱东铁对此有清晰的认识。

目前，长沙市委、市政府正在深入实施"一江两岸、跨江发展"，东提、西拓、南延、北进的大格局正在加快形成。在此背景下，长沙各个城区分工协作，都以各具特色的发展引擎承接着各不相同的城市功能，以此推动整个城市不断向前。东有空港新城，北有金霞高新片区，西有湘江新区，城南天心，也应势应责地以实施融城战略为契机打造一个新的功能区，在承东启西、连南接北上发挥不可替代的连接、辐射和带动作用。

另外，天心区从北至南推进的三大板块界线十分明显，北部长沙外滩、中部省府新区为城市建成区，但处于城市群核心区尚未开发的南部板块基础设施相对落后，亟须发展。按照发展规律，从城市群走向一体化，往往都是从接合部、核心区来突破和撬动。南部开发迎来契机与机遇。

以何来承担？

地处三市核心地带的南部新城，成为天心融城的入手点。近年来，在市委、市政府的联合推动下，天心区在湘江以东，新开铺路、京港澳高速以西，湘潭昭山以北，绕城高速以南的城市边郊、融城"金三角",起笔规划长株潭一体化的前沿阵地——南部新城。南部新城主要包括解放垸、大托机场、暮云经开区等片区,总面积82.5平方公里。按照国务院批准的《长沙市城市总体规划(2003—2020)》(2014年修订),在"一主两次五组团"的空间结构中,南部新城包括主城区省府新区一部分和暮云组团全部。根据规划理念,南部新城将围绕长株潭一体化和"湘江时代"的长沙城市空间布局和集约发展,注重高端与两型相结合,形成连接带和接合部的互补功能,以"现代化生态新城"的构想建成长株潭的城市客厅和服务高地。

当发展重心向南倾斜,当基础设施、公共服务、产业经济、城市生态等一个个项目向南进驻,"几何中心"始变"融城核心"。

2. 承发展之任,构建融城经济圈

所谓产业强则经济强,经济强则城市强。南部新城始变的关键一环,在于壮大产业。

在南部新城规划版图中,天心区所拥有的国家级文化产业园、广告产业园以及暮云经开区、天心经开区等四大园区均聚合在南部片区。作为产业发展的载体,四大园区在此盘踞坐镇为南部新城强势崛起提供了有力支撑。而在转型升级、创新发展的时代大背景下,如何定位园区发展才能达到能量成倍释放的效果?

朱东铁的"特色化"思路为产业发展厘清了方向。在他看来,一体化不是一般化、同质化,不同区域立足产业特点探索新路子很有必要。为此，天心区以建设省会现代服务业引领区为目标，立足区域产业优势、优化产业布局，对现有园区进行升级，确定在不同的区域错位布局不同的产业、确定不同的基调。其中，天心经开区和暮云经开区合并升格，重点在建链、补链、强链、延链上下大功夫，主要抓大数据、新能源产业链的发展；天心区国家级文化产业园、广告产业园合并升格，主要依托天心厚重的历史文化底蕴优势进一步做强做大文化创意产业。

为了壮大园区发展，天心区可谓频频出实举，连连亮实招。招商引资接二连三。天心区紧盯大客商、招引大项目、培植大产业，以招商引资的新突破，不断催生项目建设的新亮点。近年来，以现代服务业为主题的大型招商会开进了深圳、开进了北京、开进了香港，连年来一场接着一场。就在去年举办的深圳招商会上，天心区一举签下 200 亿元大单。

政策服务持续优化。天心区出台《天心区促进创业创新发展奖励办法》等方案，拿真金白银设立入驻奖励、租房补贴、创业补贴等系列奖励类别，扶持园区企业快速成长。同时，四大园区也纷纷出台园区各自相关鼓励扶持政策。在创谷·长沙（国家）广告产业园，经认定的入园企业，可连续 3 年分别给予 80%、60%、50% 的租金补贴，"创客空间"场地补贴最高补贴金额达 20 万元/年。

行政审批不断提速。为了加快园区企业审批速度，天心区启动行政审批改革，明确园区审批事项、审批机制和绿色通道受理范围。至去年底，区域行政审批整体提速 30%。同时将市区的多项权限一并下放到园区，力争让企业审批在园区实现一站式告捷，实现园内事园内办。

招商、改革、服务，一项项举措化为养分，不断浇灌着园区这棵产业之树。如今，天心经开区成立了新能源装备产业链办公室，出台《新能源产业企业电费补贴实施细则》，去年新能源产业产值达 55 亿元；暮云经开区成功引进湖南省唯一的地理信息产业园，园内，湖南地理空间大数据应用中心、中科遥感（湖南）科技园、创新创业基地、孵化中心、湖南地理小镇等五大招商平台正加速推进，助力园区挺向千亿级；天心文化产业园已有 800 余家文化创意企业集聚，园内企业齐头并进、竞相赶超，去年 8 月，文创企业中广天择成功在主板上市；创谷·长沙（国家）广告产业园趋步成为文化创新创意中心、地方经济发展驱动中心，新华社新媒体中心、央视网商场、清华启迪、金贝转创等 500 余家企业、机构强势入驻。四大园区，四大经济增长极！

与此同时，天心区还在北部长沙外滩板块大力发展金融产业，在这里，华融湘江银行、方正证券等数十家金融机构的抢滩入驻，更推动了华远华中心、汇景环球中心、保利国际等高端商务楼宇加速拔地而起。南北均衡发展的产业格局，不断增强产业整体竞争力，为天心加速融城肩负起"实力担当"。

3. 走两型之道，守护融城生态圈

南部新城的产业升级之路，是在尊重自然、守护生态的前提下进行的。在长株潭一体化进程中，城与城之间的无缝衔接，不是由钢筋水泥来实现，而是由一块连绵起伏、绿意盎然

的城市绿心紧密相连。这块绿心，被规划为生态绿心保护区。在天心区，长株潭绿心地区面积达 57.65 平方公里，其中禁止开发区 17.03 平方公里，限制开发区 14.65 平方公里，控制建设区 25.97 平方公里。

绿色，焕发出活力，意味着生机。肩负守护城市绿心的重要使命，天心区一方面编制环境保护规划，建立健全生态功能区和生态红线等环境保护制度，明文规定在绿心板块严格执行禁止或限制开发，同时将生态守护与产业发展结合起来，声势浩大地拉开淘汰污染企业的大幕。

高能耗退，高排放退，高污染退。一手抓淘汰、一手抓转型，一个个曾经在这片区域绽放过生命的企业，或退出了历史舞台，或凤凰涅槃。据统计，仅暮云经开区就共计淘汰了建筑行业、印刷行业、食品行业等领域 17 家规模工业企业，成功转型宝成建材、远航科技等数家企业。

大量工业企业退出了，生活在绿心板块的居民群众的就业门路也随之变窄了。考虑到绿心板块村民们的实际问题，天心区即将出台《天心区绿心地区生态基础性补偿实施方案》，该方案在综合考虑生态保护成本、发展机会成本和生态服务价值的基础上，对组织或个人进行基础性经济补偿，成为继市级"绿心奖励补偿"后进一步的"民生"补充。

宁可不要"GDP"，也要守护绿水青山，天心区缘何进行一场如此"破釜沉舟"的产业转型之路？天心区委副书记、区长谢进认为，地处长株潭国家级两型示范区的核心地带，天心区必须要在合理保护好绿心生态核心功能区的前提下规划南部新城建设，将绿心建设成为南部新城的重要功能区、连接三市的功能纽带，把绿色作为南部新城发展的生命色彩，打造绿水青山与金山银山相得益彰的生态田园都市区。

秉持生态为先的理念，天心区还进行了一系列绿色革命——启动提质改造南大门工程，大手笔复绿。早在2014年，天心区启动实施南大门提质改造工程，以此做美南大门、推动一体化。建芙蓉南路林荫大道，建环保路林荫大道绿廊，八大提质项目同步推进。如今，曾经尘土飞扬的环保大道两厢，香樟、栾树、山茶树比肩而立、蔚然成荫；先锋公园、红旗广场、中信绿化广场、城铁先锋站前绿化广场等一个个新建公园、小游园形成数万平方米的绿化公园，花草遍布、错落有致，精细地装点着南大门。

以美丽乡村建设为契机，大力度播绿。地处绿心核心范围的暮云街道注重抓好美丽乡村道路建设，做好美丽乡村水系规划，着力打造"一水一景""一水一品"。通过开展美丽乡村建设，目前，天心区建成绿色示范庭院120户、乡村公园3个、绿色示范村庄1个，基本实现农村地区生活垃圾分户收集、集中清运，垃圾无害化处理率达90%以上，卫生厕所普及率达95%以上。

利用好好山好水好风光，大决心"延绿"。南部新城山好水好风光好，千里湘江蜿蜒西流在此形成了18公里长的"最美黄金岸线"。随着城市南进，长沙的都市休闲方向也随之南移。目前，天心区正大力推动将生态环保的文化娱乐旅游项目引进南部区域，促进暮云、南托片区旅游业发展，以形成辐射周边市州的休闲生态旅游圈，形成辐射东西、纵贯南北的全域旅游发展格局。

4. 持人本之要，打造融城生活圈

"长株潭一体化的最终目的，是为三市人民创造更加幸福美好的生活！"省委书记、省人大常委会主任杜家毫说。

美好的生活是动静皆宜的。如果说，精致精巧的乡野庭院、连绵连片的生态绿心、绿意盎然的社区公园构成了南部新城的静态美，那么人的流动、人的活动，则构成了这座新城的动态美。在加速推进长株潭一体化进程中，一个商圈的建成开业，让南部新城人流涌动，充满活力。

所谓无商不成市、商贸可兴市。近年来，天心区沿芙蓉南路两厢，北至雀园路、南至万家丽路一块规划无序的南部新城边缘洼地，着手打造面积 8.32 平方公里的长株潭商圈，定位为面向长株潭城市群的商贸特色功能突出、高端服务业发达的区域性消费中心主平台，以此崛起融城商业核心极，带动人流。

近年来，中海环宇城、鑫悦汇、麦德龙、迪卡侬等众多资本大鳄纷纷进驻商圈，建成开业。其中，中海环宇城是以儿童专属梦想空间为核心的全业态消费中心，在这里，除了逛步步高超市、到华夏太古影城看电影外，还可到汇聚芬兰血统的幻贝家魔法小镇、七大儿童主题游乐园悠游堂，体验一把孩童乐趣。

业态丰富、极具特色的长株潭商圈，成为长株潭三市市民的购物休闲绝佳地。每逢周末人流爆棚。据统计，早早落户商圈核心区的友阿奥特莱斯，因为商圈带动，零售额从几年前的2亿元飙升至14亿元，其中50%的人流来自外地。

美好的生活也是宜居宜业的。南部新城区域位处城乡接合部，基础设施欠账较多。为了提高这片区域的整体开发价值和人口聚集能力，构筑宜居宜业的生活环境，天心区不断推进基础设施、公共服务等一切生产生活要素南延、再南延。

推动地铁1号线向融城核心区延伸，推进新韶山南路、月塘路二期、西湖路、圭白路等加快建设，启动107国道（暮云段）城市化改造工程和伊莱克斯大道西沿线等工程。以路网体系为支撑的基础设施网络不断完善，助力长株潭三市加快形成绵延相接的发展之势。

打造长株潭企业服务平台，导入神州企橙聚集的全国5000余家商业服务机构、200余家知名投资机构和明星投资人、100余位知名创业导师、3万余个优秀创业项目以及50余位顶尖培训讲师，为企业提供政策咨询、二次招商等一条龙服务，助力三市创业者在此加速云集。

建成长郡湘府中学、湘府英才小学、中信小学、中建仰天湖小学、先锋小学，教育配套日趋完善，新老居民无后顾之忧；开通长株潭商圈购物免费便民巴士，让老百姓在鑫悦汇、环宇城、友阿奥特莱斯、轨道交通站点等地往返购物出行更加便利；建设总投资45亿元的中南大学湘雅五医院，极力解决长株潭地区人民群众看病就医难题。

当通信融合，三市之间的长途通话变为"本地通话"；当交通融合，生活与工作分在两地的"钟摆族"越来越多了；当南部新城打破产业发展与城市建设分割开来的传统做法，走出一条以产兴城、以城促产、产城融合之路，发展成中部物流、信息流、资金流、人才流的洼地，融城向心力，便在此产生了！

（作者：周云武、陶芳芳、王若飞）

2018 年 1 月 24 日

潮平江阔正扬帆

—— 望城区改革开放 40 年暨恢复建制 40 年回眸

1. 治水兴水，一群古镇冠天下

望城傍水而生，也因水而忧，这座城区的发展史，也是一部治水史。根据《望城县志》记载，每年春末、盛夏，让望城人民揪心，凡湘中、湘东、湘南连降大雨，湘江下游便河水陡涨，洪水漫堤而下，轻则渍涝，重则溃垸，几乎每 4～5 年就有一次洪涝灾害。

治水患，成了望城历任决策者头等民生大事。

近年来，望城区以构建"安全可靠的防洪减灾体系、节约高效的供水保障体系、水清岸绿的流域生态体系"为目标，点燃了"水"引擎，相继实施了高裕垸城市防洪工程、胜利垸城市防洪工程、湘江西岸防洪保安工程、马桥河防洪整治工程、大众垸防洪整治项目等，特别是抓住《洞庭湖生态经济区规划》的有利契机，实施打造区域内的防洪闭合圈、道路交通环、沿江景观带的重要工程举措，变"水患"为"水利"。

2017 年夏天，一场特大洪水席卷长沙，望城顶住了压力，湘江干堤全部守住，万亩堤垸全部保住，没有一例人员伤亡。

水患治愈，轻舟已过万重山。因水而起，望城转换思路，借水突围！

沿着湘江行走，从靖港、乔口、新康、丁字、书堂到铜官，时代的更迭见证了古镇兴衰，水陆交通的变更也加快了古镇的落寞。

"一处湘江古镇群，半部湖湘文化史。"近年来，望城区决策者因时而变、与时俱进，做活了一篇篇"水文章"。2016年初，《湘江古镇群三年行动计划》审议通过，湘江古镇群迎来了"二次规划"重大机遇，通过挖掘整理、保护开发修复，探索了一条古镇群落的复兴之路。

湘军小镇靖港、湘陶小镇铜官、湘食小镇乔口、湘戏小镇新康、湘学小镇书堂、湘艺小镇丁字。一个个各具特色的古镇凤凰涅槃，挺立湘江畔，惊艳全球。

一个值得自豪的时刻！2017年5月14日，习近平总书记在"一带一路"论坛的主旨演讲中说到，"黑石号"见证了海上丝绸之路的历史。而"黑石号"上67000多件陶瓷等器物，有56500件来自望城铜官窑。这不仅是中国连接东西方海上丝绸之路的历史见证，也让铜官窑获得了"千年前世界工厂"的盛誉。

铜官窑不负盛名！2018年8月28日，历时六年、投资百亿元的新华联铜官窑古镇开门迎客。开放首日，接待游客近3万人次。

湘江北去，文旅崛起，以水为媒，望城开启了全域旅游时代！今年"十一"黄金周期间，望城迎客125万人次，创收

5.51 亿元，特别是古镇游产品成为望城区新兴旅游增长点。因水而生，乘水而兴，一个新时代的辉煌与灿烂到来。

2. 依水而兴，一江两岸万象新

望城，距长沙市区中心仅 18 公里，是离城最近之地，作为湖南重要商品粮基地，望城一度只是个典型的农业县，虽然临城而居，也只能望"城"兴叹。

转机来自 2000 年。望城的决策者在探索县域经济发展路子上，意识到要把区位优势转化为经济优势，必须依托省会长沙来发展，于是"融城强县"的发展战略鲜活出炉！

融城，交通是关键。以前，从县城到长沙仅有雷高公路和雷锋大道两条公路，分别需 1 小时和半小时车程。望城人拓改了雷锋大道，将望城至长沙的车程缩短近 10 分钟。

但望城人希望跑得更快些。2002 年，投资 3.2 亿元开始修建长 9 公里、宽 100 米，街景灯、绿化带、地下管网一应俱全的金星大道，将望城县城到长沙的车程进一步缩短。

交通不仅连通长沙，还要辐射更广阔的天地。近年来，望城区委、区政府统筹城乡交通建设，一个"融入全国、策应全省、对接长沙"的开放式、综合型交通体系正在形成，南向，京珠西线、黄桥大道、马桥河路、西三环线、雷锋大道、金星大道、湘江大道、潇湘大道等公路飞驰长沙；北向，雷锋大道、京珠西线、芙蓉大道、桥泪公路等连接岳阳湘阴；东向，京珠西线、黄桥大道（航电枢纽）、北三环和北二环 4 条通道横跨一江两岸；西向，长常高速、金洲大道和 319 国道 3 条道路驰骋宁乡、益阳。

不仅如此，长沙地铁 4 号线、长株潭城铁、渝长夏高铁均加速推进，望城形成了高铁、城铁、地铁、普铁、高速公路、快速干道"六位一体"立体交通。

交通一旦布局，引领城市格局，拉动经济发展。从"工业兴县、园区兴工"到"一江两岸、协调发展"的战略，望城人从零起步，迈开跨江发展的步伐！

2000 年，在湘江西岸，布局望城经开区，经开区从 28 万元起家，2014 年迈入"国家队"，2017 年全年完成规模工业总产值 1044.5 亿元，成功挺进"千亿俱乐部"。

2008 年，在湘江东岸，布局铜官循环经济工业园，10 年间，铜官循环经济工业园获批省级高新区，形成了新材料、生物医药两大主导产业，临港经济雏形初现，已然成为长沙城北大工业板块的耀眼园区。

还是湘江西岸，2013 年，望城在乌山街道境内布局望城区中小企业园，彼时工业产值由零起步，到 2017 年累计跃升至88.6 亿元，形成了以"先进工程机械制造、电力智能装备制造、新材料"为主导的工业格局，成为省级产业园区。

一个个企业矗立湘江之畔，"一江两岸、东西互动"的城市格局加速推进，望城经济跑出加速度，区域综合竞争实力、投资潜力连续 5 年位居市辖区全国百强。数据显示，2008 年，望城地区生产总值 194 亿元，财政总收入 17.06 亿元。2018 年望城预计地区生产总值将接近 800 亿元，十年间翻了两番！

3. 大江奔流，文化魅力绵延长

望城，雷锋故里。红色文化在这里涌动。40 年来，望城人始终把雷锋精神作为一种信仰来追求、一份情感来守护、一种习惯来延续，雷锋精神已经成为望城的区魂。

湖南雷锋纪念馆自 1968 年 11 月 20 日建成开放以来，吸引、接待了来自全国各地和世界 50 余个国家（地区）的参观者 4000 多万人次，俨然已成为一座神圣的道德殿堂。今年 3 月，面积更大、内涵更丰富、展示方式更多元化的新雷锋生平事迹陈列馆建成迎客，将在宣传和弘扬雷锋精神、推进社会主义核心价值观建设中发挥更大作用。

60 年前，1958 年秋天，在望城县委当交通员的雷锋从湘江码头溯水北上，从此"雷锋"这个名字传遍了大江南北。今天，从望城走出的姚建刚、郭德高等 7 名"中国好人"，"全国道德模范"周美玲，"时代楷模"望城区公安消防大队，以及 50 余名省、市"道德模范"、"长沙好人"和提名者，再次以无私的大爱温暖了人们的心灵。

文以植德更能传情，望城的传统文化在湘江两岸翻起时代浪花。沿着江河行走，临书堂山上，洗笔泉墨云浮水，景物依然；循先贤足迹，访乔口，品杜甫笔下的《入乔口》；登黑麋古刹，群山朝拱，看气象万千；逛铜官古街，长沙窑火，烧旺盛唐的"世界瓷器工厂"，在"一带一路"的时代背景下，续写着千年"丝路"荣光。

望城文化如湘江之水奔流不息。今天，望城区委、区政府将文化建设作为推动"名望之城"建设的重要一环，区域文化软实力不断提升。

14 个街镇文化站、40 个示范性村（社区）综合文化服务中心、145 个农家书屋、152 个文化广场为城乡居民织起一张全覆盖的文化公共服务网，万场文艺下乡活动让群众在家门口即可享受精神盛宴。"每天一书、每周有戏、每月有约、四季欢歌"的活动铺排串起人们一整年的文化生活行程，110 支业余文艺团队载歌载舞，用最"接地气"的草根节目演绎着新时代的幸福生活。为鼓励文艺创作，该区设立"雷锋文学艺术奖"，首届即拿出百万元重奖 40 余部优秀文学艺术作品。在这样浓厚的氛围中，书堂山文人书法展、"铜官窑古镇杯"文旅创客大赛等文化活动品牌应运而生，第七届鲁迅文学奖获得者纪红建等优秀文人相继涌现，望城真正迎来文化的春天。

40 年后的今天，驻足湘江之畔，举目远眺。一座美丽、强盛、幸福的名望之城正在崛起！

（作者：陈新、谢璐）

2018 年 12 月 3 日

40 年，见证望城蝶变

黄土地上飞出"金凤凰"。

十几年时间，这里早已厂房林立，道路四通八达，一派生机勃勃景象。

而泰嘉也已成为金属锯切行业内的翘楚，并于 2017 年 1 月成功在深圳证券交易所上市，成为这片黄土地上飞出的"金凤凰"。

"泰嘉可以说是望城经开区发展、壮大的见证者，更是参与者。"方鸿说，当时望城经开区还没成立，寥寥几家企业散落在县城东南一片 6.33 平方公里的荒野。但望城政府的真诚打动了他，最终决定留在这里创业。"没想到望城区政府这么给力，帮助我们实现了一年建成投产。"

方鸿没想到的还有 2009 年经历的用电荒，2008 年湖南大范围的冰灾，导致电网遭受严重破坏，影响了供电。"当时电力局要求先保障居民用电，所有企业供电砍掉一半，可我们企业比较特殊，必须 24 小时供电，才能保证正常生产，这可把我急坏了。"方鸿把困难跟经开区领导一汇报，立即就得到回应，经开区领导带队与长沙市经信局、电力局衔接、协调，最终确保了泰嘉的用电。

不只是经开区，望城区国税局经常性、真心实意的帮助、指导也让方鸿倍感温暖，"企业这么多年，发展得这么顺，离不开望城以及长沙市各方面的帮助。"

当然，泰嘉也没有辜负大家的期望，从一个车间发展成三个车间；从产量不到 200 万米到产量 1600 万米；从一家创业初期粗放型的企业发展为行业内的翘楚，2017 年产值近 4 亿多元，纳税近 4000 万元。

2000 年时，望城还是一个典型的农业大县，旺旺集团几乎就是望城工业的代名词。2002 年，中联重科工业园落户望城，金星大道启动建设；2005 年，晟通科技、大北农等项目启动建设，入园企业达到 91 家；2006 年，园区由"湖南省台商投资区""湖南省高科技食品工业基地""湖南望城国家农业科技园"三园合一正式升格为湖南省望城经济开发区（简称望城经开区）。

从此，望城经开区驶入高速发展的快车道，2014 年迈入"国家队"，2017 年全年完成规模工业总产值 1044.5 亿元，成功挺进"千亿俱乐部"，财政总收入迈上 40 亿元新台阶。

湘江村里说变化。

沿湘江西岸大堤前行，有一处 5 平方公里的土地，每到汛期，这里总是一片汪洋。

11 月 28 日，同一处土地，却是水清岸绿，鸟语花香，整洁亮丽。

"湘江村早就变了，从'水窝子'变成了休闲观光的美丽乡村，节假日日均接待游客超千人。"1982 年出生，土生土长，现为望城区高塘岭街道湘江村支部书记的邓志平话语中满是骄傲。

"在我印象中，90 年代的湘江村到处都是泥巴，泥巴沟、泥巴路，还有不少的土砖房，一到汛期内涝严重，烂泥巴到处都是。"邓志平说，小时候自己印象最深的就是村里的泥巴。

1992 年，邓小平南方谈话后，湘江村一部分人开始外出谋生，大部分从事建筑方面的工作。"1995 年的时候，我们村里就有了十几辆摩托车，不少人盖起了新房子。"邓志平也曾在外工作多年，从事的也是建筑行业。

"2004 年，我的月收入就有 6000 多元，在 2005 年买了人生的第一辆车。"邓志平说，虽然自家的日子过得愈加殷实，但是每次看到依旧破旧的家乡，心里总会泛起心酸。2011 年，邓志平决定留在家乡发展，并当选为村支部委员。

此时的湘江村，依托良好的区位优势，已有人在此创办了生态农庄。特别是 2013 年，宝丰农业在湘江村落户，带来了新的发展理念。2014 年，湘江村在新一届班子的带领下，开始了一系列动作：完善基础设施，整治河道、沟渠，建设人工湿地，实施垃圾分类，开展美丽庭院建设等，湘江村开始走上蝶变之路。

2016 年，为了实现规模经营，湘江村成立了土地专业合作社，全村 3400 亩土地入社 2700 余亩，并全部实现流转。

土地高效流转的同时也促进了规模化、现代化农业的发展，近几年，湘江村相继有 4 家企业落户，并形成了优质农产品自主品牌，休闲农业品牌也逐步打响。湘江村已从原来泥巴满村的落后村发展成为省级美丽乡村示范村，全村 1070 户，有 600 多户买上了小汽车。

去年，邓志平高票当选为湘江村党支部书记，责任更大，劲头更足，"下一步，我们将做精现代休闲农业，希望游客来了，走到任何一个角落，都像走进了现代农业大公园。"

一段渡江史，一首发展歌。

刘静每次开车回老家望城区东城镇（今茶亭镇）时，总回想起曾经坐轮渡过江的场景："等半天、慢悠悠。"如今，轮渡不见，回家走京珠西线，航电大道，车快人畅，好不惬意。"轮渡慢慢退出望城历史舞台的过程，就是望城经济突飞猛进发展的历程。"刘静感慨。

一条湘江，穿望城而过，把望城分成了河东和河西。一座城市，隔江相望，20 世纪以前，人们过河只能乘坐渡船。

1997 年，因父亲工作调动，刘静举家搬到了位于河西的县城，从此，便有了每个周末与渡船为伴的记忆。"几乎每到周末，父母都会带着我回河东的老家，总是要早早起床，赶轮渡，有时需要等上半天，有时还会遇到轮渡下班，我总是嫌麻烦赖床不愿意回去。"刘静说，坐轮渡回家几乎与自己整个青春期相伴。

改革开放以后，随着两岸经济的繁荣，轮渡显然满足不了人民群众的出行需求。随着湘江三汊矶大桥和绕城高速的竣工通车，过河有了更快捷的通道。

再后来，在"融城强县"发展战略的推动下，望城的过江通道增加到了4条，不少轮渡被时代淘汰，退出了历史舞台。刘静回老家，也再没坐过轮渡。

不只是过江通道，望城去省会长沙的通道，也增加到了9条，车程由原来的一个小时或半个小时缩短至十几分钟。

"随着四通八达道路网的拉通，望城也迈入了高速发展的快车道，早已从郊区变成了城区，菜园变成了花园。"刘静说，这么多年来，她见证着渡船从必备的交通工具到退出历史舞台，更是见证了望城河西河东跨江交通体系的迅猛发展。

怡华楼：伴古镇兴衰起伏。

在靖港古镇，有一处叫"怡华楼"的铺面，从清末民初起，就在靖港做粉、卖粉，沉浮上百年。如今，这家店已传至第5代，却依旧保持着传统的手工制作，坚守着手工粉的初衷。

11月28日，我们在靖港古镇见到"怡华楼"的第4代传承人易国宁时，今年65岁的他正站在招牌下不紧不慢地推着石磨，米浆一点点地从石磨出口流出，汇入盆中。一旁的妻子把米浆倒入蒸锅，不一会，米浆凝固，冷却后，一张圆形的米皮被晾晒在了屋内的面台上。

"手工磨米浆不辛苦吗？""辛苦点没事，只要顾客吃起来味道好就值了。"易国宁说，自家在靖港做米粉已有5代，一直秉承着传统的手工技艺，也见证着古镇的兴衰起伏。

1982年以前，易国宁的爷爷和父亲都是"怡华楼"饮食店的厨师。"那时公私合营，怡华楼的私方负责人就是我爷爷和我父亲。"随着改革开放的到来，靖港也开始允许搞个体经营，易国宁当时就把"怡华楼"重新开了起来，由妻子负责经营。

"那时古镇非常热闹，好多政府单位和公办企业都在靖港，随着改革开放的推进，很多公办企业经营不下去倒闭，单位也迁走了不少，靖港也就慢慢萧条了。"易国宁说，随着古镇的萧条，"怡华楼"也经营不下去了。

2001年，易国宁带着一家4口来到长沙创业，"当时我们在新河经营百货和化妆品生意，收入还不错。"随着易国宁全家离开靖港，"怡华楼"在靖港消失了8年时间。

直到2008年，一场关于推动望城古镇群复兴的"战役"打响。望城区委、区政府首先启动了靖港古镇保护性开发。看到商机的易国宁带着一家人回到了靖港，把原来的老房子修饰，在一楼重新竖起了"怡华楼"的招牌。"我记得古镇是2009年9月开街的，我们早一年回来，开街后，生意又慢慢地好了起来。"

如今，"怡华楼"在古镇上开了两家店，易国宁的两个儿子还在长沙开了两家分店，一家人打算努力把"怡华楼"做成连锁，发展成一个产业。

守在古镇的易国宁经常感慨："没有古镇就没有如今的'怡华楼'，伴着古镇而兴衰，也希望可以为古镇复兴添彩。"

（作者：张福芳）

向空中要财富

——芙蓉区改革开放 40 年成就展示之一

1. 缘起——城区空间不足，发展重心向天空转移

芙蓉区的前身，是长沙市东区。东区可不简单——长沙老牌强区，基础设施过硬，传统商贸业发达。

党的十一届三中全会后，东区即驶入"快车道"，经济发展进入黄金时期。至 20 世纪 90 年代初，东区实力已全面彰显：人流、物流、资金流、信息流高度密集，国内外企业纷至沓来，争先在这里设立总部或办事机构。

随着市场经济的蓬勃发展，华侨大厦、银华大厦等一批专业写字楼开始在这悄然生长；富丽华、通程、湘泉等星级酒店也如雨后春笋般涌现，那几年，长沙市 70% 以上的三星级酒店分布在东区的大街小巷，区内楼宇经济开始萌芽。1996 年，长沙市调整行政区划，撤销东区、南区、西区、北区和郊区，设立芙蓉区、天心区、岳麓区、开福区和雨花区。接下来几年，芙蓉区发展依旧强势。

步入 21 世纪，芙蓉区风采不减，经济仍然保持高速增长，但老城区病也开始显现——因城区空间不足，可供建设用地越

来越少，开发成本越来越高。如此下去，经济发展将遇"梗阻"，该如何应对？芙蓉区委、区政府经研究决定：大力发展楼宇经济，将发展重心向天空转移。

说干就干！2003～2005年，芙蓉区委、区政府数次组团赶赴香港、上海、青岛等地学习经验，边学习边行动，其间，一系列政策相继出台。

——2004年初，芙蓉区委着手成立商务楼宇经济发展领导小组，并委派区经济贸易局负责楼宇经济日常管理工作；4月，发出《关于加快发展商务楼经济的若干意见（试行）》，出台了一系列发展楼宇经济的优惠政策，并拿出100万元专项资金扶持楼宇开发商，还对入驻楼宇企业给予房租补贴，对楼宇产权主体和相关物业管理部门给予税收奖励。

——2005年3月，芙蓉区委、区政府决定成立芙蓉区长沙商务中心区建设领导小组办公室暨楼宇经济发展办公室（简称区楼宇办），并把它作为区政府常设机构，负责全区楼宇经济发展工作；5月，出台《关于大力发展楼宇经济的若干意见（试行）》，拿出500万元专项资金，加大对楼宇经济扶持力度；12月，制定《〈关于大力发展楼宇经济的若干意见〉的实施细则》，进一步推动全区楼宇经济快速发展。高位统筹，强力推进。宏图起，芙蓉新！

2. 发展——基层积极参与，楼宇经济渐成全区主要财源

独脚难行，孤掌难鸣。芙蓉区委、区政府比谁都清楚：想进一步做大、做强楼宇经济，光靠区级层面的努力是不够的，还需各街道、社区积极参与。

2006年，芙蓉区委、区政府重新调整楼宇经济的扶持政策，增加了对基层的奖励额度，调动了街道、社区发展楼宇经济的积极性。这一年，全区各街道先后成立了楼宇经济发展领导小组，并明确了楼宇专干，设置了楼宇联络专员。一张覆盖区、街道、社区、楼宇的四级联动楼宇信息管理网络，在芙蓉区悄然生成。

为及时跟进楼宇经济的发展情况，区楼宇办还编制了楼宇入驻企业情况调查表、在建楼宇项目情况调查表、楼宇资源情况调查表、楼宇入驻企业异动情况表、楼宇闲置资源情况调查表，等等，在规范楼宇经济相关数据报送和统计工作的同时，有效促进了楼宇经济发展。2006年底，芙蓉区共有商务楼宇92栋，"上楼"企业2723家，楼宇经济已初具规模。凭借着楼宇经济这一新的增长点，当年，全区地方财政收入继续保持大幅增长，再次领跑全省各区县。

楼宇经济蓬勃发展，受益的何止是区一级。彼时的浏正街街道，面积不大——仅0.2平方公里，可实力不容小觑——年上缴税金高达5000余万元，其中楼宇经济贡献率占1/4；位于五一大道旁的亚大时代广场，年上缴税金近1000万元，对全区经济发展的贡献，不低于一条繁华的商业街。

顺势而为，芙蓉区自我加压。2008年芙蓉区委、区政府又出台《加快楼宇经济发展的实施意见》，帮助全区新增商务楼宇面积60万余平方米，引进各类现代服务业企业400余家。泰贞国际金融中心、明城府等一批重大项目，也在政策的鼓励下启动建设。

这一年，楼宇经济对芙蓉区的税收贡献率已达35%，渐成政府财政的主要来源。

3. 嬗变——楼宇量质双升，对全区经济贡献率已超60%

"这就是芙蓉中央商务区。"站在芙蓉区地图前，区楼宇办有关负责人拿出笔，画了个小圈，难掩自豪。自2006年起，该区积极引导新建楼宇向中央商务区（CBD）聚集，形成了以五一大道、芙蓉路、韶山路3条城市干道两厢为主体的三大楼宇经济带。截至2017年，全区拥有商务楼宇220栋、总建筑面积超770万平方米，其中134栋在CBD核心区，商务楼宇对全区经济贡献率已超60%。21家"世界五百强"办事机构聚集在CBD核心区。量质双升！芙蓉楼宇经济的业态，早已由传统商贸业升级为金融、电子商务、现代服务等高端产业。

成绩来之不易，芙蓉人是如何做到的？改造旧楼宇，升级旧业态。在芙蓉区，老旧楼宇有近63栋，面积达200多万平方米。银华大厦是该区老旧楼宇的缩影，这栋1998年建成的建筑，曾是湖南首幢智能化楼宇、长沙十佳建筑之一。"2008年入驻银华大厦，那时的办公楼已很陈旧，配套设施老化严重。"金立公司华南总监曹猛回忆。

转变出现在2017年4月，银华大厦开始了紧锣密鼓地改造，从整体格局到建筑用材，都做了严格的要求。改造不止于楼宇内，还延伸到了大厦外，距离银华大厦不到50米，区政府新建了九如巷智慧停车场，新增了260个停车位。据悉，银华大厦的主体改造将于3年内完成，已完成改造的楼层被企业抢租一空，租金也增长了40%。

不只是银华大厦。2017年12月，芙蓉区出台《促进产业发展扶持办法——现代服务业》，补贴全区老旧楼宇的提质改造，芙蓉区单列发展楼宇经济八条激励政策，加大提质改造力度。

如今，老旧楼宇蝶变之风，正吹遍全区。除了提质改造，还有业态升级。近年来，芙蓉区委、区政府通过打造专业楼宇平台，发展特色产业集群，楼宇经济向高端化、集群化、专业化发展。

原科佳摄影城，是传统的老旧卖场，效益急剧下滑。芙蓉区从顶层设计入手，打造"湖南影像创客空间"，为创业者免费提供办公场地和设备设施，吸引了一批"有点子、缺票子"的影像创客；设立1000万元产业扶持资金，构建集影像原创知识产权（版权）、产品孵化和共享于一体的产业链。目前，"湖南影像创客空间"已被评为"国家级众创空间"。

何止是科佳摄影城。2014年8月以来，芙蓉区积极推进专业楼宇打造工作，成功对中石油大厦的"总部大楼"、中天广场的"金融服务大楼"、华泰尚都的"律政服务大楼"、新南天古汉广场的"文化创意大楼"等专业楼宇授牌。

一楼一特色，一楼一产业。一方面，提升了"上楼"龙头企业的产业集聚效应，促进了相关产业集聚化发展，也带动了整栋楼及周边地区的经济活力。另一方面，留住了优质企业，保障了专业楼宇的产业特色和专业品质。

4. 巩固——党建引领强服务，企业归属感增强，群众幸福感提升

发展楼宇经济，服务不能缺位。"要为楼宇提供全面服务，帮助企业解决实际困难。"区委副书记、区长周春晖在多个场合强调。

党建引领强服务。位于韭菜园街道的亚大时代，如今聚集了一股红色力量——亚大时代联合党总支，支部党员将楼内闲置酒吧改造成了300平方米的党群服务中心，里面设置了学习会议区、综合服务区、党性教育区、红色沙龙区，还新增了健身房和电影吧。

在亚大时代一楼，党员们利用"开放式"前台，和楼宇企业共建人力资源、金融、物业等服务点，为企业白领排忧解难。

在党建引领下，各企业工会、职代会也"动"了起来，先后组建楼宇工会、妇联、团组织，等等，开辟了"楼宇青年说""交友会客厅""充电小课堂""放松加油站""公益新天地"，以小公益、微课堂为切入点，积极组织开展讲习夜校、联谊交友、文体健身、志愿服务等各类活动，大大提升了企业归属感、群众幸福感。

定王台街道探索成立楼宇联合党委，在它之下，有16个楼宇联合党组织，每个对应一栋以上商务楼宇，不断夯实党建服务阵地。长沙国际金融中心开业前，一支由芙蓉区行政审批局联合街道、社区组成的党员服务小分队，曾多次爬上高楼，上门服务，为项目提供行政许可或备案代办及相关服务。

2017年3月开始，芙蓉区31名区级干部又多了一个身份——"楼长"，联系31栋重点楼宇。"楼长"和相关服务团队不仅要通过走访、调研、现场办公等，了解重点楼宇和楼内企业生产经营状况，还要准确掌握其发展中存在的困难和问题，并及时予以解决，真正做到"心中有楼、政策进楼、服务上楼、企业满楼"。

"楼长"也是政策的"宣讲员"。芙蓉楼宇经济的相关政策解读、部门的对接、服务的落实，也在"楼长"日常"工作表"中。

抢抓机遇，芙蓉加深改革。从推行"多证合一、一照一码"商事登记模式，到率先全市推出"限时办结制""服务代办制""首问责任制"等一系列政策红包，再到打造"不打烊"网上政府，芙蓉区持续在优化营商环境上发力。"吸引更多资源促进楼宇经济发展，必须在比服务、比效率、比环境上练好内功。"区委书记于新凡说。

（作者：邢骁）

2018 年 12 月 3 日

向环境要品质

——芙蓉区改革开放 40 年成就展示之二

1. 久久为功，颜值更高气质更好

初冬时节，从空中俯视芙蓉区，碧空如洗，江天寥廓，良好的空气质量使人心旷神怡。"高颜值"的蓝天并非偶然，而是芙蓉区历届决策者一脉相承、久久为功的结果。

翻开芙蓉区历史，时光回溯到 40 年前。1978 年，党的十一届三中全会吹响改革开放的号角。1979 年 6 月，芙蓉区当时称作东区，决定成立东区环境保护办公室，芙蓉区环保事业随着改革开放的春风踏步前行。

数据显示，1981 年，东区 189 家中央、省、市、区工厂企业中，有污染物排放的 60 家，占总数的 31.3%。经济发展同时，芙蓉区也面临"成长的烦恼"，生态环境问题也逐渐显现。如何兼顾经济发展与环境保护，这是摆在决策者面前的一道选择题。

东区区委、区政府主要领导清醒地看到，发展不能竭泽而渔，既要发展经济，更要抓好环境。随即确定，东区的环境保护管理工作的重点是：控制大气污染！

从 1985 年起，东区开始采取分路段和分片区建设的办法，创建烟尘控制区。1988 年到 1990 年，东区创建三个烟控区，即韶山南路以东，五一路以北至区边界 5.28 平方公里；东郊两铁路之间和杨家山市政府机关宿舍 1.5 平方公里的烟控区。通过"重拳"整治，烟控区内锅炉、茶水炉、工业窑炉、土灶都达到了烟尘控制区的验收标准，1991 年 3 月，长沙市政府授予东区为烟尘控制达标区，成为全市第一个烟尘控制达标区。

时光荏苒，历届决策者将保护环境、生态文明建设一脉相承、层层递进。2008 年，芙蓉区环保局同区环卫部门积极合作，成立治尘办，整合资源、统一指挥调度，形成治理扬尘的最大合力；环保局与建设部门协同配合，加强建筑工地扬尘污染控制，确保围挡率、覆盖率、出入口车行道路硬化率和出入车辆的清洗率均达到 100%。

2016 年以来，芙蓉区为进一步提升空气质量、推进清霾行动、挖掘减排能力，全面开展高污染燃料禁烧行动，组织开展联合执法行动，将燃煤污染治理的对象瞄准了第三产业；2017 年 12 月 10 日，芙蓉区承担的 4015 台黄标车淘汰任务全面完成，在内五区率先实现清零。

2018 年 1 月起，一场席卷全市的环境污染整治大会战——"蓝天保卫战"在长沙打响。芙蓉区迅速围绕市委、市政府部署，狠抓大气污染治理，严格按照控尘、控车、控排、控烧、控煤、控油"六控"和"十个严禁"要求，从严从重查处各类污染大气的违法行为。

改善空气质量措施进一步深化和精准。从今年 8 月起，芙蓉区联合第三方环保科技公司开展大气污染防治，通过雷达定点扫描、雷达走航巡查、无人机巡查与手持颗粒物监测设备等技术，对大气污染源实行"多点包抄"，以改善大气环境质量。

2. 一水清流，浏河两岸景象新

浏阳河缠绵婉转九道弯后，拥入浩浩湘江，将最浓墨重彩的一弯落笔芙蓉区。如此美好的浏阳河，见证了芙蓉区"水文章"治理的脚印。

10年前，老百姓抱怨："腰包鼓了，水质却在变劣。"芙蓉人清醒地认识到，水不仅意味着生命，意味着资源，更意味着未来；治水攻坚战，就是要对传统发展方式、生产方式、生活方式进行根本变革。

从2006年7月，芙蓉区委、区政府为保护浏阳河属芙蓉段的水环境，决定投资8933万元，用三年时间对浏阳河流域地区进行综合整治，改善区域的水环境，提升浏阳河的品位，促进该区域的工业、商贸业、旅游业的发展，改善沿岸居民的居住环境，提高生活质量。

治水不仅是一场攻坚战，更是持久战。2013年，芙蓉区以浏阳河为主线，整治与转型兼顾，拉开了一场波澜壮阔的"治水大战"。芙蓉区出台《浏阳河芙蓉区段污染治理实施方案》，成立由区长任组长、10个职能部门及街道为成员单位的浏阳河污染治理工作领导小组，现场调度、专题会议，详细分解责任目标，加速推进行动进展。

同时，由区政府督查室定期对相关部门和街道的目标任务完成情况开展考核监督，确保工作按时序进度顺利推进。

水质要提升，截污处理系统建设和污水处理是关键。2014年，芙蓉区完成了全部污水管网建设和沿线杉木港、六厘港、罗溪港、泉水塘、姚托撇洪渠、砂嘴子 6 个排口的截污改造；2017 年，芙蓉区完成辖内罗溪港、双杨渠、沙咀子港等在内的13 处黑臭水体治理，一条条黑臭河清澈起来。

问题在水里，根子在岸上。芙蓉区实行水岸同治，标本兼治，先后完成砂场整治、500 多户畜禽养殖户全部退出和石材加工厂全部退出或拆除；针对水上餐饮经营活动的船只，芙蓉区采取"零容忍"态度，落实两天一查、一周一报的长效监管工作机制，做到发现一起、查处一起，目前浏阳河芙蓉区段没有水上餐饮经营行为。

河长上岗，"老大难"问题迎刃而解。2017 年，芙蓉区建立河长制，党政一把手管河，一竿子插到底，层层压实河长责任，同时在浏阳河设置水质监测点 38 处，增设浏阳河自动水质监测站 5 处，及时对浏阳河水质预警。

徜徉在浏阳河芙蓉段，看清波泛起，越来越多的人开始亲近浏阳河，触摸浏阳河，倾听浏阳河的故事，享受浏阳河的馈赠。

3. 精雕细琢，城市有内涵更有温度

漫步在芙蓉区的大街小巷，细细品读这座城市，既能感受扑面而来浓浓的商业气息，又能触摸一种古老而悠长的韵味。

40 年，芙蓉区城市品质建设随着经济壮大而日益丰厚。1992 年，芙蓉区大力开展高标准绿化示范小区建设，涌现出如王府花园、梦泽园、水云间等一批以良好的园区绿化和生态环境为优势的高档楼盘居住小区。1992 年至 1998 年，芙蓉区委、区政府投资 110 万元，对蓉园路等十几条主次干道进行绿化恢复和补植，建设曙光北路、长岛路两条绿化样板路。1998 年 4 月，芙蓉区被省绿委授予"实现全面绿化区"称号。从 1998 年至 2008 年芙蓉区相继建设火车站绿化广场、五一绿化广场、芙蓉绿化广场、锦泰广场等，为广大市民提供休闲娱乐为一体的中心绿地。

芙蓉区的品质不仅仅体现在城市绿化，更是将品质内涵推向街头巷尾。

"推窗见绿，在家门口逛公园，这是何等韵味！"说起这两年，芙蓉区品质和内涵不断提升，家住芙蓉区的居民由衷地点赞。

2016 年 8 月 15 日，中共长沙市芙蓉区第五次代表大会开幕。芙蓉区以五年为奋斗目标，建设"财富芙蓉、智慧芙蓉、魅力芙蓉、幸福芙蓉"，推动芙蓉区向具有国际品质和湖湘文化特色的精品之区大步迈进。

"精美城区，不只是要做到精致精细，更应当有温度、有品格。"芙蓉区委书记于新凡一语中的。从此，城市之美，由外而内散发。

麻石小径、青砖老宅、雕花窗门，漫步都正街，这里浓缩了光阴的故事。自 2016 年开始，芙蓉区着手铺排对辖区内 26 条特色花街的打造。营盘路人文历史街上"潇湘八景"气势恢宏；东湖街道古井乡愁街里品井水甘甜；东屯渡喜文化街中让人步步知喜。如今，一条条赋予了"魅力芙蓉"的街巷涌现出来。

2017 年，芙蓉区启动强党建、提品质、惠民生"三大工程"和"九大行动"，率先全市发布社区提质提档"芙蓉标准"，打造了走马楼、识字里、荷晏等精品社区、特色街巷。

新画卷还在描摹，内涵正不断丰盈。2018 年，芙蓉区新增绿化面积 19 公顷，5 条林荫大道、2 个林荫广场、7 个城乡公园，五一路、芙蓉路、红旗路。各具特色的景观呈现在世人面前，仿佛人在画中游。芙蓉区还计划在 2020 年之前，建设 1000 公里绿道、1000 公里慢步道，实现主城区新增公园和游园 100 个，提质改造一批居住区公园。

城者，盛民也。城市之"美"，终极目标是为了提升民生福祉，这是芙蓉改革为民的新尺度。如今，芙蓉区正努力打造更加优质高效的 15 分钟"入学圈""医疗圈""健身圈""养老圈"，精细化服务，温暖百姓。

40 年发展历程，守住碧水蓝天，一个"绿富美"的芙蓉区正在成长；40 年后再出发，未来芙蓉区更耀眼！更迷人！

（作者：陈新）

2018 年 12 月 3 日

向发展要民生

——芙蓉区改革开放 40 年成就展示之三

1. 口袋鼓起来，生活好起来

这是一组抽象的数字，但它却是一部壮丽的史诗，赞美着人民有依靠有保障的幸福生活。

"十一五"期间，芙蓉区城市居民人均可支配收入和农村居民人均纯收入达到 24068 元和 16420 元，分别是"十五"期间的 1.9 倍和 2.3 倍；人均住房面积达 31.3 平方米，每百人汽车拥有量 13.8 台，分别是"十五"期间的 1.3 倍和 2.8 倍。

"十二五"期间，2015 年芙蓉区居民人均可支配收入达 42700 元，年均增长 12.1%。发放低保、优抚、救助等资金 2.2 亿元，建成居家养老服务中心和服务站 64 家，建设和筹集廉租房 619 套、公租房 2392 套。

这一组简单抽象的数字里面，展示了芙蓉区经济的增长，百姓生活的殷实，更诉说着历届区委、区政府带领芙蓉人富民强区的改革开放历程。

一组组数据，落到百姓的生活里，化作一个个具体的生活镜头。一个个镜头，不是简单的一帧帧画面，它展示着人们分享改革开放的累累硕果。

居民王欢，今年3月，她和丈夫完婚，小两口拿出多年工作积蓄，在长沙市芙蓉区购置了一套96平方米的"小窝"，待装修、"散味"后，夫妻俩终于赶在11月前搬进了新家。今年5月，他们又添置了一辆代步车，还付齐了一整年的车位租金。

跟王欢一样，在芙蓉区过上好日子的人还有很多。但在我们的身边，还有着这样一些群体，或家境贫寒或年事已高，但在芙蓉区，总有一份温暖与他们同行。

改革开放以来，洒向困难家庭、困难群众的深情厚谊，在芙蓉不断加码：从20世纪90年代民生立区的提出，到21世纪以来，芙蓉区不断补民生短板，出台救助办法。"对困难家庭实行精准救助、推动兜底脱贫，是责任所系、是群众所盼，是芙蓉区建成全面小康的关键所在。"

2014年，芙蓉区率先全省出台精准助困办法，面向低保家庭推出助学、助老、助医、助葬四大救助项目到2016年再次完善，简化了救助申请程序，提高了救助标准。

2017年出台的《芙蓉区慈善精准救助困难家庭实施办法》，更涵括助困、助医、助学、助老、助贫、助葬、助急、助无八大项目，帮扶精细、分类明晰。

温情的镜头扫过校园：大学生吴雯愫勤学不辍，虽然过早失去了父母，但小姑娘却无须为学费发愁。像吴雯愫这样的享受低保的在校学生，从幼儿园到高中、大学，分别可获得最高6000元、5000元和1万元的助学金。

温情的镜头扫过社区：绿意葱茏的社区公园里，病情好转的白血病患儿小涵晒着暖暖的太阳。他不知道，是因为医疗救助金的到来，让父母紧锁的眉头舒展了许多。

温情的镜头扫过日间照料中心，83岁的谭杏安看着护理人员忙忙碌碌，忍不住拉着他们的手："贴心得就像儿女一样。"目前，芙蓉区已在13个街道建立了老年人日间照料中心网络。全区8000多名80岁以上老人、1100余名90岁以上老人以及百岁老人均有高龄补贴。

这一组组镜头真实记录了百姓生活的变迁，印证着一项项民生工程、民心工程得民心、合民意、惠民生，诠释着改革为民、发展惠民的真谛所在。

2. 环境靓起来，生态美起来

改革春风在浏阳河畔荡起涟漪，芙蓉区"前身"、长沙市东区即进入发展"快车道"。

浏阳河，见证着芙蓉区的发展，也感受着芙蓉区的情深义重。

改革开放以来，芙蓉区积极推进水利生态文明建设，以完善基础设施和加速项目攻坚为抓手，"十二五"期间累计完成水利建设项目20余处，加修改造堤防及护岸工程17公里，实现浏阳河东西两岸水利投资近30亿元。

"十二五"期间，全长近10公里的浏阳河西岸风光带建成开放，环河而行，亲水而居，沐浴绿色，成了芙蓉区多数人的享受。

滨水风光带中，十园四广场串联起历史的厚重悠远、现代的时尚活力、自然的清新灵动和民俗的热闹温润。而每到夜幕降临，熠熠灯光之下，一支支群众文艺团队闻歌起舞，浏水之畔成为芙蓉人的星光剧场，是芙蓉人娱乐休闲的后花园。

在精心雕琢滨水之美的同时，芙蓉区没有忘记提质老城区。

进入新世纪，芙蓉区已初露峥嵘，城市主干道及两厢光鲜亮丽，高楼大厦上天入地……但彼时，发展的阳光尚未洒进背街小巷，全区还散落着不少"棚户区"，这里居住条件差，基础设施落后，严重影响群众的归属感和幸福感。

2001年开始，芙蓉区着手全区棚改。8年时间，该区完成棚改面积近百万平方米，不仅缓解了转型升级的用地矛盾，还更新了城市面貌、优化了人居环境。

不只是棚改。40年来，芙蓉区紧跟改革开放的步伐，城市格局迎来大建设大发展。

2016年以来，芙蓉区委、区政府分批对辖内所有老旧社区进行提质改造，着力于景观改造，更致力于功能升级。

因紧邻长沙火车站，朝阳社区车流量大，在提质改造行动中，芙蓉区拆除违法建筑3000平方米，见缝插针挤出近百个车位，有效解决了停车难、停车贵问题；前些年，月桂社区路面坑洼，路灯"失明"，居民家下水道经常堵塞，该区将当地数十条栋间小路彻底翻修改造，使"失明"的路灯"复明"，还将社区几乎所有的排水管道除旧换新。

老旧社区的改造，是否一定要大拆大建？芙蓉区给出了不同的办法：维持基本格局不变，通过保留维护、局部拆改、整建等"微调"，对相应老旧社区实施"有机更新"。这种嵌入式、渐进式的"微创手术",不仅能保护好老城文脉,留住市民乡愁,还能改善人居环境,升级建筑功能,增强市民的幸福感。

今年以来,芙蓉区着手实施老城区有机更新,以留住城市记忆,改善人居环境。作为长沙首批启动的有机更新项目之一,白果园化龙池有机更新项目正在全力推进中,首段示范段近日正式亮相,修旧如旧的老街巷、青砖黛瓦传统民居,无不给人以历史的沧桑感。

预计到今年年底,该项目一期将完工,不仅老长沙城的风貌将更好地展现出来,673 户居民也将搬进改造一新的"新家"。

不仅居住环境好,生活起来也方便。芙蓉区"15 分钟生活圈"建设正如火如荼,今后,老百姓从家里出发,步行 15 分钟左右,即可到达附近的幼儿园、小学、卫生服务站、养老服务站、农贸市场。步行 15 分钟范围内,能满足老百姓的衣食住行、看病养老、阅读健身等基本需求。

3. 事业家庭安下来,民心连起来

一本民生账本,放在为政者心头;一串民生硕果,挂在百姓笑脸上。

改革开放 40 年来,芙蓉区逐梦前行,砥砺奋进,在民生方面谱写了一篇篇壮丽辉煌的历史诗篇,奏出了一曲曲撼人心魄的时代华章,绘就了一幅幅美好生活的优美画卷。

民生的落地,化作老百姓发自内心的一句句暖心感慨:"现在看病真方便""咱们的教育越来越好""工作岗位越来越多,家门口就能实现就业"。

——教育是民生之基。改革开放以来，芙蓉区教育实现了从"不能择校"到"不需择校"的转变。芙蓉区在湖南率先全面实行义务教育"零收费"政策，近年来，芙蓉区一直致力于教育均衡发展，通过移植辖区内优质学校的先进办学理念和管理模式，与教育薄弱学校集约发展、结对帮扶、捆绑发展。

目前，大同、育才、育英、燕山等优质学校已经实行了一校两址、一校多址的扩展渠道，而且优质学校已经辐射到了原东岸片区、隆平新区。到 2020 年，芙蓉区公办幼儿园和普惠性民办幼儿园数量占全区幼儿园总数 80% 以上，新改扩建中小学校 14 所，新增学位 1.3 万个。

——健康是幸福之本。改革开放以来，芙蓉区医疗实现了从拿着病历找医生到家庭医生上门服务的转变。家住高岭社区的王桂珍又收到了家庭医生张宇的微信："王娭毑，今天的用药可以减量了，记得注意看上次开的方子。"今年 66 岁的她，已中风 6 年。"社区卫生服务中心得知我的情况后，给我发放 1000 元的爱心医疗卡，派请家庭医生上门看诊，单独给我制订中医治疗方案，日常还通过微信指导我合理用药。"自 2012 年以来，芙蓉区启动家庭契约式卫生服务工作。目前，芙蓉区各社区卫生服务中心签约近 5000 户居民，发挥了全科医生健康"守门人"作用。

——就业是生活稳定之本。改革开放以来，芙蓉区实现了从让劳动者充分就业到让所有劳动者体面而有尊严地生活。芙蓉区专门建立了创业就业服务中心，最新岗位、就业信息及时推送。每隔一段时间，中心还会开办技能培训班，百姓可以免费学习家政、维修等技能。

"十三五"期间，芙蓉区将实现新增城镇就业 8 万人，失业人员再就业 1.9 万人，就业困难对象再就业 7750 人。城镇登记失业率控制在 4% 以内，零就业家庭动态清零率保持 100%。

——文化是精神文明之本。改革开放以来，芙蓉区文化事业实现了从曲高和寡到"飞入寻常百姓家"的转变。设施网络化、供给多元化、服务普惠化、活动品牌化，这是芙蓉区建构公共文化体系的基础。

目前，芙蓉区体育馆、文化综合站等文体硬件设施的配套逐步完善，电影、图书、培训等文化惠民活动有序展开。未来，芙蓉区将在主城区构建 10 分钟、15 分钟、30 分钟公共文化圈，打造"魅力芙蓉"等一批标志性文化广场和文化活动品牌。

一项项民生工程，书写着芙蓉区执政者对民生幸福的孜孜以求、对万家忧乐的心系情牵。

民生连着民心，民心凝聚民力。如此，政府给力，百姓得利，区域发展后劲有力。

（作者：欧阳倩）

2018 年 12 月 3 日

原来幸福是这样开启

——城北蝶变记

黄兴路之变。百年圆梦大道通途。

2017 年 1 月 25 日，黄兴北路开福寺路至三一大道段通车，这标志着历时近 5 年建设的黄兴北路正式竣工，一时间媒体争相报道，长沙城欢呼雀跃。

这条双向 6 车道，全长 2486 米的道路通车如何引得全城瞩目，大概还要从 100 年前说起。

1912 年，时任湖南都督谭延闿就梦想在今天的黄兴北路段为长沙人民修建一条通途的马路。可这仅仅就是一个梦想。

直到 1948 年，如今黄兴北路的雏形一小段从药王街口修到了先锋厅，后因经费不足搁浅。

20 世纪 90 年代，天心区先修通的黄兴路南段成为全城最著名的商业中心，而北边的发展却因各种原因一直未能如愿。

直到 2010 年，在历届区委、区政府的不断努力下，黄兴北路道路及两厢建设被列入省市棚改重点项目，梦想终于照进了现实。

2012 年 3 月 20 日，开福区人民政府发布黄兴北路建设及两厢棚改第一批征收决定公告。

作为国家城市房屋征收新政施行后我省首个大型棚改征收项目，总计需要征收土地面积 800 多亩，涉及居民和单位 7100 户，预计资金近百亿元。

旧城改造号称"天下第一难"绝非虚名。2012 年，黄兴北路棚改征收指挥部一份 1 万余字的年终总结，一半字在写困难：思想观念转变难，个体诉求满足难，征收补偿安置难，征收协调处理难。

面对重重困难，开福区委、区政府担当作为勇挑重担，按照"一个政策管到底、一个标准用到底、一把尺子量到底"的公平思路为原则，所有关于拆迁的政策和标准全部公示公开，并创新评议机制，让群众参与补偿方案评定。

安置房源不够怎么办？那就棚改团购，以低于市场价 500 ~ 1500 元每平方米的价格筹集房源数千套；手续审批流程长怎么办？那就"点对点""一站式"办公，将原来的审批期限由 3 个月缩短到 15 天。

700 多名征拆干部"五加二""白加黑"全情扑在一线，讲政策，找房子，帮搬家，找工作……就算遇到闭门羹、谩骂、威胁也毫无怨言。

2016 年 8 月，黄兴北路棚改征收项目整体基本完成，登记在案的有 7100 多户居民告别背街小巷，搬进了期待已久的新房，户均增加住房面积 18 平方米，拉动长沙市住房刚性增长 4 个百分点。

"好、快、稳、实、廉"，项目被最高院、省高院两级法院法官称为"长沙市迄今为止程序最完善、操作最规范、依法行政水平最高的征拆项目"。

从最繁华的五一商圈直插长沙的文化客厅"滨江文化园",串联营盘路、湘春路、湘雅路、开福寺路等21条道路和小巷交叉,黄兴北路的通车不仅大大缓解了芙蓉路、湘江路的交通压力,更为改善开福人居环境、提升城北区域价值贡献了不可估摸的力量。

2018年9月29日,由华润置地有限公司投资60亿元开发建设城市商业综合体在黄兴北路与营盘路交会处开工,湘江宾馆、湘商大厦、中广天择。一大批大项目、好项目正向开福纷至沓来。

北辰三角洲之变

动漫王国文化地标。

在山水洲城长沙,提起北辰三角洲,家喻户晓。那里坐落有长沙市的文化地标滨江文化园,那里有云集了超五星级酒店和商业综合体楼群,那里聚集着全省1/3的动漫产业,那里临江傍水,美轮美奂。

其实,历史的指针不用回拨太久,10年前,三角洲还是一片黄土。

北辰三角洲原名新河三角洲,因清康熙二十五年(1686年)人工开浚的新河而得名,位于浏阳河汇入湘江之南。旧时,曾是长沙城北停泊舟船的港湾,

近代,全省第一座飞机场曾在此坐落,抗战时期,中国战机从新河振动铁翅飞往抗击前线。

20 世纪七八十年代，这里也曾工厂林立，长沙化工厂、长沙除尘设备厂、长沙制革厂、湖南动力机厂、湖南人造板厂。

1996 年，三角洲所在的新河街道实现工业总产值 2273 万元，工业销售 1865 万元，三角洲成为拉动当地经济的火车头。

可粗犷的年代，老工业的代价也是沉痛的。洲上的老人回忆："每天看着大货车进进出出，晴天一身土，雨天一身泥，空气中总弥漫着一股炙热的硫酸味。"

宁丢金山银山也不负绿水青山！

在开福区委、区政府以壮士断腕的决心砍掉"带血"的 GDP 的同时，洲上的工矿企业纷纷关停倒闭，人去楼空后留下的一片老旧的平房、筒子楼和焦黑自然环境。

2005 年，随着湘江沿线和浏阳河治理步伐的加快，新河三角洲再次回归了人们的视野，区委、区政府下定决心，一定要让这块江河冲刷千年的沃土再次焕发勃勃生机！

拆违、治污、改制、通路。

2007 年 7 月，北辰实业以 92 亿元的价格摘得新河三角洲区域的整体开发权，中国新"地王"从此更名为北辰三角洲，让人充满了期许。

摩天写字楼、超五星级北辰洲际酒店、国际会议中心、长沙市图书馆、博物馆、规划展示馆，音乐厅、动漫产业园、创客中心、数十栋超高层住宅。2007 年至今，北辰三角洲一天一个样，迅速拔节生长、焕然新生。其业态、规模、体量堪比香港西九龙、广州珠江新城，一座全新的长沙 CBD 诞生。

回首来处，北辰实业感慨相信开福、选择开福的正确。近

10 年间，与北辰一样落子开福的世界 500 强、中国 500 强企业不胜枚举。

芙蓉路第一高度 300 米华创国际以"轻奢＋快时尚"成就精致典范生活中心；富兴世界金融中心集商务办公、购物中心、街区商业、酒店公寓成就 24 小时不打烊"财富中心"；万达商业广场一线临江彩屏飞舞，已是全省"网红"打卡胜地。绿地商业广场深入根植海派精英理念，以 TOP 级双子塔雄踞芙蓉中路金融商务区中心；全省"十二五"重大文化产业项目新湖南大厦，不仅坐落着全省新媒体的中央厨房，更是一个集文化传播、文化传承、文化创意于一体的现代城市综合体，承载着湖南文化强省的梦想。

放眼开福大地，一批高标准规划，高品质建设，高密度入驻的高端商务楼宇拔地而起。截至 2017 年底，全区建成交付 5000 平方米以上的商务商业楼宇达 143 栋，总建筑面积近 554.8 万平方米。2018 年 1～9 月，开福区共有纳税 1000 万元以上的楼宇 38 栋，这些重点楼宇共实现税收 45.7 亿元，占开福区税收总量比重达 50.8%。其中纳税亿元楼栋里就有北辰时代广场。

40 年，弹指一挥间，北辰三角洲几经蝶变，开福大地沧海桑田，从驳船码头到工业新城，从环保重灾区到 CBD 新地标，它与开福共同成长，幸福蝶变。

湘江世纪城之变。首善之区泽国新生。

航拍山水洲城长沙的湘江两岸，每每必有湘江世纪城伟岸的楼群，映衬着橘红色的福元路大桥格外亮丽。

开福，一江四河 75 公里滨水岸线，这既是一笔巨大的生态财富，也是对执政者的严峻考验。

浏阳河以北，捞刀河以南，湘江以东，旧时由五合垸、涝湖垸、戴家河等组成，因水草肥美，曾作为长沙城北驿站和养马场。

这块肥美的土地最让人头痛的是十年九涝，因捞刀河与浏阳河入河口仅距 1.1 公里，北去的湘江一水东来，一水南入，形成了混乱的"K"字状，每每雨季沿岸百姓苦不堪言。

1994 年，省市政府开始酝酿捞刀河改道，经多次研究、考证，2003 年 12 月，长沙市痛下决心，把捞刀河入河口北移 2 公里，新挖 1 条 1 公里长的河道，让捞刀河水北向流入湘江。

2005 年 1 月 15 日，捞刀河出口改道工程正式竣工。新的入河效果实现了治江、治患、治地这三大好处。彻底改变了湘江水倒灌浏阳河、捞刀河的历史，原地块也由原来的 2.14 平方公里扩大到了 3.45 平方公里，"新生"后土地达 1700 余亩，开启了城北腾飞的新纪元。

人在城边住，进城需搭船。

1999 年，芙蓉北路街道原名金霞街道，仅有躲风亭、落刀咀和陈家铺 3 个居委会，969 户，3500 余人，百姓以务农养殖为生。

也是那一年，区委、区政府由兴汉门搬迁至芙蓉北路街道。

加大电力、水利设施，修通拉开路网，完成金霞污水处理厂。通过引进湘江世纪城、顺天黄金海岸、恒鑫澜北湾、长泰豪园、水韵花都等40余个重点项目,十余年间,让曾经的水患泽国变成高楼林立、车水马龙,经济实体由6家砂场、饲料经营部增长到近700家,人口增加到8万余人,增长22倍,土地价值更是增值30倍。

五合垸到湘江世纪城,泽国变新城,正是开福水利之兴的见证。湘江,浏阳河、捞刀河、沙河、白沙河,年嘉湖、月湖、楚家湖、青竹湖。一江四河十湖"水灵灵"的开福大地,有千亩以上堤垸11个,其中万亩堤垸3个,大型水库19座,山塘水坝3000处,全区水域面积约20平方公里。

2017年,百年不遇的洪水席卷湖湘,39.51米的历史最高水位让湘江两岸多处告急。但包括湘江世纪片区在内的整个开福区"未溃一垸、未垮一坝、未死伤一人",荣获全省抗洪抢险先进集体。

近8年来,开福区高度重视水利基础设施的提升,新建达标堤防15公里,新建改建排渍泵站8座,小型水库病险帽子全部摘除,塘坝的蓄水容量提升到4000万方,全区75公里堤防基本达到100年一遇,部分达到了200年一遇标准。

24小时自助图书馆、滨江广场、城市驿站、好人公园、城市绿道……沿湘江东岸、浏阳河大堤踱步,曾经的防洪大堤已不仅做水利功用,水清、岸绿、河畅、景美的水域两岸已然成为居民休闲、娱乐、养生的绿色乐土。

老火车北站之变。腾笼换鸟贯通欧亚。

2012年5月20日,历经百年的长沙老火车北站正式关停,从此退出了历史的舞台,但人们依然清晰地记得芙蓉路旁,那悠悠的铁轨、那斑驳的老火车头和嘀嘀的长鸣声。

老火车北站于 1909 年始建，1911 年 1 月 11 日正式投入运营。

1935 年，改建为长沙北站，是长沙最早的客货列车编组站。

1958 年，长沙北站停办了客运业务，专职办理整车、零担、集装箱运输及专用线整车货运业务；在 20 世纪 60 年代初，京广铁路改造时，在长沙捞刀河至新开铺间新建的铁路线，并改现名。

20 世纪 90 年代初，货外线断道后，成为尽头式车站，南端为北货外线终端，北端经 2 公里长联络线与京广铁路丝茅冲站衔接，成为京广铁路上主要货运站之一。2000 年时，拥有存车和编解列车的 15 条股道、6 条货物线、6 万多平方米货物仓库，年货物吞吐量可达 380 多万吨。

随着长沙城的不断扩张，曾经的阡陌良田已楼房密布，人流如织，居于市中心的老火车北站已然不合时宜。

省市政府与广铁集团多次研商，决意选址金霞，将火车北站北迁出城。2008 年 10 月 16 日，总投资 38.6 亿元的新北站正式开工建设，3 年零 3 个月后，老北站货运业务陆续转至新北站。

一代人有一代人的历史使命，城市的功能型建筑更是如此。

老火车北站的"腾笼换鸟"，换出一块金土地，也换来了自己的展翅高飞。

绿地中心、华远华时代、富兴世界金融中心……由南往北，老火车北站这块宝地迅速被全国知名地产集团争相竞购，短短5年后，一幢幢超高层写字楼，国际精品超市，高档公寓，豪华酒店，中部地区最大的儿童体验中心，双巨幕豪华影院、洲际美食城、情景模式购物体验店等商界全业态已开门迎客。

物流、商流、人流，昔日的老火车北站车马骈阗繁华如旧。

而北迁的新北站，亦利用场地、规模的扩大，抓住"新生"，走出了国门。

2014年10月，从霞凝货场出发的"湘欧快线"从长沙——塔什干、莫斯科、杜伊斯堡开始试运行；2015年9月，由于货运量的攀升，"湘欧快线"开始每周两个班列。

由于运量大、时间短、价格优，爆仓、加开成为"湘欧快线"的新常态，很快它以一骑绝尘的姿态有来有往，位列全国"中欧班列"前4强，完成了以湖南为"掌心"，"五指"延展到欧洲、俄罗斯、中亚、中东、东盟的重要布局，成为我省对接"一带一路"湘品出湘、优品入湘的重要通道。

同时，与新火车北站做邻居的是长沙港和传化物流公路港，作为全国28个内河主要港口之一，我省60%以上的出口集装箱由这里通江达海，发往世界各地。而中部地区最大的公路港有效填补了全省物流"最后一公里"的空白。

三港互通，多式联运。开福腾飞，从改变开始！

潮宗街之变。绵延底蕴续写繁华。

　　在今年的七夕节，777 架无人飞机用爱点亮了长沙的夜空，湘江边的万达楼群流光溢彩，与盛放的烟花共舞盛世。

　　长沙是文化底蕴深厚的历史文化名城，并连续 11 年获评中国"最具幸福感城市"，享有东亚文化之都和世界媒体艺术之都的美誉。但很多人也许不知道，这全城最大、最时尚的"电子显示窗口"从未沉寂。就在万达楼群的腹地，还保留着一段宋明时期的古城墙，千年以前，此处便是老长沙最繁华的潮宗码头。

　　烟火气在此生生不息，米市、鱼市、堆栈，旅店，戏台，钱粮仓库，长沙县署，临湘驿站。

　　人杰政要在此荟萃云集，清末军机大臣瞿鸿襪故居，韩国开国元勋金九先生公馆，伟大领袖毛泽东创办的文化书社，女权领袖唐群英创办的复陶女中……直至 20 世纪 90 年代末，此地著名的西长街仍是商贾云集，车水马龙。

　　21 世纪初，随着长沙港的北迁和老城改造步伐的加快，中山西路此块临江望麓的棚改项目获得多个地产集团的垂青。

　　2010 年，东邻西长街，西临湘江大道，南接五一大道，北靠潮宗街，以大型购物中心、酒店、写字楼、精装豪华住宅为一体的万达大型城市商业综合体拔得头筹获批开建，103 万平方米的总建筑面积填补了当时沿江商业综合体的空白。

　　规划、报建、审批，"开福速度"为发展一路保驾护航，2013 年，万达楼群开始陆续亮相，从此，长沙的名片橘子洲头与开福万达广场相依相映，山、水、洲、城在此有了最好的诠释。

从 20 世纪 90 年代的大拆大建，20 余年长沙城市的骨架已拉开数倍。2015 年开始，各级党委和政府以民本思想，把目光聚焦到了背街小巷，有温度地提出"老旧社区提质提档""城市有机改造"等精细化管理的理念。

特别是 2018 年 4 月，开福区率先全省启动了"老城区有机改造"方案，计划投资 11 亿元，用 3 年的时间对潮宗街、西园北里、吉祥巷、望麓园和文昌阁 5 大老城片区进行有机更新，从地上到地下，从屋内到屋外，按照生活宜居性、历史的原真性、文化的地域性、风貌的完整性"四原则"将惠及 8 万余群众。

从万达高楼转向，就是古朴雅致的潮宗麻石老街，而这个转身已历经千年，却繁华不断。

幸福北城的新征程还刚刚在路上。

（作者：张颐佳、曾鹤群、胡什、刘晨帆）

2018 年 12 月 3 日

梧桐繁茂凤自栖

——开福区"五更理念""十六条措施"树立营商环境样板区

1. "一次办""帮代办"，小服务解决大问题

9月26日下午，荷兰夸特纳斯（长沙）国际食材集采集配加工中心项目在长沙金霞经济开发区开工。19天完成拆迁协议的签订、腾房、交房、倒地；一个半月完成土地招拍挂前期手续并顺利实现挂牌；从报建工作启动至开始施工图设计环节，通常耗时半年的流程缩短至3个月，夸特纳斯项目真正实现了"交地暨开工"，赢得了夸特纳斯集团的高度赞誉。

"您来或不来，'岭哥岭姐'都在这里帮你把事情办好。"这是长沙市开福区伍家岭街道醒目的标语。2018年开始，开福区率先在全市推出"365天不打烊"服务，即周末、节假日群众依然可以在社区正常办理各种事项。今年在此基础上，开福区重点针对老年人、残疾人以及办理频率较高的社会管理事项，推出"全岗通""帮代办"便民服务品牌，将社区70%的人力下沉到社区主动上门听取群众诉求，打造"最多跑一次"升级版，让居民和企业"一次都不跑"。

叶盛是伍家岭街道的一位"岭哥",一年多的时间里,他和同事们为街道群众共计"帮代办"700余件。"我们认真调研社区的群众需求,对于群众关心、需要的服务做过认真梳理,对每项服务如何提供代办进行了反复论证。"叶盛说,"帮代办"这个温暖的小细节赢得了企业居民真心点赞。

通过建立常态化、规范化、制度化的全程代办制度和机制,目前开福区"帮代办"机制愈加成熟,实现了从全覆盖、无门槛的项目"代办"到全覆盖、全流程、全免费、个性化的转变,覆盖全区16个街道107个社区专业"帮代办"队伍已达812人。

同时,开福以"放管服"改革为抓手,以互联网、大数据为支撑,最大限度地减申报材料、减审批环节、减办事时间,企业投资项目备案由5个工作日,缩短至1个工作日;施工许可证核发由7个工作日缩短至3个工作日;并不断深化"证照分离"改革,广告发布登记证、出版物零售证等实现43证合一,审批材料精简87%。

据统计,目前该区依申请类事项847项,其中网办事项823项,网办率97.16%;零跑腿事项233项,一次办事项603项,一次办率98.7%。

2. "减税费""降成本",政银企携手解决融资难

成本高、融资难是企业的普遍痛点,如何让开福的企业"成本更低""资金更活"?今年1月,开福区出台了优化营商环境16条具体措施,将企业反映强烈的减费降税、简政放权等问题形成95个项目任务清单,大刀阔斧做"减法",为企业削减成本。

沙坪天利湘绣有限公司是一家有 70 余年发展历史的传统劳动密集型企业，负责人毛勇臻高兴地说："4 月 1 日降增值税税率、5 月 1 日降社保费率，城建税和教育费附加费也下调，不仅提高了绣娘们的收入，也大大减轻了企业的负担。"

据统计，从 5 月 1 日起，开福区城镇职工基本养老保险单位缴费比例降至 16%；从 6 月 25 日起，针对开福区电网一般工商业及其他用电目录电价降低 5.08 分/千瓦时；2019 年 1～11 月，开福区城镇职工基本养老保险实际减征约 4123.5 万元，企业社会保险缴费、电费成本负担实质性下降。

为充分解读政策，让纳税人知悉权利，开福区对享受减税降费优惠的纳税人税种、项目、减免金额等 6 项指标，进行建档立卡和科学分类，实行"一对一""一类一策""专家式"等个性化服务，做到税务部门清楚享受新政纳税人情况，纳税人清楚自身减税降费明细。通过"报、网、端、微、屏"开展多样化政策宣传，先后辅导纳税人 8 万余户次，发放资料 5.8 万份，一般纳税人宣传辅导面达 100%。全年预计减税 25 亿元。

为破解企业融资贵、融资难，开福区相关部门主动当"红娘"，多次举办大型银企对接会。

4 月 26 日，开福区举办企业"私董会"，依托湖南省资本市场县域工程试点区县的机遇，陆续开展了股改动员大会、融资训练营和私董会等特色工作，初步形成对辖内企业"有针对、高质量、高频次"的资本市场服务体系。

5月30日，开福区相关部门联合邮储银行长沙市开福区支行举办政企银对接活动，邮储银行为开福企业推出小企业贷款、个人经营性贷款、个人消费贷款等综合金融服务产品。

9月19日，新河街道北辰楼宇集群党委与中国农业银行、中信银行、长沙银行联合组织开展金融政策解读暨银企对接活动，有效打通了银企对接"最后一公里"。

据不完全统计，今年开福区组织了20家金融机构为300家企业提供融资服务，全区银行机构新增中小微企业贷款近10亿元。

3. "引人才""聚企业"商事主体成倍增长

11月22日，"2019年开福区政校企洽谈会——合作签约暨现场招聘会"在湘潭大学举行，这是开福区首次将"招才、引才"合作高校范围拓展到长沙以外的区域。现场招聘会上，开福区16家企业，提供了600余个岗位，涵盖150个工种，吸引了来自湘潭多所高校的700余名学生，初步达成就业意向300余人，现场录取率高达10%。

企业的发展关键在人，为了帮助企业引进和留住人才，开福区率先在全市发布《2019年开福区紧缺急需人才目录》，包含岗位信息2626条；全年共受理2805名高校毕业生租房和生活补贴、128名留学归国人员租房和生活补贴、361名职业技能晋级奖励申请，累计发放人才补贴2286.7万元。

湖南大学工业设计工程专业的在读硕士研究生余伟翔，是一位在开福实现"创业梦"的青年企业家，2016年7月11日他创办湖南诺威测控技术有限公司。通过参与开福区政策宣讲会，他了解到青年人才筑梦工程相关政策，领取到高校毕业生租房和生活补贴，并成功入选优秀青年项目，获得 8 万元长沙市创新创业带动就业项目奖补资金，16800 元初创企业经营场所租金补贴和 7000 元初创企业一次性开办费补贴。

引才、亲才、安才，开福区让每一个创业者、企业家的梦想都有生长的土壤，每一次奋斗都驰骋在热土之上。

3 月 20 日，一场金霞经开区产业发展暨优化营商环境工作推进会，打破企业家对于会议的"刻板印象"，一改传统工作会议形式，将会议地点设在企业生产车间里。会上，荣誉光影墙、企业风采巡礼、企业家"星光大道"、讲述《匠人之心》等环节的设置，让企业家成为"明星主角"，"聚光灯"全程追逐着企业和企业家，通过这种创新"交流互动"的大会模式，将会议开成了一场企业家自己的盛会，让企业家收获了满满的自豪感、仪式感、荣誉感。

开福区发改局梳理全区 24 个惠企政策，形成了《开福区经济发展奖励政策文件汇总清单》，并在区政府网站公示；重新修订《开福区经济发展奖励办法》，将原所有的奖励政策整合归纳为招商引资奖、投资建设奖、企业入驻奖、综合贡献奖、产业发展奖、人才扶持奖六大类共计 22 奖项，运用财政杠杆，助推企业发展。开福区的惠企政策不断完善，释放的红利，为企业发展提供坚实的保障。

通过企业积极申报、部门审核认定、财政统一拨付，开福区 2019 年 5 月兑现 301 家企业 337 个奖项 9311.44 万元，政策兑现奖励资金同比增长 42.6%，惠及企业数同比增长 27%，单个企业最高奖励金额达 752.3 万元，奖励政策不折不扣兑现到位，提振了市场和企业信心。

草莓 V 视的创始人陶小燕说："作为在开福区土生土长的企业，我们能切身感受到营商环境的优化、行政审批效能的提升。公司从 0 到 1，从 1 到 2 的发展过程，离不开开福区各部门的帮助。

喝水不忘挖井人，坚守开福区这块福地，将企业做强做大，草莓 V 视会发挥在视频文创板块的优势，为开福区的经济发展贡献自己的一份力量。"

"投资环境就像空气，空气清新才能吸引更多外资。"开福区委副书记、区长刘拥兵说，疾风知劲草，烈火炼真金，在经济大环境趋冷的大背景下，开福区去年 GDP 首次突破千亿元大关，获评"中国高质量发展百强区"，今年 1~11 月完成社会固定投资 611 亿元，增长 10%。截至 11 月底，开福区今年新办企业 9044 户，新增个体户 8235 户，商事主体达 101008 户，开福区正逐步成为"福商福地"。

（作者：张颐佳、胡什、彭永礼）

2019 年 12 月 16 日

初心不改照征程

——开福区主题教育显担当

1. 紧跟要求高位统筹挂图作战

今年 9 月，"不忘初心、牢记使命"主题教育在开福区铺开以来，开福区委从最大的政治任务、最大的发展机遇、最大的民心工程定位出发，紧跟上级精神，自觉对标中央、省委、市委做法要求，区委书记曹再兴身体力行，亲自谋划实施方案，示范带头，第一时间带领"四大家"班子成员赴长沙党史馆接受革命传统教育，多次主持召开专题会议，确保主题教育取得扎扎实实成效。

开福区结合"四项措施"分别制定了四张清单，并抽调了骨干力量组建 10 支指导组，整合改非领导干部、离退休党员、驻村（社区）第一书记、党建指导员力量，逐级选派基层党支部主题教育指导员 215 名，确保基层情况把握全面、发现问题及时、精准指导到位。在区委常委班子带头示范下，2.6 万名党员都多了一位"新朋友"，区委将习近平总书记最新重要讲话精神汇编成册，制作了 3 万余本"口袋书"，引导党员干部认真学习。

开福区是红色资源大区，利用"中共湘区委员会旧址""船山学社"等独特红色资源，因地制宜开展革命传统教育，以本土红色故事为素材，建成"红色摇篮"党建声音馆，基层党员群众积极报名作为"朗读者"，讲述先锋故事140多期，收听参与党员群众超过10万人。

中心组学习、读书班、座谈会、红色历史知识系列竞赛。全区各级党组织聚焦习近平总书记重要讲话精神，重点对标习近平总书记对湖南工作的重要指示精神，开展了丰富多彩的"讲初心故事、谈使命担当"主题交流活动，基层党支部落实每月一次集中学习、一次志愿者活动、为群众办一件实事、抓好一批整改、召开一次专题组织生活会"五个一"要求，做到了以学促知、以学促改、以学促行。

2. 紧贴基层建强支部筑牢堡垒

9月25日，四方坪街道滨江社区海洋半岛小区党支部揭牌成立，宽敞明亮的"党员之家"不仅给党员群众提供了学习交流的平台，更以"圆桌会议"的形式破解了开发商、物业、业主积蓄多年的矛盾，业主纷纷感觉有了主心骨。

欲筑室者，先治其基。对标近年我省"基层党建提质年"和长沙市"城市基层党建年"要求，围绕落实省委《关于全面加强基层建设的若干意见》，在此次"不忘初心、牢记使命"主题教育中，开福区把建强基层支部、推进"五化"（支部设置标准化、组织生活正常化、管理服务精细化、工作制度系统化、阵地建设规范化）建设，提升基层党组织力作为开展主题教育的重要抓手。

洪山桥街道的藏珑小区模式就是省市党组织监督助推小区治理的典范，小区由社区党委牵头，建立了物业、业委会、居民、社区民警、社区律师等多方代表共同参与的联席会议制度，基层党组织对业委会选聘、物业服务、维修资金使用等均参与其中，成功破解矛盾60余起。

区委常委、组织部部长晏成方介绍，有些小区业主、物业、业委会矛盾复杂，为破解一些历史问题，全区充分发挥在职党员、离退休党员作用，选拔优秀的社区党员、五老骨干担任小区党组织负责人，在全区172个住宅小区建立了党组织，为推进基层治理现代化提供了开福样本。

为了保证小区党支部良性运转，开福区还编制出台了《开福区小区党组织建设管理办法》《关于坚持党建引领进一步加强城市居民小区治理的实施方案》，明确了区委组织部、区住房与城乡住建局、街道及社区的主体责任；并通过以奖代投、党费返还、街道兜底等方式予以资金支持；目前，全区有153名党员参与到各小区业委会，240名党建指导员联系到社区、小区、网格，960位民情员下沉到单元、楼栋。

3. 紧扣民生街道吹哨部门报到

住商矛盾一直是城市发展之痛，小社区要解决这个"大麻烦"，权力十分有限。10月24日，长沙市开福区芙蓉北路街道盛世路社区"一声哨响"，开福区公安、教育、文旅、市场监管等部门一起"报到"，对住宅区屡次劝离不搬走的商户强制关停。

在"不忘初心、牢记使命"主题教育中，开福区从民生诉求出发，不断创新治理体制机制，试点探索"街道吹哨、部门报到"工作机制，从"哨源""哨响""哨评"等方面优化民生服务。

今年开始，开福区在"365天开放服务"工作制度基础上，进一步推行"全岗通"工作制度，93个城市社区实行轮班制，将70%的社区力量下沉到一线上户收集"哨源"，并调动基层党组织书记、楼栋长、党员骨干等社会力量，确保年入户率不低于90%。

为推动工作力量下沉，开福区组建由城管、市场监管、应急管理等部门执法人员组成的街道综合执法队，并由民政、人社、城管等重点民生部门工作人员分片联系街道，在街道设立了站办所的区直部门将工作人员联系到社区。明确了区直部门的主要负责同志为"总应哨人"，针对街道层重难点问题，需第一时间赶赴现场，并协同其他部门在5个工作日内拿出解决措施。开福区委副书记、区长刘拥兵说，以"哨声"整合民生诉求，以"吹哨"回应民生诉求，以"应哨"化解民生问题，将以往的"上考下"优化为"上下互考"，赋予了街道考核区直部门的职能，不仅构建了全区上下简约高效的基层管理体制，更提升了群众的满意度。

据统计，从今年年初芙蓉北路街道试点以来，共收集大小问题1万余个，该街道联合20余个区直部门一一破解民生诉求1000余个，涉及交通安全、停车难、消防安全、住改商等重点民生热点、难点问题26个。在试点工作取得成效的基础上，目前该机制已在全区全面推广。

4. 紧盯难题真刀真枪立行立改

10月18日，开福区委书记曹再兴走访困难群众时了解到洪山桥街道贺尹婷一家四人患病，夫妻均无工作，特叮嘱相关部门、街道一定帮其解决实际困难。十几天后，贺尹婷丈夫在洪山建筑公司找到了合适的岗位，看着丈夫的聘任通知书，贺尹婷眼眶溢满泪水，激动地说："感谢党组织关爱，帮我重新找回生活的希望。"

在"不忘初心、牢记使命"主题教育中，开福区针对城市困难群体、棚改拆迁、有机更新等难点问题真刀真枪，拿出了实实在在的破解办法。区委书记曹再兴聚焦"最难啃的骨头"，围绕涉及面广、处理难度大的征拆遗留问题，逐一走访重点街道、重点社区，与群众面对面交流，5次召开协调会，建立了信访问题清单和责任落实清单，成功化解70户征拆个案问题。区委副书记、区长刘拥兵7次深入潮宗街片区，走街入户倾听居民群众对老城提质改造的意见、建议，推动房屋改造并验收123户，打通交通微循环道路8条，并自掏腰包帮助困难群众刘春泉家修缮房屋。

区委常委班子以身作则，带头梳理调研情况、拿出解决问题的实招硬招，带动全区形成200余篇高质量的调研报告，提出1000多条针对性较强的意见和建议。区行政审批局围绕"一窗办、一网办、简化办、马上办"开展靶向提速；区住房和城乡建设局拿出了老旧小区物业管理实施方案；沙坪街道深化农村人居环境整治，"一户三池一湿地"小微水体治理模式实现示范片区150户农家水净沟明，成为全市典范。

特别是针对城市困难群体解困脱贫，开福区委、区政府始终坚持以人民为中心的发展思想，结合"不忘初心、牢记使命"主题教育，以党建为引领，共走访家庭24126户，认定帮扶对象2905户。共计发放急难、医疗、住房、就业、基本生活等帮扶资金807万元。全区891个基层党支部、32名"四大家"班子成员、68名人大代表、102名政协委员与1078户城市特殊困难家庭结成对子，并逐一建档立卡，确保"不漏一户、不掉一人"。

开福区委书记曹再兴说："群众需求在哪里，党的工作就做到哪里，开福坚持以'四不两直'方式开展调研，大兴学习调研之风、真抓实干之风，坚持把人民对美好生活的向往作为奋斗目标，持续推动开福高质量发展。"

（作者：张颐佳、胡什、彭永礼）

2019年12月16日

明月如盘繁星璀璨

——开福区经济势如虹

1. 大项目落地发展有动力

9月26日，荷兰夸特纳斯集团（长沙）国际食材集采集配加工中心在开福区金霞经济开发区开工建设。国际食材加工中心、高端冷链储存分拣及新能源集采集配中心、食品安全质量大数据中心三大功能区，达产后将实现年营业额约5亿美元，为我省开辟一条"互联网+农业"的国际新通道。

20天后，服务C919、CR929的省市重点项目大飞机地面动力学联合实验室在开福签约揭牌，湖南飞机起降系统研发平台同步启动，该项目为推动我省打造国内领先的航空装备制造基地开辟了新空间。

今年以来，开福区深入推进"产业项目建设年"，咬定"升级发展、成就北富"的目标，聚焦商贸物流、开放型经济、金融商务、文化创意等重点领域，坚持产业优先、项目为王，在区委、区政府的坚强领导下，各个部门通力配合，久久为功，吸引了夸特纳斯、大飞机地面动力学联合实验室、高岭智慧物流园、荣德医疗、绿地V岛等一大批大项目、好项目纷纷落地开福。

"今天项目的投入，就是明天的效益产出，也是未来的经济增长点。"开福区委书记曹再兴说，项目建设发展情况具有纲举目张的重要作用，开福上下以"咬定青山不放松"的劲头形成了"以产业比实力、以项目论英雄"的正导向，今年1～11月，开福区共引进重大项目79个，完成投资180亿元，为全市经济发展注入强劲的开福动力。

2. 大平台支撑开放新高地

今年1月23日，坐落于开福区的长沙金霞经济开发区作为我省首个跨境电商承接基地获批中国（长沙）跨境电商综合实验区，这为水、陆、铁、管、临空的开福再次升级了通江达海、物流全球的大平台。

在跨境电商试点推进的过程中，开福金霞始终先行先试，勇于探索，率先走通了长沙网购保税备货1210第一单，率先全省开通了跨境电商B2C进出口业务，率先在全省开展跨境电商B2B出口模式探索，并通过中欧班列在全省率先实现跨境电商9610出口。

近年来，开福区主动担当"打造内陆开放新高地"的重大使命，通过推动开放平台建设、培育开放产业、升级物流通道、争取开放政策等措施，开放基础日渐夯实，开放氛围逐步浓厚，各项开放指标不断刷新。

据统计，2016～2018年，金霞保税中心分别完成外贸进出口额4.6亿美元、5.56亿美元、9.88亿美元，同比增长率高达78%。今年1～10月，园区完成进出口总额17.6亿美元，同比增长 131.27%，在全市省级园区中增量总和排名第一；1～11 月，金霞完成实际利用外资 2.42 亿美元，外商直接投资 1298.1 万美元，完成年度任务的 162.26%，位列全省海关特殊监管区域前列。

目前，金霞园区入驻企业已由最初单一的第三方物流企业发展成为如今涵盖保税物流、保税贸易、生产制造、外贸综服、跨境电商、供应链金融等行业在内的外贸全产业链。以金霞经济开发区为核心申报的长沙市陆港型国家物流枢纽入选首批国家物流枢纽建设名单，为长沙跻身首批国家大战略布局的陆港型国家物流枢纽节点城市起到关键作用。

2019 年，金霞经开区预计完成固定资产投资 280 亿元，同比增长 20% 以上，成功签约并引进中粮大悦城、华南光电等重点招商项目 60 个，累计签约投资约 83 亿元。

3. 泛文创聚集 "骏马" 新地标

8 月 23 日，绿地集团以 31.49 亿元摘得位于开福区马栏山视频文创产业园的 "2019 长沙市 072 号" 地块，实现摘牌即开工，一座设计高度达 380 米的超高层建筑 "星城光塔" 即将拔地而起，建成后将成为湖南第二高楼和文创产业新地标。

11 月 22 日至 24 日，IEF 国际青少年电子竞技比赛在马栏山举行，来自韩国、日本、新加坡等全球 157 名世界选手激烈角逐，其火爆场面预示了一个全新的电竞上下游生态链将在这里聚集。

开福区是文化大区，广电湘军、出版湘军、报业湘军、动漫湘军均坐落繁盛于此，2016 年开始，文化产业便已超过房地产成为该区的支柱产业。

2017年12月20日，承载着"文化强省"梦想的马栏山视频文创产业园在开福区开园，不到两年的时间里，爱奇艺、腾讯、西瓜视频等行业龙头纷至沓来，2019年新注册爱奇艺、快手等企业606家，累计注册777家。

特别是今年，马栏山视频文创产业园采取"三定三挂"机制（即定目标、定标准、定时限，领导挂帅、项目挂牌、成绩挂钩）全力推工作，聚焦主业积极走出去，相继在北京、香港、深圳、韩国、上海等地举办"马栏山时间"品牌推介会、"湘商对接会"，签约引进一批优质项目。

目前，朝正路、向阳路、滨河联络道等9条道路及东二环鸭子铺立交改造工程正加紧建设；腾讯公司5G创新实验室、智慧文创（马栏山）产业基地、企鹅新媒体学院、视频文创大赛、视频生产云平台等项目稳步推进，腾讯、网易、爱奇艺部分板块业务年底可入驻创智园二期。2019年，园区预计实现企业营收350亿元；完成全口径税收22亿元，同比增长21%。

4. 多金融业态，中部"华尔街"

9月30日，北京红牛销售有限公司湖南分公司入驻绿地中心，10月18日，加加食品全资子公司湖南盘加食品销售公司入驻运达广场。

2018年长沙市开福区先后获评中国楼宇经济最具投资价值城区、中国楼宇经济创新实践基地、中国楼宇经济十大潜力城区等。一栋栋高品质楼宇如雨后春笋般在开福大地拔节生长，以金融业为首的一批贡献大、来势好的企业扎堆入驻开福区。

1~11月开福区纳税过亿元楼宇达7栋，华润置地、富兴金融中心、华远华时代等项目有序推进。

一条芙蓉路，半城金融门。

2019年，素有"中部华尔街"之称的芙蓉中路金融商务区，又增添了华金证券长沙芙蓉路营业部、华创证券长沙芙蓉中路证券营业部、金瑞期货湖南分公司、国泰君安期货长沙营业部、银盛支付湖南分公司等6家金融总部机构，使得开福区全国全省区域以上总部机构增至70余家，分支机构300余家，涵盖了银行、保险、证券、期货、基金、信托、融担、小贷、资产管理、融资租赁、企业集团财务、消费金融、第三方支付、金融中介、服务等90%以上的金融业态，成为我省现代服务业聚集的示范片区。

5. 新经济繁荣"双创"结硕果

10月19日晚，长沙市开福区汽车消费节直播栏目在微信小程序开播，短短两小时吸引了988人围观选车，9名消费者当晚线上下单，销售额近200万元。

长沙素有不夜城之称，为充分激活新经济体，今年9月10日，开福区在长沙首开"汽车夜市"，即通过"线上+线下"的形式，让市民下班后仍可以到芒果汽车、永通汽车等地看车、选车、购车，政府以每台车2000元补贴的鼓励两个月拉动全区汽车消费6亿元。

除了坚持"招大引强"，开福区聚力新经济的培养。出台了"夜经济发展工作实施方案"，大力繁荣和发展夜经济，为"网红经济""主播文化"开辟了新的增长空间。

科技是第一生产力。为推动高精尖科技项目的发展，开福区组织实施 2019 年区级科技计划项目，共为 29 个项目提供了 420 余万元扶持资金，其中推荐中民筑友、普菲克、新亚胜科技等重大专利成功申报市级科技计划项目，均成功获得百万资金扶持。

今年 5 月，开福区印发了《2019 年企业"入规、上市、升高"及智能制造企业培育工作方案》，明确了 86 家高新技术企业重点培育名单。

"创新是引领高质量发展的不竭动力。"开福区委书记曹再兴说，开福区始终坚持把鼓励创新、优化结构作为高质量发展的关键路径，大力推动全区企业自主创新、突破重点领域的关键技术，促进制造业数字化、网络化、智能化不断升级。今年 1~11 月，全区累计新增"四上"企业 96 家（另有 12 家在审），新增市场主体 17337 户，比去年同期增长 21.28%。申报 2019 年高新技术企业 105 家，文盾文库、华清智慧停车、超能晨检机器人等一大批新的应用场景在开福生根发芽，蓬勃生长。

（作者：张颐佳、胡什、彭永礼）

2019 年 12 月 20 日

人居环境大跃升

——秀美开福"圈出"宜居宜业幸福家园

这是一个有速度的圈。

近五年来,长沙市小汽车年均增速 15%,已突破 240 万辆,停车难、行路难、生活配套不均衡等是城市发展的通病。

为切实提高居民群众的生活质量,在"史上最大规模的拆违""老旧社区提质提档""三年造绿大行动"等一批惠及民生的大手笔后,2018 年,开福区 32 个部门联动,全力铺开"一圈两场三道"建设,为优化人居环境再加码加速。

湘雅段曾是芙蓉中路"肠梗阻"的难点,中南大学湘雅医院党委书记张欣说:"在开福区多部门的共同努力下,今年我们整体租用了邻居富兴商业广场 1100 个车位,医院日出入车辆从 6000 台次增加到了 1 万台次,极大缓解了患者停车远、停车贵、停车难问题,10 月份,湘雅路高德拥堵指数环比下降 14.61%,交通运行速度环比提升 15.13%。"

望麓园街道荷花池社区地处城市中心,党群合力创新思维,联合辖区单位、居民率先全市建成了"错时停车系统",3000 多个私家车位、公共停车位"闲置"时段被充分激活。

以往，秀峰街道鹅羊山片区的居民买菜要到3公里外的母山小区，如今，即将开业的鹅羊山生鲜市场将惠及周边1万余群众。

青竹湖畔社区的文化活动室、沙坪街道的沙坪实验幼儿园、竹隐社区的公共服务中心。2019年，开福区重点打造了33个15分钟生活圈，新建、提质农贸市场、社区门店12个，新建、配件、改造停车泊位8171个，新建或改建人行道、自行车道、历史步道80余公里，包括捞刀河、青竹湖、沙坪、秀峰4个涉农街道在内的开福全区"菜食住行购、科教文卫体、老幼站厕园"均大为提速，基本可以在"15分钟圈内"解决。

这是一个有温度的圈。

在司马里、在浏阳河畔、在周南中学、在开福大道……开福有一处独特的风景叫"城市驿站"。这是开福区"厚德"文化引领下，倾心打造的城市共享空间。

从2017年5月起，开福区"坚持以人民为中心"的发展思想，在全区范围内选择了一批人员相对集中的主次干道，依托现有配套管理用房，采用统一设计、统一分区、统一配置进行装修改造，以"服务一线职工、方便市民停歇、打造幸福开福"为理念，让城市驿站集中了"用餐、休息、学习、交流、应急于一体"的五大功能。在驿站里不仅有电视、冰箱、空调、微波炉等家用电器，同时，市民可在此烹饪、休憩、上洗手间、阅读图书，还可以进行简单应急处置。

开福区始终坚持有质效、有温度的"两有"发展，建设物质富裕、精神富有"两富"开福，小小驿站见证了党委、政府拳拳为民之心。"一座城市的开放不仅仅是经济上的开放，更是人文情怀的开放、包容和共享。"开福区委书记曹再兴说："严冬有一杯热茶，酷暑有一缕凉风，这种共建共享的模式共同温暖我们的城市，让改革发展的成果更多、更公平、更细致的惠及于人民。"

2019 年，开福区安排民生民本支出 66.85 亿元，占一般公共预算支出的 85.42%。实现各类就业 1.71 万余人；四方坪二小、清水塘鹅秀小学等 15 所学校共新增学位 4530 个；组建家庭医生服务团队 87 个，签约服务人数 22.6 万，重点人群签约达 10.5 万；7 家 24 小时自助图书馆书籍流通量超过 40 万册次；成功承办中日韩青少年运动会、全国第三届"福文化"城市文化交流活动，举办"幸福向北"全民跑、"北富杯"篮球赛等全民健身系列活动，群众精神生活更加丰富；加快九龙、板塘三期等 5 个保障住房建设，着力解决低收入群体住房困难问题，农村危房实现动态清零。

这是一个有美感的圈。

秋菊有佳色，裛露掇其英。

近日，沙坪街道一片盛放的金丝皇菊成了长沙的网红打卡地，引得游人纷至沓来。殊不知，这美丽的产业亦是开福新农村建设的着力一笔。按照中央一号文件，开福区致力于打造"产业兴旺、生态宜居、乡风文明、治理有效、生活富裕"的新农村。金丝皇菊智慧农业项目，以农业观赏＋就地深加工＋文化旅游为链条，不仅增加了片区经济效益，也为当地农民提供了家门口就业的机会。为深入贯彻落实中央、省市农村人居环境整治行动，"干净、整洁、有序、宜居"不仅是开福城区的标准，亦成为美丽新农村的标配。

开福区副区长张胜良介绍，全区坚持把农村"五治"作为乡村振兴的重要抓手，先后编制出台了《农村人居环境整治三年行动的实施方案》《开福区农村人居环境整治村庄清洁行动方案》《2019年开福区农村人居环境整治工作实施方案》等系列文件，从"厕所革命"、农村生活垃圾治理、农村生活污水治理、村容村貌提升、村庄规划编制引领多管齐下，两年完成改厕2266座，全区28个涉农行政村（社区）生活垃圾处理基础设施、生活垃圾治理保洁覆盖率均达到100%。其中，省级美丽乡村檀木岭村"一户三池一湿地"小微水体管护示范片区，成功实现150户农户生活污水、山塘沟渠均达到地表Ⅲ类水标准，其做法被全市大力推广；浏阳河三角洲水质自动监测站被评为全国"最美水站"。

今年以来，开福区投入环保资金5.7亿元，62个年度污染防治项目全面完成。全区严格落实"六控十严禁"措施，扎实开展七大专项整治行动，完成餐饮单位油烟净化2188家；持续深化碧水攻坚战，湘江入口3个水质自动监测站建成使用；源头治理农村面源污染，国、省控监测考核断面水质达标率达90.9%；新建科大景园等公园4个，新增绿地40公顷，绿化覆盖率提升至44.43%。

这是一个有品质的圈。

开福区是古长沙的核心区，清朝中期至民国时期，曾是我省的政治、文化和教育中心，存量 82 处不可移动文物。建设密度大、户均面积小、老房旧屋毛病多是老城区普遍特点，如何在保存好历史文脉的同时，又提高居住群众的生活质量？

2018 年开始，开福区率先全市启动了"老城区有机更新"实施方案，本着生活的宜居性、风貌的完整性、历史的真原性、文化的地域性和街区的活力性为原则，计划用 3 年的时间对西园北里、吉祥巷、潮宗街、望麓园和文昌阁五大老城片区进行有机改造，惠及提升 8 万余居民的生活品质。

在经过一年多的"微整形"后，楠木厅、民国戏楼、连升街部分民居已经修旧如故，北正街已基本修缮完成，玉楼东、双燕楼、马复胜等长沙老字号正在加紧装修入驻。

家住在西园北里 55 号的平辉爹爹颇为得意地说，以前虽住在好地段但基础条件差，房子出租都开不起价，如今，看上他家房子的人已经出价 400 万元，可赶上了党委、政府的好政策，不管多少钱，他都不愿搬离这里。

"左岸社区先福安置小区 19 栋房屋下水、道路、照明焕然一新。""月湖小区 79 栋房屋实现雨污分流、配套设施明显改善。""上麻圆岭社区多个单位道路地坪、绿化景观、垃圾分类条件得到提升。"一切的发展都是为了民生，漫步在开福区的大街小巷，人们对生活品质的提升纷纷竖起大拇指。

2019 年，开福区全面开展城市"体检"，对 269 个老旧小区、城市危房进行"建档立卡"；全区以精细化管理全面推进"最严城管"，持续开展渣土扬尘、餐饮油烟、户外广告等专项治理；"4 + 2"垃圾分类深入人心，开福区共有 278 个物业小区、115 所中小学及幼儿园、339 个机关事业单位、354 个开放式小区做到了垃圾分类投放点建设和宣传发动的 100% 覆盖，80% 的社区建立了"督导员"岗位。

民之所盼，政之所为。开福通过聚焦百姓吃穿住行厕的各个细节，愈加精致精美，宜居宜业，人民群众的幸福感和获得感节节攀升。

（作者：张颐佳、胡什、彭永礼）

2019 年 12 月 20 日

40 年，岳麓山变城中景

——从岳麓区发展看长沙城市格局之变

半边乡下半边城。

要理解长沙城市格局变化之不易，就要知道曾经的长沙河西有多么荒凉。

关于这个有很多民间的俗语，比如"宁要河东一张床，不要河西一间房""河西是农村，到河东才叫进了城"。

1972 年，长沙湘江一桥才建立通车，长沙河东到河西第一次有了陆路联系。之前往返东西岸，还要靠轮渡，也让湘江里的木帆船一度千帆竞逐。

不过，那时的河西放眼望去，除了挺立的岳麓山，和山脚下几所大学，以及零落的几个工厂，就几乎再也看不到什么了。整个河西没有一条像样的马路，到处破烂不堪，下起雨来街道满是泥泞，也见不到一个红绿灯。而河西广袤的农村，除了常有农民背上菜去河对岸售卖，似乎和这座城市鲜有关联。

一到夜晚，从河东江边往河西望去，只能看到湘江上星星点点的渔火，目光再往西去便是一片荒凉的漆黑。

直到改革开放之初，大桥的作用慢慢显现，从河西进城，到溁湾镇有了些许商业，才闻到一点从河东飘来的城市味道。

在那时，长沙的河东河西便是半边城市半边乡下。

哪怕到了20世纪90年代，河西都还没有城市的模样，在岳麓区工作40年的彭秋纯老人回忆："90年代，整个河西片区没有一盏路灯，几乎没有商业，没有像样的马路，就连作为河西经济制高点的溁湾镇周边也是一片漆黑，到处都是坑坑洼洼。"她说："我记得岳麓区是1999年实现财税收入过亿，当时大家还放鞭炮来庆祝。"

也正是因为如此，在长沙，没有哪一个区域像河西，经历了如此多的变迁，并被寄予那么多的城市化梦想。

西区到岳麓区，河西在崛起。

在岳麓区成立之前，长沙河西大部分地区属于长沙市西区。

西区大致的范围河东是以黄兴路为界，黄兴路以西，城南路以北、湘雅路附近以南；在河西是南至中南大学，北至三汊矶。

当时的西区中心也都在河东地区，黄兴南路的商业街、下河街市场等。因此，西区在20世纪90年代初就提出了在西区打造全国享有知名度和辐射力的CBD商务中心区。不久，西区河东CBD规划、五一广场商业特区规划出台，湘江风光带的规划也跟着出台，部分建设项目开始一步步推进。

正当一些项目如火如荼建设时，一个可能是改变后来长沙城市格局的区划调整开始。

1996年7月，长沙将原来的西区调整为岳麓区，行政区域为原西区的麓山路、银盆岭、橘子洲、望月村4个街道和新划进的岳麓山、望岳2个乡和望城县的天顶乡，以前河东区域的商业中心区被划走，只剩下河西的大学院校了。

当时，新成立的岳麓区谈不上是个城市，基本无商业可言，只有路边参差不齐的小商铺，溁湾镇以南是大学院校，银盆岭以北是纺织、化工基地。稍微繁华一点的地方集中在溁湾镇，往西过了原溁湾镇汽车站就是"大农村"、渔场。

据说，当时的西湖渔场、岳麓渔场是长沙市鲜鱼生产基地，年产鲜鱼10万担以上。此外，后湖、桃子湖、望月湖等，不仅养鱼，而且还种植了大量的莲藕、茭白，也能带来一些经济收入。

根据长沙市委、市政府"西文东市"的构想，拉开了岳麓新城的建设序幕。

按照城市建设的总体构想，河西将加大开发力度，道路要形成"四纵六横"的总体格局，并兴建一批重大基础设施建设项目和科技文化项目。

那时起，岳麓区城市开始向西、南、北三个方向扩展，而且社会经济发展明显加速。

1997年，湖南省委、省政府正式提出"长株潭经济一体化"发展战略，为此包括长沙、株洲、湘潭在内的"河西大学城"重点建设工程拉开了序幕。长沙市的"河西大学城"包括湖南师大、湖南大学、中南大学、湖南商学院、长沙第一师范学院等20多所大中专院校。一方面，学校走"强强联合、产学研结合"的发展之路，充分发挥河西高校的人才和科技优势；另一方面，各级政府积极创造条件，搭建平台，为岳麓区发展谋篇布局。

不久，河西的潇湘大道、新民路、桃子湖路、牌楼路、阜埠河路等建成通车，枫林路、麓山路拓宽改造……与此同时，"长沙高新技术产业开发区""麓谷科技园"等工程也紧锣密鼓进行。

2001年后，随着长沙市委、市政府西迁，十几年光景，河西新城拔地而起。先是岳麓区南拓北伸，西接宁乡，连长张高速岳麓收费站也不得不向西推出15公里，为城市发展让路。

2008年，长沙再次进行区划微调，将原属望城县的坪塘、含浦、莲花、雨敞坪四镇划入岳麓区，全区国土面积由145平方公里拓展至558平方公里，发展空间进一步扩大，实现华丽蝶变。

时代新姿态。当发展进入一些节点，时间的力量就展现了出来，它往往带来更大的突破。

2015年4月，全国第12个，中部第1个国家级新区——湖南湘江新区获批。至此，国家级湖南湘江新区，全国两型社会建设综合配套改革试验区，国家自主创新示范区三大战略平台都在岳麓整合汇聚。

"湘江新区的设立为岳麓区拓展了发展空间，夯实了发展基础，增强了发展后劲。岳麓区必须抓住机遇、把握机遇、用好机遇，进一步坚定抓产业的信心、兴产业的定力、强产业的能力，实现岳麓产业大突破、大发展。"区委书记周志凯的话掷地有声。

心中有方向，脚下有力量。

近年来，岳麓区牢固树立了经济工作向产业聚焦的鲜明导向，聚焦楼宇经济、园区经济、科创经济、开放经济"四大经济"，做强现代金融、高端商贸、健康养老、文化旅游、检验检测、都市农业"六大主导产业"全力促进产业经济蓬勃发展。

在一种从容的力量中，长沙湘江西岸正在全面布局，宁静而不可遏制地生长。在绿色生态、人文精神和经济发展的聚合发展中，岳麓区，正在开拓一番更广阔的天地。

昔日荒山郊野嬗变成集名山、名水、名洲、名城于一域的旅游休闲新城；辖区内的大科城已崛起为"湖南智谷"，成了"大众创业、万众创新"的创客乐园；商业巨头、总部基地纷纷抢滩湘江西岸现代服务业走廊。

建新城、兴产业，更要聚人气。岳麓区突出"多中心、网络状、串珠式"的空间格局，着力构建泛岳麓山组团、市府滨江组团、环梅溪湖组团、洋湖大王山组团、岳麓高新区组团、莲雨含组团"六大功能组团"，实现新城规划建设到哪里，产业经济就覆盖到哪里，公共服务就配套到哪里，让岳麓成为一座有人气、有商气、有灵气的新城。

如今，随着岳麓山国家大学科技城、湖南金融中心、湖南省检验检测特色产业园、大王山国际旅游度假区等重大产业平台集中发力，洋湖总部经济区、滨江金融商务区、梅溪湖科技创新城等多点突破，湘江西岸竖起一张又一张"亮丽名片"，崛起一座功能齐全、现代化的新城。

数据最有说服力。

2017 年岳麓区地区生产总值进入"千亿俱乐部",2018 年财政收入将突破百亿大关,成功跻身全国综合实力百强区第 63 位、投资潜力百强区第 24 位。

岳麓山下,一场城市的巨变也正在进行,过去寥落冷清的商业与城市氛围早已被人忘却。

如今,梅澜坊特色商街、金茂梅溪湖酒店全面开业运营,宜家荟聚综合体启动建设,高端商贸业加速向品牌化发展。湖南妇女儿童医院建设稳步推进,爱尔国际医疗健康产业城、华大基因长沙生命科技园等项目相继落户,健康养老业发展势头良好。橘子洲景区复牌 5A 级景区,梅溪湖国际文化艺术中心投入运营,湘江欢乐城、恒大童世界、华谊电影小镇等项目建设推进顺利,文化旅游业迈向"区域旅游目的地"新阶段。

河西现代新城的崛起,点亮了长沙一江两岸的格局,改变了长沙城区主轴线,使得长沙作别了"五一路"时代。

繁华尽显的长沙"西中心"在这里呈现,曾经寂寥的岳麓山也变成了岳麓区奋起的城市象征!

（作者：熊远帆、潘振兴）

2018 年 12 月 3 日

40 年，岳麓山下书声琅

——从岳麓区与大科城的共生共融看科技、文化的永恒魅力

大科城的前世今生。

"惟楚有材，于斯为盛。"千年以来，莘莘学子在岳麓山下、岳麓书院求学求知，湖湘精神、千年文脉传承发展、源远流长。而今，一座岳麓山国家大学科技城，让这精神与文脉有了全新的外延。

细细追溯大科城的出现，要从湖南大学的创办说起。90 多年前，湖南大学首先从千年学府岳麓书院故址完成了它成为现代化大学的转型，并由省立高校，办成"全国省立大学之冠"，后由省立改为国立大学。

几乎同一时期，湖南高等实业学堂的矿科衍生出中南大学最早的主体学科，后至 1938 年，国立师范学院创办，中南大学和湖南师范大学的前身就此而来。

新中国成立后，三所高校先后被列为全国重点大学，随着改革开放的到来，高校历经院系调整，学科重组，尤其是 20世纪 90 年代中期以来的"教育产业化"，导致大学扩张，一些

规模较小而富有专业特色的专科院校被合并，这才有现在的中南大学、湖南大学和湖南师范大学。

在岳麓山西侧，还有湖南省公安干部学校搬迁后，原校址改扩建成现在的湖南行政学院；湖南财经专科学校变身湖南财政经济学院。再往西到望城坡，以前的湖南商业干部管理学院改扩建成现在的湖南商学院；更远的湖南省物质学校则成为现在的湖南商务电子职业技术学院。

从西区发展至岳麓区，曾经的"大学城"始终将老长沙"文化区"的血脉代代相传。当中南大学、湖南大学及湖南师范大学等数座高校集聚雄立，一片钟灵毓秀之地上，岳麓山"大学城"声名远播。

说历史，这里有中国最早的高等学府——岳麓书院；道人文，毛泽东、蔡和森等大批伟人在这里激扬文字、指点江山；讲规划，三所高校早已没有围墙的物理隔阂，大学在城市里、城市在大学中；论成果，一批又一批学子犹如奔腾不息的湘江水，源源不断地为国家发展建设贡献着光和热。

然而，它也和国内其他大学城一样，不可避免地遇到诸多"成长中的烦恼"：过去配套的相关设施逐渐落伍，夜市经营带来的交通拥堵、安全隐患、环境卫生、社会治安、噪声扰民等问题接踵而至；资源共享程度不高，管理机制有待完善，创新集聚效应亟待形成。

可这些看似令人烦恼的问题，正是不可多得的发展机遇。

"世界上以产业而兴的城市有盛有衰，唯有以教育而兴的城市永不衰落。"在2016年湖南省委城市工作会议上，省委书记杜家毫提及，岳麓山国家大学科技城不比剑桥、哈佛等大学城差，只要好好保护、规划、建设，至少是全世界最好的大学城之一。

2016年，大科城建设正式提升到全省发展的战略高度，被写入省党代会和省政府工作报告。2017年5月，省委书记杜家毫调研大科城，明确提出"用一年时间的整治和改造，让师生和市民眼前一亮"。2018年全国"两会"期间，再度提出要把岳麓山国家大学科技城打造成湖南新名片。

建设最美大学城，这份新时代考卷该如何答题？按照杜家毫给出的四个关键词——教育兴城、打破"围墙"、创新创业、久久为功，长沙市岳麓区肩负起大科城建设"主力军"责任，紧紧围绕校区、城区、景区、园区"四区融合"，推进品质提升、合作共创两大工程。

短短一年，麓山南路内外兼修焕然一新，成为名副其实的书香路、文明路；昔日违建院落扎堆的老旧小区，提质改造摇身变为品质小区；中南大学科技园（研发）总部拔地而起，后湖国际艺术园精雕细琢，校园与城市之间的"围墙"、技术与市场之间的"围墙"被打破，创新的因子在园区被激活。

今日"大科城"，已非昔日"大学城"。

融城发展的科技力量。

一座城市塑造一所大学，反过来，一所大学也繁荣一座城市。

曾经，杨浦是上海的工业老城区。2002年起，上海市推进"工业杨浦"向"知识杨浦"转型，10余年间，复旦大学、同济大学等 17 所高校在原址扩建近一倍，一批以大学科技园为核心的科技产业园区勾勒出"都市硅谷"的轮廓，校区、园区、社区广泛联动，城市副中心呼之欲出。

再看岳麓山国家大学科技城，大学与城市，也是命运共同体。

从西二环王家湾向岳麓山眺望，中南大学科技园（研发）总部大楼巍然挺立，融入苍翠的岳麓山中，这座多功能、现代化、高品质的科技园区格外与众不同。

事实上，过去很长时间，这里是积淀较深的城市斑点区域，基础设施薄弱、房屋老旧破损、群众居住拥挤。2017 年，岳麓区依法征拆房屋 165 栋，通过校地联动，多方合作，中南大学科技园（研发）总部当年立项、当年拆迁、当年建设、当年基本竣工，1 号栋仅用 100 天时间完成基本建设。

从此，一片让科技人才足不出户就能潜心科研、转化成果、舒心生活的"乐土"诞生。

张利军记得，2013 年，刚从德国回到中南大学粉末冶金研究院任教时，每天走出学校西大门，必须要艰难地穿过一片脏乱差的棚户区，才能抵达西二环。

"去年 5 月开始，突然发现校门外开始拆迁，听说要建园区，师生们都很兴奋！"眼见一座现代化的科创园区，只用一年时间从无到有，如今，他走出校园就进了科技园。

没有想到的是，随着身边科技转化、人才培养平台搭建完善，张利军遇到人生的"重大机遇"——有企业抛出橄榄枝，意图购买他的专利技术并落户园区。

改革开放 40 年，岳麓区"湖南硅谷"的美誉不变。汇集中南、湖大、师大等 20 多所高校和科研院所，32 位"两院"院士，57 个国家和省部级重点实验室，近 30 万科技人员和高校师生，2002 年，岳麓区主持编写了《湖南"硅谷"之梦》一书，展露出将高校科技成果进行市场转化的美好愿景。

如今，梦想实现，一个装载着"黑科技"的集装箱从长沙运送到青海格尔木的东台吉乃尔盐湖。这项"黑科技"，让当地盐湖高"镁锂比"卤水经过"黑匣子"装备再流出时，净化成优质"南美盐湖卤水"。

这项原创颠覆性技术，是中南大学冶金与环境学院副院长赵中伟带着团队苦苦研发 10 余年的成果，一经诞生，受到多个行业领先企业的关注。"当初试验成功后，我迫不及待跑到学校科研部'求转化'，但听到成果转化过程的复杂，有点打退堂鼓。"

赵中伟是典型的技术型专家，不舍得"卖"掉自己多年辛苦换来的"宝贝"，但在中南大学成果转化、谈判专家李昌友的"保姆式"服务下，最终，这项专利以 1.048 亿元的高价，被上海一家公司从中南大学转出，双方成立中南锂业，直接落户中南大学科技园（研发）总部。

2017 年 5 月 23 日，中南大学科技园（研发）总部开园，集聚院士创办企业（项目）4 家，世界 500 强 2 家，"国家千人计划""长江学者""国家杰青"等知名学者创办企业 5 家，上市公司 5 家，教授领衔企业 33 家……不计其数由高端人才、前沿科技主导支撑的"金种子"，在 23.19 平方公里的大科城内落地生根，结出产业硕果。

今年，岳麓区规模以上工业增加值增幅、固定资产投资增幅、新增"四上"企业个数连续5个月排中心城区首位。创新创业蔚然成风的背后，大科城不断驱动城市更新和完善服务配套。

西二环辅道拓改、麓山景区与桃花岭联通工程、核心区安置房建设。如今，岳麓区一手抓建设，一手抓管理，基础设施跟上了、研发空间有了，科研成果转化为现实生产力，大科城学城、产城、创城"三城融合"大步向前。

区校共建的文化景象。

踏上大科城麓山南路北入口，一个赫然屹立的抽象"山"字形城市建筑映入眼帘。复古的金黄色调、厚重的钢铁质感，"山"字由三个窗口组合而成，含"岳麓山下'大科城'，'大科城'中岳麓山"之意，昭示着对外来人才的欢迎。

这个现代简洁、寓意深长的标识，由中南、湖大、师大三所高校的学子参与设计，长沙市城乡规划局岳麓区分局组织专家对方案进行设计深化，是"区校共建"的智慧产物。

秉持"服务驻区高校就是服务岳麓"的发展理念，岳麓区与驻区高校之间保持良好互动，在打破校园围墙的基础上，突破思想观念、体制机制、规划建设、公共服务、产学研用等各个方面的"围墙"，尤其注重保留历史文脉，让麓山脚下的文化长存。

过去，二里半最有标志性的建筑是湖南师范大学老校门。20世纪90年代，麓山南路拓宽改造工程启动，道路虽拓宽三倍，但包括师大老校门在内的两侧建筑物，却被拆除或搬迁。

去年，在麓山南路综合整治中，岳麓区以"打破围墙"的决心和担当精神，启动二里半国有土地征拆，仅用 45 天时间，为高校建设腾出宝贵空间。师大老校门得以原址重建，外观形状等全部延续原来的风格。

"这不仅是恢复一个学校的标志，也是一种对文化传统的守护。"在湖南师范大学校长蒋洪新眼里，老校门的重建，意义深远。

除了校门，高校周边的路灯、公交站亭，甚至防护栏、垃圾桶，色彩及风格也是整体协调，为了匹配沉淀千年的学府气质，岳麓区与三大高校师生、专家学者、设计者、施工方在一次次建设规划座谈会上反复研讨，集思广益。

事实上，由区校共建的文化"景象"，在大科城俯拾皆是。

作为大科城重要组成部分，后湖依山傍水、大学林立。多年以前，这里曾自发聚集过一批本地艺术家，后来却因拆迁和湖水治理等问题搬离。

2015 年起，岳麓区启动后湖片区综合整治工程，大量关停违规门店、拆除违章建筑。去年，又深入实施道路建设、截污治污、拆违提质、生态治理、产业发展五大工程，打造媲美北京 798、上海莫干山的国际文化艺术园区。

在与中南大学、湖南大学和湖南师范大学合作共建的基础上，园区科创梦想小镇、创意设计小镇和艺术小镇各具特色，各放异彩。原创艺术创作交易、湖湘文化展示、艺术休闲娱乐、传统文化传承。曾经的"岳麓渔场"，随着艺术家再度归来，变成文化高地、艺术高地。

目前，后湖国际艺术园已有朱训德、段江华、陈和西、舒勇等百余位知名艺术家相继入驻，省美术馆、"58"众创、麓客众创、锦绣潇湘文化园等文化产业项目也落子于此，创意设计、文化艺术、科技创新等业态形成集聚效应，文化氛围空前浓厚。

当把大科城的种种变化放到改革开放风雨历程中去回忆，文化与科技交融、院校与地方共生的形象才慢慢清晰。然而，在岳麓区委书记周志凯看来："大科城的建设绝非一朝一夕之功，一切还只开了一个头。"

（作者：郑旋、潘振兴）

2018 年 12 月 3 日

40 年，岳麓山下产业旺

——从岳麓区服务湘江新区、高新区看
"园、区"共建的地方作为

改革开放的新生儿。

20 世纪 80 年代末，长沙高新区迈开了长沙经济园区产业逐梦的脚步。诞生于 90 年代初的"麓谷"更成为长沙高新区的核心区域。

六沟垄，这条长沙河西最深的排水沟就是麓谷的前身，长沙高新区的成长也唤醒了长沙河西这片曾经沉睡的土地。

从首批 30 余家入园企业起步，到现在近 2.8 万家企业入驻，"一区四园"营业总收入突破 5500 亿元。

产业带来了人流，人流的聚集又形成了新的城区，长沙高新区在为岳麓区赋能的同时，也为长沙的发展打造了一个"西引擎"。

"引擎"一旦启动，岳麓区的发展也就开始突飞猛进。

2007 年以前，岳麓区一个叫梅子滩的地方，当时还是西二环边上一个偏僻的乡村。四周有连绵起伏的山林，风景优美、空气清新。有大片的葡萄园和休闲钓鱼的山庄，这也成为当地

居民的主要经济来源。

2007年起，这里变得热闹了起来。投资600亿元的梅溪湖综合开发项目启动了。随后的2008年6月，由这里起步的长沙大河西先导区成立。

经过七年的改革探索，2015年4月8日国务院正式批复同意设立湖南湘江新区。至此，岳麓区全境处于湖南湘江新区核心位置，进入国家战略。

除了国家、省市战略一个个在岳麓区的热土上落地，岳麓区也成立了自己的经济园区。

2008年6月，原望城含浦科教产业园成建制划归岳麓区管辖，更名为长沙岳麓科技产业园。划归岳麓区后的产业园，有了新的发展思路。

近年来，园区根据工业园区差异化发展的思路，围绕"检验检测"特色，深入贯彻"特色立园、产业强园、空间拓园、机制活园"发展路径，以专业型、效益型、精致型特色园区建设为引导，经济成果全面展现。

2017年9月，国家认监委授牌园区为全国第十三个、中部地区首个国家检验检测认证公共服务示范平台，跻身"国家队"行列。

今年1月，园区经省政府批复晋升为"岳麓高新技术产业开发区"。

现在，岳麓高新区依托长株潭自主创新示范区、长株潭两型社会试验区和湖南湘江新区三大国家级战略平台交汇叠加的核心优势，充分发挥科技人才、创新平台、成果转化等独特优势，全面引爆园区高新技术产业动能，持续迸发转型创新发展活力。

目前，岳麓高新区已入驻检验检测企业机构93家，获得检测资格认定（CMA）的企业47家。2017年，实现检验检测产业链产值40亿元，其中检验检测认证服务业产值10.78亿元，同比增长28%。

分割不开的血缘。

在中国的改革中，行政区与经济功能区的叠加，形成了一个特殊的关系。

对于岳麓区而言，它是长沙高新区行政所在地、湖南湘江新区的核心区，"区中有区、区中有园"的现实区情，决定了两者之间分割不开的血缘。

岳麓区的发展也得益于湖南湘江新区、长沙高新区以及岳麓高新区所带来的产业聚集，功能区叠加行政区，让这片长沙原本的蛮荒之地因产业而兴，进而成为新的城市中心。

湖南湘江新区是中部地区首个国家级新区。从覆盖区域上看，岳麓区全境都处于新区范围内；从财税体系上看，新区与岳麓区共享财税分成；从发展职能上看，岳麓是行政区，湘江新区是经济功能区。

自新区设立以来，为岳麓拓展了发展空间，夯实了发展基础，增强了发展后劲。作为湘江新区建设的核心区，岳麓区也全力支持、配合、参与新区建设，可以说没有湘江新区的崛起，就没有岳麓区的辉煌，而没有岳麓区湘江新区则没有最核心的发展空间。

诚如梅溪湖片区以健康医疗产业为主导产业，坪塘、大王山片区以文化旅游产业为主导产业，滨江新区以金融业为主导产业。这既是湖南湘江新区的布局，也是岳麓区对于上述板块的定位。

湘江新区的洋湖片区等四大片区的定位发展与岳麓区聚焦的楼宇经济、园区经济、科创经济、开放经济"四大经济"和现代金融、高端商贸、健康养老、文化旅游、检验检测、都市农业"六大主导产业"发展一致。

在长沙高新区，则主要聚焦实体经济，推动制造业发展。作为高新区行政地，岳麓区也立足全局，着力以更大的担当，主动服务好长沙高新区发展，进一步深化优势互补、统筹融合，推动错位发展、特色发展，为长沙市经济转型升级作出岳麓贡献。

随着经济全球化和区域一体化的深度演变，融合已成为发展大势。为此，岳麓区提出了产业融合、产城融合、城乡融合"三融共进"的发展路径，着力打造省会长沙新中心。

产业一度是岳麓区最实的区情、最大的短板。为此，岳麓区树立了经济工作向产业聚焦的鲜明导向，持续开展"产业发展年"活动，驰而不息地做大做强"六大主导产业"，推动三次产业高度融合。

特别是近年来，随着岳麓山国家大学科技城、湖南金融中心、湖南省检验检测特色产业园、大王山国际旅游度假区等重大产业平台集中发力，岳麓区产业发展其势已成、其时已至。

岳麓山组团、市府滨江组团、环梅溪湖组团、洋湖大王山组团、岳麓高新区组团、莲雨含组团"六大功能组团"，实现新城规划建设到哪里，产业经济就覆盖到哪里，公共服务就配套到哪里，让岳麓成为一座有人气、有商气、有灵气的新城。

"对比河东，岳麓是一个发展新区，就类似于当年深圳建设经济特区，蕴含着热情奔放、开放包容的创业文化，拥有着适宜于创新创业的人文积淀。"

在岳麓区委书记周志凯看来，在供给侧结构性改革深入推进的背景下，岳麓区既没有去产能的任务，也没有去库存的压力，拥有三大国字号战略平台、省市重要的产业发展平台，可谓轻装上阵、机遇叠加，正处于"激情燃烧的岁月"，大创业、大奋斗时不我待。

全方位的服务。

"服务湖南湘江新区就是服务岳麓发展，服务长沙高新区就是服务岳麓发展，服务驻区高校就是服务岳麓发展。"

站在城市发展内在规律的高度上，岳麓区委书记周志凯这样认为，岳麓区和湘江新区、长沙高新区是利益共同体、命运共同体和发展共同体。

因此，岳麓区主动为园区重点项目建设、重点片区发展提供坚强有力的征地拆迁、环境维护和民生事业保障，推动资源共享、要素集聚。同时深度融入，在创新驱动、精准招商等方面联手联动，共同谱写大河西发展的新篇章。

今年3月，岳麓区为湖南湘江新区基金小镇搭建"一站式"服务平台，设立"绿色专窗"，实现省金融办、区工商局、资产经营公司"并联办公、专窗审批"。

"以前每次发布新基金，都需要去工商局办理手续。现在有了'绿色专窗'，只需上下楼就可以完成了。"湖南蒲公英私募股权基金管理有限公司的负责人介绍，自基金小镇设立"一站式"服务以来，明显感受到了更高效、更便捷、更优质的服务。

据了解，岳麓区为激发市场主体活力，构建了"办事最简、监管最严、服务最优"的政务服务模式。除了下放权限、窗口前移等举措外，该区还将传统的"面对面"服务转变为"键对键"服务，实现网上申报、网上受理、网上审批、网上发照、网上查档的全程电子化登记管理模式，全程实现"零见面"。

此外，岳麓区坚持特色立园、产业兴园、空间拓园、机制活园，落实"一主一特"功能分区，聚焦主导产业，培育特色产业，全力支持岳麓高新发展，加快打造精致型、专业型、效益型特色园区。实施片区开发模式，加大土地收储、征拆、出让力度，力争园区扩容至 86.8 平方公里。深化管理制度、审批制度、投融资体制改革，大力推进市场化运营，为园区的发展创造良好的制度环境。

在服务于园区的同时，教育、医疗、交通等民生事业发展也让无论是高新区还是湘江新区能够吸引人才，留住人才，从而更好地服务园区经济建设。

改革开放初期，老西区仅有区属中小学 20 余所，教师 600 多人，学生 1.1 万多人；而今，中小学 110 所，幼儿园 175 所，教师 7775 人，学生人数已达 128000 多人；1978 年小学升初中比例为 60.5%，岳麓区拥有了全省优质资源体量最大、普惠功能最齐全的教育体系，形成了涵盖幼儿教育、基础教育、高等教育、素质教育"一条龙"全学段的教育体系，极大地提升了区域价值。

"岳麓区持续把教育事业放在优先发展的地位，每年教育经费支出保持在可用财力的1/3左右。"周志凯指出："教育具有社会、经济双重属性，我们必须做到片区开发到哪里，教育资源就配套到哪里，让'岳麓山下好读书'成为更多人的选择。"

与此同时，"一圈两场三道"的建设也让岳麓成为人气之城。69个"15分钟生活圈"、16个农贸市场、43个停车场、17条人行道、16条自行车道和5条历史步道正在改造或建设，梅溪湖恒大医疗健康城、长沙市妇女儿童医院、洋湖医院、望城滨水新城医院、金洲医院等医疗机构也在河西落地生根。

在三大经济园区的助力下，岳麓区产业转型也步伐稳健。不但传统的房地产业发挥"定力"，连续四年领跑全市中心城区，新兴产业也活力四射，来势喜人。第三产业经济增长贡献率由2012年的34%增至2016年的52%，其中金融业税收贡献率由2%增至7%，成为全区新的支柱产业。建设湖南省唯一的省级金融中心，打造中部唯一初具规模的检验检测产业集群，抢占汽车后服务、智能驾驶等新兴领域制高点，推进健康养老业、文化旅游业加速转型，锐意进取、创新开拓的岳麓迸发无限可能。

（作者：熊远帆、潘振兴）

2018年12月3日

第五编

圈　层

征程无止境

——看宁乡市改革开放 40 周年巨变之一

1. 启幕

在沩水沉浮近十年的戴海清，是第一批赶赴"火海"的勇士。

20 岁的他，曾以一艘摇摇晃晃的"乌舡子"为家，往来于宁乡沩山与望城靖港之间。舟楫转徙的水上生活虽颠簸劳顿，但能保一家安稳。

然而，沩水浪潮的磨炼，赋予他霸蛮、血性、灵泛的湖湘性格。改革惊雷响起时，他毅然丢下船橹，跳上陆地，开启了另一种人生。

即便面临贫苦的境遇，要打破安逸平静的现状，去面对未来仍然不是一件易事。

然而，如戴海清一般，许许多多的宁乡人，欣然地接受了迎面而来的机遇。

面对困境，突破困境！面对机遇，抓住机遇！源远流长的历史风骨，为这座城市造就了"宁乡精神"。

这其中有伟人文化、伟人精神的传承和指引，有佛文化、青铜文化的内修外延。一代又一代的宁乡人,秉承着沩山沩水的发源之力,不停歇地开拓,开拓!

改革之路,路阻且艰。无论遭遇何等境况,宁乡人的脊梁未曾弯下。

第一个个体厂店、第一个工业园区、第一家外资企业、第一个商业广场……40 年来,踏过一个个艰难的时刻,宁乡迎来了数个"第一",宁乡人写下了一个个传奇。

2. 变化

历史的风云际会,就这样改写了宁乡的命运。然而,这远远不够。时间的车轮不曾停止,宁乡人便不会停下。

行驶至 21 世纪,宁乡接入了发展的快车道。一场从"量变"到"质变"的跨越正在酝酿。

沩水两岸,城市在变化!告别低矮破旧的居民楼,富有品质的城市生活正逐步走来。依山、傍水、亲绿、道宽、路通、风清。人们因教育得当变得更加睿智,及时有效的医疗为宁乡人带来健康。

走廊两端,工业在崛起!一条西线工业走廊,肩负接轨省会长沙的重担。机器轰鸣间,越来越多的"宁乡制造"向世界传递。漂亮的数据后面,人们的生活愈加优越。

屋宇之间,文化在传承!跟随时代浪潮,全面挖掘保护利用历史文化遗产正当其时。炭河古城、道林古镇、关山古镇。一大批文化产业项目,将丰富的楚沩文化激发出新的活力,成为宁乡发展的重要助推力量。

一路跋山涉水,回望来路,倍感欣慰。宁乡,值得迎接一场丰收！

3. 跨越

历史，不会亏待奋斗者。

"你好，宁乡市！"直至第一声呼喊响起，宁乡人在恍如梦境的惊喜中获取跨越的丰收。

40 年的征程，无数个朝夕更迭的故事架起梦想之桥，一代代夙兴夜寐的宁乡人砥砺前行。即便韶华逝去、容颜渐老，从征途中走来的宁乡人，仍会饱含深情，道一句：值得！

夜幕降临城市，水雾笼上水面。年近七旬的戴海清，已回到沩水岸边定居，安享晚年。隔着玻璃窗，他仿佛看到"乌舡子"仍停靠在沩水两岸。舟上点点星光，与城市的霓虹光影均被舀入水中，摇曳相接。

然而，欢喜的乐曲从楼下隐隐传来，再看远处车流来往不息，戴海清清楚地感受到记忆中的故事正在远去，新时代已经到来。

而宁乡人深知，下一个新时代，仍属于奋斗者！

（作者：李曼斯、邓利良）

2018 年 12 月 3 日

小城起风云

——看宁乡市改革开放 40 周年巨变之二

1. 看变化改革焕发新活力

40 年前，从飘摇风雨中走来的宁乡身陷贫穷的困境。"煨红薯，竹蔸火，神仙不如我"，彼时的宁乡人，仍为温饱问题烦忧。"穷"之一字，如附骨之疽。

穷当如何？穷则思变！1978 年 3 月，中共宁乡县委召开"穷则思变"大会。不甘落后的宁乡人，试图从逼仄的缝隙中破茧而出。

9 个月后，一场巨大的历史机遇在中国掀起浪潮。改革开放，破开了这座小城的困境。

1981 年，宁乡农业生产责任步入家庭联产承包制轨道。土地经营方式的改变，刺激了农业生产的大发展。1982 年，全县粮食总产量达到 7.5 亿公斤，温饱问题得到解决。

粮食生产硕果累累，规模养殖迅速发展，一时间，宁乡因"农业大县"的头衔而声名大噪。

吃饱了肚子的宁乡人，并不安于现状。1984 年，为搞活城乡经济，县政府首次召开个体工作者会议，鼓励大家放开手脚大干，动员能人高手率先出马兴办个体厂店。

闸门一旦开启，洪流破闸而出，个体经济自此一发不可收拾。

圣得西、忘不了、挺绅等知名服饰企业汇聚成服饰工业走廊，煤炭坝、黄材、花明楼等地崛起煤炭、建材等特色产业，双凫铺、横市等地的鞋业、纸业、鞭炮烟花业，充分展示出当时宁乡经济发展的勃勃生机。

1990 年，宁乡工业总产值首次超过农业总产值。1992 年邓小平同志南方谈话后，宁乡人进一步解放思想，制定了系列鼓励民营企业发展的政策措施，将大力发展民营经营，尤其是民营工业作为县域发展的支柱。

由此，宁乡第一个工业园区——民营工业园于 1998 年应运而生。这正是如今国家级宁乡经济技术开发区的前身。从这个平台，宁乡窥见了发展工业的大好前景。

2001 年，宁乡县委、县政府提出"招商引资是实现跨越发展的唯一选择。项目工程是县域发展的唯一载体"，试图通过以此打开"超常规、跨越式发展"的突破口。

历史证明，这一选择具有超前的战略眼光。17 年后，宁乡工业发展的足迹，串成一条西线工业走廊。宁乡工业经济强势崛起，当真成了城市发展的关键命脉。

近十年来，通过推进招商引资和项目工程建设，宁乡的经济总量、财政收入、产业发展和城乡面貌发生了翻天覆地的改变。

2. 看增长服务引来新资本

20 世纪初的长沙，星沙、浏阳、望城发展迅速，后发赶超，不是易事。

面对"劲敌"，如何让资金引入宁乡？又如何让企业心甘情愿留在宁乡？

2001 年，青岛啤酒要在湖南建厂的消息传到了宁乡人的耳朵里。为体现诚意，宁乡专门为青啤在长沙开推销会，号召宁乡人都来喝青岛啤酒。八字还没一撇，宁乡又请省市质监部门打击假冒生产青啤的厂家。但凡青啤提出问题，宁乡必定及时解决，甚至超出预期。

宁乡的热情，终于打动了青啤。2003 年，青岛啤酒决定在宁乡建立年产 40 万吨的大型分厂。

三年一剑，九上青岛。这一场战役给宁乡的招商引资打了个活广告。"投资湖南，首选宁乡"的招牌得到例证，宁乡招商引资揭开了崭新的一页。

连续对接 6 年，宁乡经开区引进一家国内有色金属行业前十强的企业；流沙河镇 3 个月派出 40 多人多次追"商"，击败13 个竞争对手引进涟钢振兴防滑材料厂……在宁乡，"咬住不放"的招商故事俯拾皆是。由此，宁乡人也从经验中归纳出了发展的关键词："服务"与"坚持"！

2008 年，投资 100 亿元的三一起重机落户宁乡金洲新区；2013 年，格力电器将全球第十大生产基地落户宁乡；海信电器、台湾宏全、康师傅、小洋人乳液等国内外知名企业纷纷入驻宁乡。

"企业家投资必须是理性的。宁乡地理位置、平台条件不是最好的，但他们的服务环境是最优的。"格力电器董事长董明珠多次在不同场合为宁乡的企业发展环境点赞。

直至今日，"服务优""环境好"已成为宁乡招商引资的金招牌。越来越多的企业愿意来此开创新天地。

"现在办理企业登记真是太方便了，只跑了一次就领取了营业执照。"今年6月22日，衡阳市润谷涂料有限公司赵蛟辉赶到宁乡市民之家食药工质局窗口办理企业迁入登记，他急需取得营业执照来办理企业落户宁乡高新区的手续。在了解申请人具体情况后，窗口工作人员加急审核，当场就核发了营业执照。

2018年7月，宁乡出台优化营商环境"22条新政"，覆盖企业从开办到生产经营的方方面面，最大限度地为企业节约了生产成本，也加速了项目的落地，给企业、群众带来实实在在的便利。

持续优化营商环境、落实收费清单制度、"最多跑一次"改革向纵深迈进、工业项目审批改革推行"四减一降"……宁乡在工业企业引进、建设、用工、创安、入规、装备升级等十个方面强力减轻企业负担，令企业"甩掉包袱，轻装上阵"。

3. 看质量创新崛起新高地

在蹒跚摸索中，宁乡驶入高速发展的快车道。然而，在疾驰的道路上，宁乡也曾为了迈开步子，付出惨痛代价。

20世纪初，因缺乏工业基础，许多乡镇靠透支自然资源发展地方经济。一座座小煤窑、一家家采石砂场无序生产，宁乡曾经美好的山水满目疮痍。

2016年11月9日，大屯营镇靳鑫烟花鞭炮厂内，"轰"的一声巨响，一团蘑菇云直冲云霄，拉开了宁乡鞭炮烟花企业退出的序幕，55家烟花鞭炮企业相继退出。

2018年，宁乡5天"放倒"80根烟囱，全市累计拆除烟囱117个，取缔黏土砖厂113家。

同年，所有煤矿全部关闭到位，实现整体退出。小型水泥生产企业全部实现关闭或拆除。

宁愿发展慢一点，地方收入少一点，也决不能要带伤的GDP。一场工业经济的涅槃，已经在楚沩大地上演。

3年内，宁乡忍痛淘汰落后产值近15亿元，超额完成省、长沙市退出任务。对园区内需清理整治的22家企业制定"一企一策"，采取破产、拍卖、停止供地、融资开工、收购等多种方式进行清理处置。

新与旧，进与退。一场转型升级的变革在宁乡推进。

2017年11月14日，长沙智能制造研究总院宁乡分院隆重成立，当天，300多家宁乡工业龙头企业负责人和宁乡市委、市政府领导一起共同见证挂牌后，举行了一场氛围热烈的以智能制造为主题的探讨。

抢占工业产业发展制高点，致力向智能制造高端挺进，已经成为宁乡广大工业人的共识。

加加食品抢先打造"酱油数字化工厂"，朝着建成数字化、智能化、绿色化的年产20万吨工厂目标迈进；格力电器率先迈入智能制造新时代，工业机器人在车间转，工业大数据在

"云端"跑；万鑫精工拥有减速机的核心工艺和产品技术，并申请了 13 项国家发明专利，技术达到国际领先水平。

在省委"创新引领，开放崛起"战略引领下，宁乡各大园区持续推进转型创新发展，企业加速发展、主导产业转型升级、平台建设等鼓声越敲越响。

从淘汰落后产能、致力转型升级，到聚力智能制造产业发展打造六大工业新兴及优势产业链，宁乡意识到招商不仅仅是引进新项目，还要培育创新沃土，让企业能够长久地留在宁乡，并快速发展壮大。

今年初以来，宁乡市深入推进科技体制机制改革，全力打造创新开放新高地。通过设立科技发展专项资金，支持市内创新主体发展，一大批中高层次人才逐渐集聚，"政产研学用"模式开始全面铺开，一批重大科技项目即将落地。

2018 年，全市新增"上云企业"超过 1600 家，加加食品、楚天科技、格力电器等 36 家龙头企业成功创建国家、省、长沙市级智能制造企业，率先走上了智能制造的发展大道，其发展之势，恰如即将喷薄而出的万丈朝阳，为宁乡工业发展添加了强劲的动能和发展的源泉。

破发展之羁，纾民生之困，谋奋进之局。风云变幻间，这座小城实现了历史性的飞跃。在改革开放这场永不停歇的远征里，宁乡，不会缺席！

（作者：李曼斯）

2018 年 12 月 3 日

古邑着新装

——看宁乡市改革开放 40 周年巨变之三

1. 城市之变

木制货架上，广口玻璃瓶一字排开。晶莹剔透的刀豆花、软糯细腻的砂仁糕、望之生津的紫苏梅……花上几毛钱，店员就会手脚麻利地用黄草纸给你包上一个纸封子。

在 20 个世纪 70 年代，这是宁乡县城经常上演的一幕。贪食的孩童穿过狭窄的巷子，来到大西门坳上的新联南杂店买上几包心爱的小吃，这在当时已是极大的享受。

这一幕，在黑白照片上定格下来。而再想还原当时的场景，却是难上加难。

当时，宁乡县城分为东南西北四条正街，县城规模很小，从南门走到北门，只需一根烟的功夫。

2000 年，宁乡县委、县政府确立"经营城市"的发展思路。北扩南练、新扩旧改、梯次开发……曾经灰头土面的老县城，逐渐改头换面。

现代交通早不止"四通八达"，有了电子地图，连东南西北的界限都变得模糊。不知从什么时候起，"大西门"变成了

"大玺门"，"南门桥"一带变成了"玉潭路"，更多人称呼"北门"为"振兴路"，东门则是很少听说了。

平楼里的南杂店不见身影，取而代之的是高高耸立的商贸中心。唯一还能与记忆重叠的狭窄小巷——香山巷，也即将因棚改而消失在历史的车轮中。

2017年，宁乡迎来撤县设市的大好机遇，以宁乡市的姿态迈入新时代。这一次跨越，更是让宁乡人离美好的城市生活更近一步。

老一辈宁乡人或许感叹于岁月情怀的渺无踪迹，但谁也不能否认的是，这座城市以更宜居的姿态，馈赠给了当代的宁乡人。

今年夏季的一个傍晚，习习微风将白天的闷热吹散。家住新城大市场的蒋大爷穿戴好装备，骑着山地车出了小区。他是骑车爱好者，每周都会和骑友一起骑行。

"如今，宁乡城区每天都在变新、变美！道路宽阔，高楼林立，大街小巷干净幽雅。即使是晚上骑行也别有一番风味，让人很享受。"蒋大爷由衷地说道。

正如蒋大爷所言，平坦宽阔的道路、鳞次栉比的建筑、美丽多姿的街区，这些无不展现着这座新城的风姿与内涵。

今年以来，宁乡以市的定位、市的理念、市的格局来规划、建设、管理城市，在宜居、特色、品位上下功夫，着力打造开放开明、宜居宜业、创新创业的一流中等城市。

2. 生活之变

步入城市生活的宁乡人，切实感受到了更多的舒畅与便捷。

"满意！高兴！这次棚改，让我的一大家子都住上了新房，我这辈子的心愿终于实现了。" 6 月 23 日，家住玉潭街道文中社区仓岭 72 号的王月凡老人将一面刻有"政策公开公平公正补偿合情合理合法"的锦旗，亲自送到了龙溪棚改项目指挥部。

据悉，按照年初目标，今年全市计划征收 2000 户，截至目前，已经全面启动。其中，老城区龙溪棚改项目作为 2018 年全市重大民生工程、民心工程、实事工程。据悉，该项目的顺利实施，将进一步提升城市品质、加速城市建设进程。

干净整洁的过道上不见丁点垃圾、青翠欲滴的蔬菜整齐摆放在摊位上、三五市民穿梭在各个摊位间挑选菜品。这是笔者在优米星街市场看到的一幕和谐场景。

"听我儿子说 15 分钟步行生活圈只有大城市社区才有，没想到在我们宁乡正一步步变成现实。这对于我们老年人来说，生活将变得更加方便！"采访中，笔者遇到了正在优米星街市场买菜的侯大爷。提及宁乡正全力推进"一圈两场三道"建设，他高兴地竖起了大拇指。

今年以来，宁乡市在"一圈两场三道"建设上持续发力，目前已完成 2 座公厕垃圾站、6 处停车场、2 个农贸市场、1 处人行道、1 条历史文化步道共计 12 个项目建设任务。

"我每天傍晚都会过来散步，这里空气好、环境美，特别舒服！"每到夕阳西下，家住车站路附近的居民周女士便会带着两个孙女前往企业文化公园散步。这里景色清秀、风景怡人，蜿蜒的麻石小路旁绿草茵茵。

"绿色"是城市建设的点睛之笔，是改善人居环境的重中之重。今年以来，宁乡市重点打造宁乡企业文化公园、市民廉洁文化公园等，建成白马、通益等多个社区小游园。如今，宁乡市民惬意地生活在"开门见绿、推窗见景、百米见园"的环境，畅享市委、市政府给予的绿色生态大礼包。

除了在棚改、房地产开发建设、"一圈两场三道"建设、生态建设等方面持续发力外，宁乡市今年还积极打造安全城市，将沩水治理作为市政府一号工程持续推进，重点加快城市防洪圈建设，着力提升城区防洪保安、排涝泄洪、污水处理能力，全面保障城区安全度汛。同时，加快城区"小而精"学校建设进展，破解宁乡市城区学位紧张的现状，确保城区小学服务半径0.5公里要求，满足人民群众子女"在家门口能上好学校"的期盼。

3. 思想之变

40年前的宁乡人，物质生活贫瘠，娱乐方式更是单一。一包零食是孩童至爱，能看上戏则是成年人的幸福时光。

在当时的宁乡县剧院，每每表演传统剧目，总是人多票少。买票时需带户口本，每户限购2张。黄材、流沙河等边远地区的群众，整车人租车前往县城看戏。

人们，渴求文化的润泽。

每当夜幕降临，位于宁乡市黄材镇的炭河古城文化广场上音乐骤响。越来越多的居民忙完农活，就往文化广场跑。大家切磋棋艺，比划武术，唱一段花鼓戏，组织场球赛，搓麻将等恶习早被抛至九霄云外。65岁的张秀清，每天早晚都要到文化广场活动一小时。她说："在家门口就能锻炼身体，政府为咱老百姓办了件大好事。"

每年，灰汤镇政府都会拿出资金，鼓励居民自己举办群众文化艺术节。绘画、诗文大赛、篮球赛，场场精彩，唱歌、舞蹈、朗诵、小品，个个出彩；双凫铺镇建立了专门的排练、演出机制，成立不亚于专业人士的龙灯队、军鼓队、器乐班。仅黄材镇，就组建了92支文化节目队伍，包括黄材本土花鼓戏、黄材山歌、扇子舞、器乐表演等。

此外，宁乡市还推出文化惠民工程，开办了广场舞、小品等10余个免费培训班，相继开展了"周末我登台"群众文艺展演活动100余场，"楚沩讲坛"及读书知识竞赛活动50余场，镇村级文体活动1000余场。目前，宁乡已逐步形成了"天天有活动，月月有赛事、镇镇有特色，个个都精彩"的群众文化活动机制。

今年，宁乡市着力健全完善公共文化设施。其中，新建市民之家24小时自助图书馆，照"七个一"标准分三年打造村（社区）综合文化服务中心208个。申报并获批了87处全民健身工程点、1个健身驿站、2个国民体质监测点。建设10个企业职工书屋。为全市278个村（社区）农家书屋补充更新书籍共计2.5万余册。

"以前过马路时经常不看红绿灯，垃圾也经常随便扔。现在看着大家都讲文明，我也要跟着学了。"今年53岁的杨大爷面带羞愧地说道。

　　曾在田间埋头苦作的宁乡人，从养家糊口的困顿中直起了身子。身为"市民"的自豪感，令人们开始尝试以更适应现代社会的方式生活，让城市运行更加和谐有序。

　　历史，永不停歇地讲述着人与城市的故事。在过去的 40 年里，宁乡这座千年古邑，与她的居住者们书写出破茧重生的改革故事。下一个 40 年后，在这里又将见证何等传奇。

（作者：李曼斯、邓利良）

2018 年 12 月 3 日

改革奋斗者

——看宁乡市改革开放 40 周年巨变之四

"昔日的建设者，发展的受益者，当今的志愿者。"

易伯衡，玉潭街道学庵社区人。在职时，他是省、市、县优秀教师，县美德之星，十佳党员；退休后，他担任玉潭街道关工委主任、老科协会会长、老龄协会会长、禁毒协会会长等。

衣冠端正，身姿挺拔。他拿着一个文件袋走进房间，里面塞满了一沓沓的讲义。你仿佛能想象，几十年前的易伯衡，也是这样走进教室，开始一天的课程。

事实上，82 岁的易伯衡从未远离课堂。从语文老师，到联校校长，再到退休后的志愿授课，易伯衡着实见证了宁乡教育史 40 年来的发展历程。

1953 年，刚走出学校的易伯衡成了宁乡城东中学的一名语文老师。昏暗的小教室、潮湿的土地板、漏风的土砖墙，构成了他记忆最深刻的一部分。

彼时，无论是学生还是老师，都在贫困中苦苦挣扎。一个红薯，是一名普通学生一天的伙食。更有甚者，家中连红薯都带不起，只能饿着肚子上课。

每到冷雨严寒时，孩子们淌着水上学，鞋袜湿得可以拧出水来。湿冷的教室不足以御寒，孩子们扎堆挤在墙角取暖，顾不上破旧的棉衣蹭满墙灰。

拿着一个月 25 斤米工资的易伯衡看着焦急，却无能为力。更令人揪心的是，每逢新学期，教室里总会空掉几个座位——多是因为家里无法供养而辍学。

学校时常派老师上门给家长做工作，但大多时候都无功而返。锅里无米的家长抹着眼泪问一句："饭都吃不起，怎么上学？"常常使老师们落荒而逃。

当时的学校，大多也是在苦苦支撑。易伯衡所在的城东中学还算条件不错，当时宁乡县城十来所学校里，半数以上都属危房。不仅漏雨漏风，甚至有垮塌的风险。

易伯衡记得学校教室大门曾经因为年久失修破了一个大洞，学校没有经费换门，只好找来木工师傅，在大门里面钉上一块木板，打上了"补丁"。孩子们觉得新鲜，偷偷拿着石头粉笔在上门刻刻画画，反倒成了独特的"木板画"。

苦中作乐的日子，就这样过到了 1978 年。

"把发展科学技术和教育事业放在首要位置！""要让学生在最好的房子里读书！"改革开放明确了教育地位，一个个激动人心的消息传来。

然而，当时的易伯衡并没有太过在意。他觉得这些梦想太过遥远，难以实现。

1983 年，已经在城西中学任职的易伯衡得到消息，学校获得一笔拨款，对原本的旧校区进行改造。

这件事情仿佛成了一个拐点，越来越多的变化接踵而来。

1984 年，镇区普及小学教育。

1985 年，宁乡县城镇、街、村学校通过市级验收全部合格。同年，城北中学先后接纳城南、城西中学。

1997 年，普及九年义务教育。

从 20 世纪 80 年代开始，越来越多的宁乡人考上高中、考上大学。"宁乡人会读书，宁乡人会喂猪"的美誉飘到了外地。不少邻近县市的孩子，也来到了宁乡求学。一时间，宁乡教育成了一块金字招牌。

为什么宁乡人会读书？易伯衡缓缓说道："穷则思变。"

易伯衡教过不少有出息的学生，他们家境大多不太好，但家长霸蛮供，学生霸蛮学，老师霸蛮教。这几股韧劲，正源自宁乡人的血性。

时至今日，易伯衡已经退休 19 年了。但他热爱教育工作，坚持每年到机关、学校、社区、企业志愿授课。每当易伯衡走在路上，远远看见崭新整洁的楼房，他便知道那是学校。

"40 年前，政府说要让学校有最好的房子。没想到今天真的成了现实。"易伯衡每每来到校园，都感叹万分。空调、电脑、操场。这些曾经不敢想象的设备已配备在宁乡各个学校。在易伯衡看来，无论是赶上了新时代的自己，还是一出生便享受到新时代生活的当代学生，都享受着改革开放的红利。

"昔日的建设者，发展的受益者，当今的志愿者。"这是易伯衡给自己的定位。享受了改革开放"福报"的他，不愿停下

"服务"的脚步，也不愿停下"见证"的脚步。

"家乡的发展，造就了我的今天。"

蔡跃武，男，宁乡市玉潭街道居民。宁乡市第十六届人大常委会委员、宁乡市工商联副会长、宁乡市建筑业协会会长、长沙金典建设工程有限公司董事长。

从没有高楼，到高楼林立；从空荡小巷，到熙攘大街；从物资贫乏，到商圈繁华。作为土生土长的"玉潭人"，蔡跃武一路见证了宁乡城区的发展与繁荣。而几十年来的建筑一线工作经历，也使他成为一名"改革者"，参与了城市的风云变幻。

在蔡跃武的幼时记忆里，县城不过只有东南西北四条正街，来回溜达一圈不过半小时的功夫。在没有游乐场的年代，蔡跃武和他的伙伴们喜欢在西门附近那唯一的一条水泥路上玩闹。

一到晚上 8 时，城市变得昏暗。西门的电影院，是整个县城最热闹的地方。劳累一天后，一场电影是对人们最好的犒劳。当时，电影放映员和照相员是最受欢迎的两个职业。

看完电影，人们回到昏暗潮湿的土砖房里，过着一切都被计划好的生活。

1978 年，改革开放的消息传遍大江南北。然而，这对当时 12 岁的蔡跃武来说，并没有太大的吸引力。更令他雀跃的是，他家正计划明年搭上 2 间红砖房，住上新房子。

1979 年，蔡跃武家的红砖房成了县城里一抹亮眼的颜色。很快，这股旋风开始蔓延。家家户户搭起煤炉，烧窑、拌灰、砌砖，全家齐动员。

红砖房的风潮还未过，供销社、商业局、物资公司等大楼慢慢出现。在建筑垒起的同时，意味着越来越丰富的物资拥来。

"1982年，百货公司里的'常德'烟放开了随便买。听到消息，我赶紧跑去买了1整条，那种兴奋现在难以想象了。"蔡跃武和他的朋友们捧着一整条烟，如获至宝。一晚上，他们就着煤油灯，抽了整整一条"常德"烟。这也是蔡跃武第一次了解"醉烟"是什么感觉。

20世纪80年代末，玉潭镇的人们开始在房子外墙贴上瓷砖，时不时走出门看看，"臭美"一番。也正是这个时候，蔡跃武进入宁乡县城建二公司，开始了自己的建筑人生。

宁乡县广播电视大楼，是蔡跃武接触的第一个工程。在没有机械化时代，人们只得手挑肩扛。整整一年，蔡跃武日夜待在工地，如十多年前与父母修建红砖房时一般精心对待。

随着和灰机、搅拌机、门吊，人们把更多工作分配给机器，建筑难度、高度与品质也逐渐攀升。

百货公司、县政府大楼、邮电大楼、商贸步行街，越来越多的城市地标拔地而起，宁乡县城渐渐有了城市的模样。

1998年，对蔡跃武来说是人生的转折点。当时，宁乡县城建二公司濒临破产，蔡跃武临危受命，担任公司总经理，带领着这个举步维艰的企业走出困境。

上任后，蔡跃武大刀阔斧进行资产重组与体制改革，组建长沙金典建设工程有限公司。从最初的县城山水洲城的打造、灰汤温泉资源的开发、关山城乡一体化的建设，宁乡一中、宁乡人民医院、宁乡实验小学等一大批宁乡地标性建筑均出自蔡跃武之手。

"从'见证者'到'建设者'，是改革开放的成就，是家乡的发展，造就了我的今天。"蔡跃武如此说道。在他第一次尝试建起自家红砖房时，他未曾想过会有今天。正如 40 年前的小县城，也未曾想过能有今日蜕变一样。

"没想到生活一年比一年好。"

11 月 23 日，暖阳高照，宁乡黄材镇石龙洞村芭蕉组村民王寄高来到自家的苗木地里，对苗木进行修剪等管护。眼下，他正着手流转一些土地，扩大自家的种植规模。因为人热情，脑筋活，今年 51 岁的他被当地人亲切地称为老王。回顾近 40 年的发展，老王跟笔者谈起了他家所经历的几件大事。这些事情，促使他家生产生活水平获得大幅提升。

在 1979 年，当地将水田分开，只不过是分到组，没有直接到户。1980 年，家有 7 口人的老王，分到了 4.9 亩水田。分田到户，所带来的直接效果是农民积极性大大提升。单季稻谷平均亩产量由原来的不足 150 公斤左右，增至 250 公斤左右，有的亩产甚至达了 400 多公斤。当年，老王家早、晚两季收获稻谷 2000 多公斤，每餐锅中米饭一下多了许多，有时甚至不放杂粮煮净饭。

1985 年，老王家告别煤油灯，用上电灯，山村的夜晚一下明亮许多。此前，老王家的煤油灯有镜灯、美孚灯、马灯等多种，用途各有侧重。谁家办喜事唱花鼓戏，在戏台前面两侧用铁丝吊两个大棉球，浸上煤油或柴油点燃照亮。每隔一段时间，就用盛有煤油或柴油的大碗去浸泡一下，使之能够持续燃烧发光。

通电头几年，老王家用的是清一色的白炽灯泡，每间房内挂一个，功率从 5 瓦到 25 瓦不等。不过，在大门口，老王的哥哥特意装了一个 100 瓦的大灯泡。平时，这个灯泡一般不开。双抢时晚上收地坪里的稻谷、秋天晚上洗红薯打红薯粉剁红薯米就打开，一片通亮，特别方便。

在石龙洞村，曾有一个金柱水泥厂，属乡办企业。该水泥厂选址于此，一个重要原因是当地产上好品质的石灰石。而石灰石，是制造水泥的重要原料之一。1991 年，金柱水泥厂正式投产，老王应聘成为厂里的一名员工。在此之前，水泥厂进行了一年多的建设，老王也是参与者之一。

在金柱水泥厂，老王工作了 15 年多。厂子离家很近，他上下班十分方便。普通员工、班组长、车间主任、化验室主任、供应科科长，在这里，他干过不少岗位的工作。刚开始时，月工资 300 多元。而当时，当地请零工的日工资是 5 元。后来，他所领取的工资不断上涨，多的时候月工资达 900 多元。这样，他家的经济收入状况也越来越好。

眼下，老王正在当地着手流转一些土地，准备扩大生态种养业。几年前，他流转荒山 150 亩，种植杉树苗。同时，在离家不远的地方，建了一个小型苗木基地，所种植的绿化观赏苗木有紫薇、红叶石楠等品种，共 1000 多株。

今年，黄材镇大力开展产业结构调整，为老王流转土地创造了良好条件。

"第一次有余粮的时候，觉得日子好到顶了。没想到生活一年比一年好。"老王笑着说，他准备流转土地 120 亩左右，以不适合种植水稻的高滩田为主。这些土地，他计划种植果树、中药材，并发展林下养殖业。今年冬天，将地翻耕整理到位。明天春天，便着手种植果树苗。他认定，适度规模的生态种养业，将有很好的发展前景。

（作者：李曼斯）

2018 年 12 月 3 日

文明花开醉攸州

——株洲市攸县发展成就巡礼

1. 传承文明，凝聚发展之力

秋天的余晖洒在巍巍罗霄山下，洣水河畔的三座古塔被染上一层金黄，远处有村居、炊烟、乡野，甚至能听到鸡鸣犬吠，好一幅意境深远的山水画。

这里是攸县，又称攸州、梅城。三座古塔始建于明万历年间，分别取名文明上塔、文明中塔、文明下塔，相传为当时的知县徐希明倡建，他曾就此挥毫写下"文采光明、文德辉煌、经天纬地、照临四方"。

尽管无法考证这是不是全国唯一的以"文明"集中命名的古塔群，但可以肯定的是，"文明"由此得以光大。

历经数百年的接续、演变，攸县逐渐形成了自己独有的文化气质——山水相依，其民聪慧好文，柔顺好礼。

新中国成立后，这片红色的土地从一穷二白起步，实现了从富起来到强起来的跨越，经济社会发生翻天覆地的变化，人民斗志昂扬奔小康。

近年来，在经济社会迅猛发展的同时，攸县人对文明表现出前所未有的渴望，相继推出了乡村大舞台、城乡同治、门前三小等创举，在中国城乡文明的进程中留下光辉的印记。

"没有文明的继承和发展，没有文化的弘扬和繁荣，就没有中国梦的实现。"2018年，中央决定在全国开展新时代文明实践中心试点工作，攸县抢抓机遇，入选湖南省13个试点县之一，开启了新的文明实践之旅。

攸县主要领导对此高度重视。县委书记康月林任县新时代文明实践中心主任，他一再强调："要让新时代文明实践中心成为全县上下学习宣传习近平新时代中国特色社会主义思想、培育和践行社会主义核心价值观的重要阵地，成为加强基层党建、密切党群关系的精神纽带，成为深入实施乡村振兴战略的有力抓手，成为创新社会治理模式的有效载体。"县委副书记、县长、县志愿服务总队队长苏涛多次表示，要坚持以人民为中心的导向金不换，积极推动文明实践工作深入开展。

文明实践的新风吹进攸州，一池春水泛起层层涟漪。

2019年2月28日，攸县新时代文明实践中心揭牌，攸县志愿服务总队成立。攸县新时代文明实践进入全面推进阶段。

短短半年多，攸县便以"健脑、强身、富民"为内涵，以县、镇（街道）、村（社区）、屋场四级为单位，迅速在县级建立了中心，17个镇（街道）建立了所、297个村（社区）建立了站，521个"门前三小"建立了点，同时开发新时代文明实践基地43处。

这些被群众称为"百姓之家"的文明实践场所，集理论宣讲、教育服务、文化服务、科技与科普、健身体育服务于一体。"这样全域式的网络覆盖，打通了文明实践的'最后一公里'，实现了群众在哪里，文明实践就延伸到哪里。"攸县县委宣传部部长梁天琛介绍。

在新时代文明实践中心的推动下，攸县掀起阵阵文明新风。社会主义核心价值观深入人心，党群关系更加密切，全县上下团结一心，各项工作稳步推进。

2. 转型升级，崛起实力之城

团结的力量一旦形成，必将擘画出更宏伟的蓝图。

作为典型的煤炭大县，攸县近年来面对从地下工业走向地面工业的极大挑战。怎么办？攸县不靠不等，主动作为，将生态文明建设摆在突出位置，持续推动绿色转型升级。

在关闭退出落后小煤矿的同时，攸县不断发展煤电能源、煤炭洗选、煤矸石制砖等精深加工，打造湘东南煤电能源基地。此外，积极支持企业改造重组，神农动物药业有限公司等企业纷纷淘汰老旧设备，引进新设备和新技术，开发新产品，并成功转型升级。

产业振兴首在工业振兴，攸县努力筹建攸县高新区、新市农产品加工区、网岭建材加工区和菜花坪来料加工区。目前，攸州工业园和网岭循环园成功进入省级园区，其中占地510.06公顷的攸州工业园入园企业已达115家。全县有规模以上工业企业281家、高新技术企业86家。

只有时刻保持紧迫感，才能在转型发展中占得先机。

今年8月27日，一支百人党政代表团从攸县出发，在两天内赴邵东、桂阳、资兴三地考察，看与标杆的差距，找发展的路径。

8月28日下午回到攸县后，代表团马不停蹄地组织召开了一个长达6小时的研讨会。最终会议达成一致意见，全县上下重点围绕产业项目建设，着力开展"百日攻坚大会战"，不断完善体制机制，精准招商，减费降负，确保项目建设高效推进，推动高质量发展。

产业转型带动了商贸业的繁荣。

近年来，攸县陆续兴建了攸州大都市、湘东汽贸城、湘东家具城、望云国际商贸城、步步高、肯德基、沃尔玛以及攸州义乌城等，已基本形成以湘东大市场、湘东家具城、湘东汽贸城、攸州义乌国际商品城等为主体的商贸服务体系。同时，乡村商贸服务得到优化，其中皇图岭农贸市场吸引醴陵、萍乡、攸县两省三市县的商贾，年成交额达2亿多元。渌田、新市、酒埠江、丫江桥镇商贾云集，生意兴旺。

不只是在工业、商贸领域奋力赶超，在农业产业化进程中，攸县也不甘落后。

近年来，该县按照"特色化、产业化、规模化、现代化、品牌化"的思路，全力打造优质稻、中药材、油茶、花卉园林、茶叶、麻鸭、皇猪、黑山羊等八大农业基地，形成"一镇一品""一村一品"的特色农业格局，农业产业实现跨越发展。

通过完善农村土地流转制度，利用"公司＋基地＋农户"等模式，该县农业生产方式已发生深刻转变。水稻、生猪、油茶、麻鸭等优势特色产业向优势地区集中。作为攸县"四大亿元产业"之一的花卉产业，现已建成云田花木、红旺园林、金叶花木等花卉苗木基地 42 个，发展种植大户 112 个，总面积逾 3 万亩，年创产值 15 亿元。创建金富、金岭、同发等专业合作社 10 个。近年来，该县引进新技术兴建的我省首个桑草猪养殖基地，经两年发展，已在坪阳庙等地形成 3 个养殖基地，年出栏桑草猪 1.5 万头。

目前，攸县已实现传统农业向现代农业、农业大县向农业强县的转变。截至 2018 年底，该县农业生产总值达 81.01 亿元，为 1949 年 0.49 亿元的 165 倍。

攸县还在"旅游+"上下功夫，努力打造"全景攸县"和大旅游格局。2018 年，全县接待游客突破 891 万人次，实现旅游综合收入 82.02 亿元。

今天，攸县已在多个领域跻身全国、全省先进行列。在最新出炉的中国中部县域经济百强中，攸县排名第 43 位。

3. 民生优先，打造幸福之地

10 月 21 日，攸县联星街道新建的高车头农贸市场建成并投入试运营，附近村民听闻后自发赶来庆贺，纷纷为政府作为点赞。

高车头农贸市场原本是一个马路市场，沿 315 省道而兴，辐射周边十多个村，店外铺摊、占道经营等现象十分严重，尤其是逢年过节和赶集的日子，道路根本无法通行，存在极大的安全隐患。群众就此反映过多次，但一直没有得到有效的解决。

　　"直面民生，应答民心。"在开展"不忘初心、牢记使命"主题教育中，攸县县委书记康月林要求，学以致用，对群众反映的"烦心事"，克服一切困难予以解决。高车头农贸市场的问题被再次提出来后，康月林带队实地调研后，成立项目指挥部，采取疏堵结合的方式对市场进行整治和搬迁改造。建成后的新高头农贸市场占地1200平方米，共有摊（铺）86户，完全满足了周边村民的日常购物需求。

　　这只是攸县坚持以民为本、民生优先的一个缩影。

　　新中国成立70年来，攸县城乡居民的生活水平得到大幅改善。目前，攸县人均住房面积由新中国成立之初的不到10平方米，发展到超过100平方米。无论是城市，还是乡村，一排排、一座座崭新的楼房随处可见。室内的自来水随开随流，电灯随开随亮，电讯随用随有。尤其是新农村建设中的新农家的小果园、小鱼塘、小菜地、小林场别有风味。县城先后建成了海康花园、龙形花园、梅城花园、富康花园、云升山庄、丽水山庄等小区，居住条件彻底得到改善。

　　攸县"衡之径庭、潭之门户"的名声更加响亮。106国道、吉衡铁路、醴茶铁路、岳汝高速、衡炎高速公路、省道S212、S315、安攸互通连接线等穿境而过，县乡公路纵横交错，四通八达，乡乡通油路、村村通水泥路，人均拥有公路里程排名位居全省前列。

　　新中国成立初期，攸县县城面积不足2平方公里，经过70年的发展，攸县县城将步入40平方公里、40万人口。洣江风光带游人如织，攸州公园、文化广场成为湘东南赣西北最大最漂亮的休闲场所。

除此之外，攸县坚持从群众最关心关注的脱贫、就业、就医、就学等方面入手，每年投入70%以上的财力用于民生改善，使发展成果普惠群众。

近几年来，攸县将脱贫攻坚作为头等大事来抓，四大家领导、100多个县直单位和镇、村的党员干部，按照"包干到户、包干到底、脱贫为止"的原则，与贫困户结成"一对一""一对多"的帮扶对子。同时严格制度，对各级帮扶干部不能如期脱贫的实行"一票否决"。截至目前，该县已完成15个省级贫困村脱贫摘帽任务，帮助29685名贫困人口稳定脱贫，全县贫困发生率降至0.44%。

看病难、看病贵问题在攸县得到了有效缓解。目前，该县平均每万人拥有卫生技术人员、病床由1978年的21.99、15.16增至2017年的23.8、51.6，群众就医水平不断提升。

通过大力实施教育强县方针，该县群众小学、初中、高中普及率分别由1978年的54.93%、16.38%、6.22%提升至2018年的100%、99.34%、97.74%。

近年来，攸县先后获得全国粮食生产先进县、全国科技进步先进县、全国绿化模范县、国家园林县城、湖南省经济十强县、国家文明城市提名城市。

今天，漫步攸县县城，产业项目推动有力，商贸市场活跃空前，经济高质量发展高唱凯歌。而在广袤的乡村，目光所及，青山绿水，生机勃勃，"幸福攸县"看得见、摸得着。

70年传承发扬、文明花开，昔日的湘东小镇已成为县域经济的典范，交出一份满意的答卷。

70 年厚积薄发、转型升级，在新时代文明实践的指引下，砥砺奋进的攸县必将开创新的辉煌。

（作者：李永亮、吴辉兵、李金彪）

2019 年 10 月 29 日

五彩醴陵展芳华

——株洲市醴陵发展成就巡礼

醴陵是一座千年古城。拥有"中国陶瓷历史文化名城"和"中国花炮之都"之称。

陶瓷是醴陵的支柱产业。近年来，该产业的提质升级蹄疾步稳。全市已由单一的日用瓷升级拓展到日用瓷、电瓷、工艺瓷、工业陶瓷、新型陶瓷五大类 5000 多个品种。电瓷产量占全球的近三分之一，日用瓷产量占全球的 11.7%。日用陶瓷产量由 1949 年的 1513 万件发展到 2018 年的 1222024 万件。工业陶瓷从无到有，2018 年产量达 119 万吨。先进陶瓷材料入选湖南省 20 个工业新兴优势产业链。成功创建全国首个出口电瓷质量安全示范区、全国第二个出口日用陶瓷质量安全示范区。

9 月 3 日，醴陵第一所大学——湖南工业大学醴陵陶瓷学院竣工开学，筑起了醴陵陶瓷产学研一体化的实用型人才培养高地，为醴陵千年陶瓷产业注入新的生机与活力，这里的师生将带着千年使命，驶向更加光明的未来。

"东风夜放花千树。"醴陵的特点不止于瓷，这里也是花炮祖师李畋的故里，而李畋是改变世界的百位产业巨匠之一。

千年产业沉淀伟大的工匠精神。

经过70年的发展，醴陵抢抓机遇、大胆革新，目前，醴陵烟花爆竹产业机械化应用率已超过70%，爆竹生产涉药工序100%实现机械化。其中建成烟花自动化生产线7条，爆竹自动化生产线1条。"机器换人"，让传统产业实现了"老树发新枝"。如今，醴陵花炮产品已达4000余种，2018年实现量产5712万箱，从业人员超过10万人，创造的财富超过300余亿元。

会展作为一种新兴经济形态，已成为经济新增长点。近年来，醴陵在改造传统产业、提升竞争力的同时，加快战略性新兴产业发展，培育新的经济增长点。先后成功举办多届"陶瓷产业博览会""烟花爆竹博览会"。9月28日，2019湖南（醴陵）国际陶瓷产业博览会在醴陵举行，吸引国内外400余家企业参展，其中，有58家企业是来自美国、加拿大、英国等21个国家，开幕当天还举行了项目签约仪式，签约项目38个，总金额达128.6亿元。

种种数据显示，瓷博会、烟博会等会展经济已然成为醴陵经济新的增长点，据测算，对经济增长的贡献率达到44.3%。

与此同时，醴陵还依托旗滨玻璃，引进一批玻璃深加工及其配套项目，打造东富玻璃产业园；积极对接，主动融合，加快汽配园发展；以船湾镇获评"中国职业服装名镇"为契机，对接株洲千亿服饰产业集群，建设服饰工业园；醴陵正以多极支撑体系推动新型工业化进程。

今年8月22日，醴陵市近200家次企业、单位和个人获得奖励或补助共计 892.6 万元。据统计，醴陵市自实施产业突围"四个十条"政策两年多来，共兑现奖补金达 1.4 亿元，惠及企业 900 余家次。

营商环境是基础，优良服务是根本。

交通便利，区位优势明显。市区距江南最大的货运编组站株洲火车站 40 公里，距长沙黄花国际机场 40 分钟车程。"三高"（沪昆高速、岳汝高速、莲株高速）、"三铁"（沪昆高铁、沪昆铁路、醴茶铁路）在此交织成网，106 国道、333 省道纵横交错，沪昆高铁在醴设站，渌江 500 吨级航道直达湘江，是唯一拥有海关、商检、铁路口岸和危险品储运火车站的县（市）。

（作者：刘海龙、李景兰、何俊明等）

2019 年 9 月 30 日

莲乡儿女的"二次创业"

——湘潭县进军全国百强县纪实

"江边有个湘潭县"——壮县之名激荡百年。

进军全国百强县,首先得有勇气和信心。王闿运曾在《湘潭县志》(光绪刊)中说湘潭县是"天下第一壮县"。作为史学大家的王闿运用一个"壮"字概括了湘潭县昔日的辉煌,是很准确的。

信心和勇气来自得天独厚的优势。这里矿产资源丰富,海泡石、大理石、石膏等资源位居全国各县(市、区)前列,海泡石储量占全世界已探明的2/5。这里还是全国有名的食药加工基地,产品畅销国内外。

这里坐拥一江两水,水利资源充足;青海西宁风电东输在县内射埠镇建站;湘江黄金水道拥有千吨级码头;天易、武广、芙蓉、大鹏等道路纵横交错;潭衡高速县境有4个互通连接东西,武广高铁、沪昆高铁、城际轻轨绕城而过;长沙黄花国际机场40分钟可至,水陆空交通便利,区位优势明显。

这里人文旅游资源丰富,全域旅游发展势头强劲,彭德怀元帅故里正在创建5A级景区,世界文化名人齐白石故里正在创建省级风景名胜区。梅林、花石、青山桥等一批特色小镇正在壮大。

位于湘江之滨的湘潭县，在城市化进程中，又是一个独特的存在，它是一个农业强县。"百里莲乡，接天莲叶无穷碧，映日荷花别样红；万亩田畴，喜看稻菽千重浪，稻花香里说丰年。"这是湘潭县人的幸福，有田，有地，又丰年。这是农业大县湘潭县的魅力所在。

王闿运的笔写不着湘潭县的未来，未来却已经到来。湘潭县主要负责人讲述了湘潭县近40年的发展变化：2018年，湘潭县实现地区生产总值443.6亿元，是1978年的214倍；财政总收入达到28.7亿元，是1978年的148倍；固定资产投资接近200亿元，社会消费品零售总额即将破100亿；城镇居民人均可支配收入、农民人均可支配收入分别达到34843元、18435元。今日"壮县"的体量、内涵、品质、居民幸福指数已今非昔比。

2019年1~10月，湘潭县地区生产总值同比增长8%，固定资产投资增速同比增长16%，全口径税收收入同比增长3.01%，地方税收同比增长10.4%。前三季度，完成规模工业产值同比增长12.25%，完成规模工业增加值同比增长9.1%，增加值增速高于全市平均水平0.6个百分点，完成工业投资同比增长14.1%，社会消费品零售总额同比增长10.4%。城镇居民人均可支配收入达到37561元，同比增长7.8%。农民人均可支配收入达到20039元，同比增长8.7%。"三大攻坚战"、乡村振兴、民生改善持续推进。湘潭县域经济综合实力稳居全省县域经济十强县行列，由"壮县"向"强县"迈出了关键性的一步。

"爱拼才会赢"——进军全国百强蹄疾步稳。

这片热土上的儿女最能"敢教日月换新天"，进军全国百强县，拼的正是这种精神。

1995年，县治移址易俗河。建设之初，白手起家，湘潭县委、县政府大胆解放思想，打破常规，通过集、募、投、引、争、卖、淘、换等方式筹资，一顿操作"猛如虎"，10万民兵以"敢教日月换新天"的精神，硬是在荒地上建起了新县城。

如果说兴建新县城是湘潭县儿女的"第一次创业"，那么进军"全国百强县"就是湘潭县儿女的"第二次创业"。"敢教日月换新天"的精神一脉相承，正在融入进军"全国百强县"的具体工作中。湘潭县于2016年全县第十二次党代会上提出了坚定不移挺进"全国百强县"的目标，成立了挺进"全国百强县"工作领导小组，以上率下统筹推进"百强"工作。

干就要干出个样子。湘潭县以"百强县"评价标准统领全县工作，制定了年度百强发展目标和未来三年发展目标及行动方案，对相关评价指标明确了推进责任单位，将工作完成情况纳入绩效考核，做到责任主体明确、工作要求明确、工作时限明确，促进百强发展目标的实现，工作管理的"闭环"由此形成。

不打无准备之仗。湘潭县深入了解评价体系，分析研判县域县情，摸清了进军"全国百强县"的底子，明确了差距和短板并集中攻坚。湘潭县借势借力，乘着国家推动长江经济带发展、省委启动湘南湘西承接产业转移示范区建设及推进长株潭一体化发展的势头，借助专家力量，主动对接，就县域经济发展概况、进军"全国百强县"总体构想以及县委、县政府推进县域发展总体思路、具体举措与相关专家进行沟通交流，邀请他们到天易经开区、花石镇、青山桥镇考察企业发展和项目建设情况并进行精准指导。专家组认为湘潭县"幸福莲乡""强工富农"等发展思路与评选"百强县"理念契合，肯定了湘潭县县域经济发展有特色、有基础、较全面，使全县百万人民的信心更加坚定。同时，专家组指出了湘潭县域产业发展仍存在"有山无峰"的问题，建议做大做强现有企业，提出了"招商引资要注重招大招强，要利用好区位、文化、教育、生态等县域优势，保持县域经济高质量发展"等建议。县委、县政府高度重视，召集相关部门，全面深入了解了其评价指标体系及挺进"全国百强县"门槛参考值，将该县情况与"全国百强县"门槛参考值进行比较，集中研究工作措施。

通过"走出去，请进来"，湘潭县党员干部思路更清晰了，眼界打开了，进军"全国百强县"的步伐也更加坚定了。2019年，县委经济工作会议提出了发展经济的总体思路和目标任务。全年来，县委、县政府统筹全局，扭住重点，推进了七个"聚焦"的落地落实。

聚焦"三大攻坚"，打好防范化解重大风险攻坚战、精准脱贫攻坚战、污染防治攻坚战，推动了成果再巩固。聚焦"实体经济"，打造园区主阵地，发展产业主引擎，培育企业主力军，推动了质量再提升。聚焦"乡村振兴"，发展现代农业，推动基础建设，推进三产融合，发展特色乡镇，推动了"三农"再夯实。聚焦"三创一治"，创建全国文明城市、国家卫生县城、国家园林县城，抓好农村人居环境整治，推动了城镇再提质。聚焦"五大竞赛"，组织项目建设竞赛、争支争项竞赛、行政执法竞赛、招商引资竞赛、工作创新竞赛，推动了活力再激发。聚焦"改革创新"，深化行政审批改革、行政管理改革、农业农村改革，推动了瓶颈再破解。

聚焦"公共服务"，坚持教育优先发展，加快健康莲乡建设，繁荣发展文化事业，着力改善社会保障，切实加强社会治理，推动了民生再改善。

"我要飞得更高！"——从江南"壮县"到"全国百强县"。

"壮县"的提出是在农业社会，而在现代经济体系下，"全国百强县"比的是综合实力，走高质量发展才能在比拼中成为强者。

在工业产业上没有"山峰"，就打造"山峰"，天易经开区就是"山峰"。湘潭县加快了"一区多园"发展进程，推进湘潭天易经开区的建设发展，2018 年全省产业园区综合评价中排名第 16 位，超过 8 家国家级开发区，在省级经开区序列中居第 3 位，连续 7 年在全省园区综合评价中稳居第一方阵。2019 年 1～10 月，园区完成技工贸收入 810 亿元，完成工业总产值 580.3 亿元，完成财政收入 21.10 亿元，规模工业增加值、固定资产投资等主要经济指标增速在全市排名前列。园区招商引资项目 45 个，过亿元项目 8 个；打响项目建设"百日攻坚战"，落实领导干部联企业、联项目制度及"五个一"工作机制，用心、用情、用力帮助企业解决问题和困难。优化服务方式，投入运营湘潭县中小微企业公共服务平台线下实体窗口，出台关心企业成长的实施方案、"服务企业三年行动"方案等文件和推进民营经济发展的引导政策和扶持措施，积极开展企业帮扶。深化商事制度改革，优化营商环境，推进"一件事一次办"改革，创新举措"就近办"，主动作为"用心办"，加班加点"担当办"，助推乡村振兴"上门办"。在天易经开区的引领辐射下，杨河工业园、青山皮鞋工业园、茶恩竹木工业园等乡镇园区成为县域发展的重要力量。在工业产业布局上，形成了群山环抱"天易"主峰之势。

抓住工业产业的"金饭碗"，农业的"铁饭碗"也要握得牢。数据为证：湘潭县实施乡村振兴战略，制定全县"一镇一品"工程指导规划，深化农业供给侧结构性改革，加快推进农业农村现代化。2018年，该县调整种植结构面积12.14万亩，流转耕地面积46.92万亩，位居湘潭市第一，农民专业合作社达到1873家，家庭农场达到1220家，梅林桥、天马、碧泉潭三个现代农业示范园建设加速推进，新增规模农产品加工企业5家；完成规模农产品加工总产值270亿元，"湘潭湘莲"成功获评"湖南省十大农业公共区域品牌"；农村电商平台建设加快，形成了比较完善的电商体系，与京东、阿里巴巴等电商巨头对接，农村淘宝项目已开通68个村级服务站，销售额已过5000万元，农村商贸综合服务体入驻供应商达30余家，各乡镇门店达2400余家，销售额突破2亿元；通过"农业+旅游"模式,政府搭台开展多个旅游节会,旅游品质提升,2018年旅游综合收入达57.7亿元。2019年,主要指标稳中有进,完成粮食生产总面积123.1万亩,粮食总产58.17万吨;完成结构调整7.04万亩,超额完成省市下达的任务;园区建设统筹推进,梅林桥、天马、碧泉潭等农业示范园成效显著;特色产业势头良好,花石镇获评全省首批十个农业特色小镇(湘莲小镇);"品牌强农"工程稳步实施,各类市级以上龙头企业47家,其中省级12家,省农业农村厅指定仙女竹业有限公司申报国家级龙头;打造乡村旅游休闲、户外运动体验及文化旅行产品,开展各类节会营销活动,1~10月实现旅游综合收入56.8亿元,同比增长12%。

可持续发展才会有可持续的竞争力。有了"金饭碗"和"铁饭碗",莲乡儿女还要留住绿水青山。湘潭县作为全国首批创建国家森林城市的县级单位,以创建国家森林城市为抓手,交出了一份"绿色成绩单":2019年,湘潭县共完成营造林8.008万亩。建成石鼓顶峰寒梅园、乌石彭德怀故里红枫园、齐白石故居杏花园、梅林桥桃花园,107国道绿色走廊的"四片一走廊"规划布局。全县森林覆盖率达46.3%,森林蓄积量增长率达4%,达到并超过全面小康指标。《国家森林城市建设总体规划》顺利通过国家级专家评审,成功申报首个省级生态文明教育基地。

要飞得更高,就要有更大的"朋友圈"。开放的湘潭县正在加紧"创新引领、开放崛起"的步伐。2019年,深入推进招商引资工作,1~10月共引进新项目76个,过亿元项目11

个，引进 500 强企业 4 个。对外输出劳务人员 3640 人次，完成劳务合作营业额 8190 万美元，同比增长 28%。前三季度引进到位省外境内资金 53.05 亿元，实际利用外资 12787 万美元，完成率均居全市县市区第一；完成进出口总额 16980 万美元，同比增长 29.7%。深入开展招商引资竞赛，前往广东、北京、上海等地开展招商推介和项目洽谈 100 余次，小分队考察和对接企业、项目和知名人士 300 余次，策划包装 33 个有市场潜力、技术含量高的招商引资项目。多措并举兴外贸，成功引进外向型企业 6 家，组织企业参加日本国际食品和饮料展、首届中非经贸博览会等境外展会 9 家次，境内国际性展会 20 家次。

2019 年，湘潭县成功通过国家卫生县城创建公示。

2020 年，是全面建成小康社会和"十三五"规划收官之年，这一年将实现第一个百年奋斗目标。同时，挺进"全国百强县"和创建"全国文明城市"也进入冲刺阶段。目标已明确，号角已吹响，湘潭县将在习近平新时代中国特色社会主义思想的指引下，攻坚克难，奋勇前行，为第一个百年奋斗目标的实现注解莲乡人民的智慧与激情！

（作者：曾佰龙、张宁波、刘智勇、胡雨清）

2019 年 12 月 12 日

湘乡发展兴工兴农双振兴

在湘乡 2000 多年的文明史中，新中国成立 70 年来的辉煌历程，是其中最为华丽动人的篇章。

1949 年 8 月 13 日，湘乡和平解放，楚南重镇获得新生；1978 年，改革春潮涌动湘乡，涟水两岸焕发新风采；1987 年 9 月 12 日，湘乡撤县建市，龙城大地驶向发展快车道；党的十八大以来，在习近平新时代中国特色社会主义思想的指引下，湘乡人民万众一心、众志成城，以更加豪迈的情怀，以更加矫健的步履，阔步踏上新征程。

回望七十年，沧桑巨变看今昔。

湘乡的经济更强了：2018 年，实现国内生产总值 448 亿元，是新中国成立之初的 435 倍。湘乡的群众更富了：2018 年，农村居民人均纯收入 18100 元，是新中国成立之初的 360 倍。湘乡的城乡更美了：2018 年，湘乡城区建成区面积近 30 平方公里，是新中国成立之初的 30 倍。

风雨七十载，如椽巨笔写春秋。

70 年来，在上级党委的领导下，历届湘乡市（县）委带领公诚勤俭、敢为人先的百万湘乡人迎难而上，开拓进取，奋力前行，从温饱不足到迈向全面小康，从封闭落后到开放繁荣，从粗放增长到高质量发展，为湘乡发展史增添了最浓墨重彩的一笔。

用改革开路，蹚出湘乡发展新天地。

2019年9月9日，湘乡市委常委会会议成员来到红军优秀将领、无产阶级革命家、军事家黄公略同志的故居，开展"不忘初心、牢记使命"革命传统学习教育。湘乡市委书记彭瑞林指出，要传承红色基因，弘扬革命精神，坚定理想信念，牢记初心使命，推动主题教育走深、走实，以苦干实干的奋斗姿态、抓铁有痕的工作作风，为建设实力湘乡、打造幸福龙城，创建全国文明城市贡献力量。

不忘初心，牢记使命。新中国成立70年来，历届湘乡市（县）委领导班子牢记初心不忘本、肩担使命走在前，在这片红色土地上不断解放思想、自我革命，用改革开路，蹚出湘乡发展新天地。

"改革不走在前面，发展一定会落在后面。"湘乡市委书记彭瑞林的话掷地有声。进入新世纪特别是党的十八大以来，湘乡市委、市政府高举开放包容、变革创新的改革旗帜，破除体制机制的壁垒，突破利益固化的藩篱，在以往想改改不动的重点领域和关键环节推出了多项改革方案，多点突破，次第开花。

"省级新型城镇化试点县""省产城融合试点县""政府投融资平台转型发展试点""高标准农田建设综合改革试点"等，湘乡一方面主动出击争取各项改革举措落地，先行先试；另一方面在经济、社会、民生等各领域大刀阔斧改革，激发活力，不动产登记改革、公益诉讼改革、医疗卫生体制改革、财税体制改革、投融资体制改革、供给侧结构性改革、公车改革等多项改革走在湖南乃至全国前列。

以实干为荣，推动经济社会跨越发展。

近年来，湘乡市委、市政府坚定不移实施工业强市发展战略，大力推进新型工业化，促进工业总量扩张、结构调整和布局优化。2018年，湘乡获评湖南省经济强县，规模工业企业达237家，实现规模工业总产值950.51亿元，是新中国成立之初的2万倍。

农业经济跨越发展，从牛耕人种到农业园区化、园区景区化和农旅一体化。

近年来，湘乡市向绿色要动能，加快推进传统农业转型升级，提升农业质量效益和品牌竞争力。2018年，湘乡市农林牧渔业总产值83.3亿元，农业发展方向从增产转向提质，全力打造以"精品农业、优质果蔬、体验观光农业"为特色的"东郊乡、泉塘镇、白田镇"现代农业示范园。目前，全市共有农民合作社1011家、家庭农场457个、湘潭市级以上龙头企业35家。

交通建设突飞猛进，从羊肠小路到纵横交错的现代化交通路网。"苦干三年，基本建好城乡主干道。"2013年，湘乡市新一届政府向全市人民的承诺掷地有声。党委、政府的决心，激发了广大干部职工的干劲，湘乡的交通建设由此拉开了史无前例的序幕。三年建好城乡主干道的承诺兑现后，2017年2

月，湘乡市委、市政府再次狠下决心：再苦干三年，建好城际快车道。

城乡面貌焕然一新，从"三街九巷十八弄"到省级文明城市。

新中国成立 70 年来，湘乡始终坚持以城乡统筹为抓手，一任接着一任干，在涟水两岸挥毫泼墨、绘就山水洲城相融的现代都市"大写意"的同时，在东台山下精雕细琢，绘制了宜居宜业人民幸福的"工笔画"，一幅山、水、洲、城完美融合的现代都市全景图扑面而来。

近年来，湘乡市一边全力推进东山新城建设，一边加快老城改造，实施精细化管理，成功创建省级文明城市、省级卫生城市、省级园林城市，正全面开启创建全国文明城市新征程。

百姓幸福感显著提升，从贫穷落后到全省为民办实事优秀单位。

意莫高于爱民，行莫厚于乐民。让湘乡人的幸福指数越来越高，传递着党委、政府爱民的巨大诚意。让发展更有温度，让幸福更有质感。2016 年 9 月，湘乡市第七届一次党代会确立了建设实力湘乡、打造幸福龙城的发展定位。让人民幸福是一个地方发展的根本目标，湘乡市委、市政府战略定位高瞻远瞩、温暖民心。

（作者：何兴安、左清娟、肖晔）

2019 年 9 月 29 日

附　录

附录一

《长株潭一体化三十五年文献选编》目录

一 一体化提出及初步试验

在湖南省人民政治协商会议第四届第六次会议上省政协委员
　　张萍提出关于长株潭一体化建设的建议（1982 年 12 月
　　28 日）

中共湖南省委常委会议纪要（第六十六次）——关于建立长
　　沙、株洲、湘潭经济区的问题（1984 年 12 月 18 日）

长株潭经济区规划办公室 1986 年工作总结报告（1986 年 9 月
　　10 日）

国家计划委员会国土地区司关于开展长株潭区域规划报告的复
　　函（1991 年 7 月 8 日）

湖南省人民政府办公厅关于同意《长株潭区域规划工作方案》
　　的批复（1992 年 7 月 1 日）

长株潭区域开发总体规划（1991 – 2010）

二 以五同为主的一体化

关于编制长株潭经济一体化五个专题规划的工作方案和建议的
　　汇报湖南省计划委员会（1998 年 7 月 20 日）

中共湖南省委办公厅、湖南省人民政府办公厅关于成立湖南省
　　长株潭经济一体化发展协调领导小组的通知（1998 年 9 月
　　12 日）

在 1999 年长株潭经济一体化发展座谈会上的汇报湖南省计划
　　委员会（1999 年 2 月 25 日）

在 2001 年长株潭经济一体化工作会议上的汇报湖南省计划委
　　员会（2001 年 8 月 26 日）

在 2003 年长株潭经济一体化工作会议上的汇报湖南省计划委
　　员会（2003 年 8 月 7 日）

湖南省人民政府办公厅关于调整湖南省长株潭经济一体化发展
　　协调领导小组成员的通知（2003 年 8 月 8 日）

湖南省人民政府令《湘江长沙株洲湘潭段开发建设保护办法》
　　（2003 年 8 月 18 日）

在 2004 年长株潭经济一体化暨"一点一线"地区加快发展
　　座谈会上的汇报湖南省发展和改革委员会（2004 年 10
　　月 14 日）

湖南省人民政府关于印发《长株潭城市群区域规划》的通知
　　（2005 年 8 月 2 日）

在 2005 年长株潭经济一体化暨"一点一线"地区加快发展
　　汇报会上的汇报湖南省发展和改革委员会（2005 年 11

三 两型社会建设改革试验为主的一体化

20 日）

在中共湖南省委常委扩大会议上的讲话周强（2008 年 5 月 20 日）

湖南省人民政府关于印发《湘江流域水污染综合整治实施方案》通知（2008 年 5 月 25 日）

湘江流域水污染综合整治实施方案

湖南省人民代表大会常务委员会关于保障和促进长株潭城市群资源节约型和环境友好型社会建设综合配套改革试验区工作的决定（2008 年 7 月 31 日）

国务院关于长株潭城市群资源节约型和环境友好型社会建设综合配套改革试验总体方案的批复（2008 年 11 月 22 日）

湖南省人民政府办公厅关于在长株潭三市开展土地征收改革试点的通知（2008 年 12 月 26 日）

湖南省人民政府关于印发《长株潭城市群资源节约型和环境友好型社会建设综合配套改革试验总体方案》的通知（2009 年 1 月 21 日）

长株潭城市群资源节约型和环境友好型社会建设综合配套改革试验总体方案

长株潭城市群区域规划（2008 – 2020 年）

在中共湖南省委常委扩大会议上的讲话　张春贤（2009 年 6 月 19 日）

在中共湖南省委常委扩大会议上的讲话　周强（2009 年 6 月 19 日）

湖南省人民政府办公厅关于印发《长株潭"两型社会"建设改革试验区重大建设与改革项目表》的通知（2009 年 9

湖南省人民政府批转省两型办等单位《关于在长株潭两型社会建设综合配套改革试验区推广清洁低碳技术的实施方案》的通知（2012年12月5日）

关于在长株潭两型社会建设综合配套改革试验区推广清洁低碳技术的实施方案

湖南省人民政府关于《长株潭城市群"两型社会"建设综合配套改革试验区资源节约体制改革专项方案》的批复（2013年1月14日）

湖南省人民政府办公厅关于印发《湖南省长株潭"两型社会"试验区建设管理委员会主要职责内设机构和人员编制规定》的通知（2013年2月23日）

在全省两型社会建设工作会议上的讲话徐守盛（2013年7月12日）

在全省两型社会建设工作会议上的讲话杜家毫（2013年7月12日）

中国人民银行、国家发展和改革委员会、财政部、中国银行业监督管理委员会、中国证券监督管理委员会、中国保险监督管理委员会等关于印发《长株潭城市群金融改革发展专项方案》的通知（2013年9月18日）

湖南省人民政府办公厅关于印发《湖南省湘江污染防治第一个"三年行动计划"实施方案》的通知（2013年11月15日）

四 多个试点示范的一体化

湖南省人民政府办公厅关于在湘江流域推行水环境保护行政执
　　法责任制的通知（2015 年 12 月 15 日）

科技部关于印发《长株潭国家自主创新示范区发展规划纲要
　　（2015 – 2025 年）》的通知（2016 年 2 月 1 日）

湖南省人民政府办公厅关于印发《湖南省湘江保护和治理第二
　　个"三年行动计划"（2016 – 2018）实施方案》的通知
　　（2016 年 4 月 11 日）

湖南湘江新区发展规划（2016 – 2025 年）（2016 年 4 月 22 日）

湖南省财政厅、湖南省长株潭"两型社会"试验区建设管理委
　　员会、湖南省科技厅等六部门关于印发《湖南省政府采购
　　两型产品认定办法》的通知（2016 年 5 月 19 日）

工业和信息化部关于长株潭创建"中国制造 2025"试点示范
　　城市群的批复（2016 年 11 月 30 日）

中共湖南省委、湖南省人民政府《关于全面深化长株潭两型
　　试验改革加快推进生态文明的实施意见》（2016 年 12 月
　　13 日）

长株潭国家自主创新示范区建设工作领导小组关于印发《长株
　　潭国家自主创新示范区建设协调议事工作规则》的通知
　　（2017 年 2 月 18 日）

湖南省人民政府办公厅正式印发实施《长株潭国家自主创新示
　　范区建设三年行动计划（2017 – 2019 年）》的通知（2017
　　年 4 月 6 日）

工业和信息化部关于衡阳市纳入长株潭"中国制造 2025"试
　　点示范城市群的批复（2017 年 4 月 17 日）

附录二

打造高品质具有国际影响力的城市群绿心，长株潭"绿心"全新总体规划出炉

长株潭一体化正加快推进。

近日，湖南省发改委发布了《长株潭城市群生态绿心地区总体规划（2010－2030）（2018年修改）》（简称《总体规划》），明确将在规划期内，把生态绿心地区建设成为长株潭城市群的生态屏障和高品质具有国际影响力的城市群绿心。

打造高品质具有国际影响力的城市群绿心。

总面积约528.32平方公里，划分14个片区。

据介绍，湖南省曾于2011年发布《长株潭城市群生态绿心地区总体规划（2010－2030年）》。为适应新时代、新要求，按照省委、省政府要求，省发改委、省自然资源厅于今年8月组织了听证会征求意见，并基于"认知回归、精度提升、尊重史实、刚性弹性相结合"四个维度修改发布了《总体规划》。

按《总体规划》，生态绿心地区位于长沙、株洲和湘潭三市交会地区，北至长沙绕城线及浏阳河，西至长潭高速西线，东至浏阳镇头镇，南至湘潭县易俗河镇，总面积约528.32平

方公里。

生态绿心地区总体分区以行政区划管辖为准则，划分 14 个片区。包括长沙市的坪塘片区、暮云片区、同升片区、跳马片区、柏加—镇头片区 5 个片区，湘潭市的九华片区、昭山片区、岳塘片区、湘潭高新片区、易俗河片区 5 个片区，以及株洲市的天元片区、白马垄片区、云龙片区、荷塘片区 4 个片区，实现绿心地区全域管理与控制。

规划形成"一心六组团"的空间结构。一心，即以绿心中间的昭山、石燕湖等大型生态斑块组合成为生态核心。六组团，分昭山、岳塘、暮云、同升—跳马、柏加、白马垄 6 个组团。

按《总体规划》，生态绿心地区将在规划期内，力争建设成为"生态文明样板区、湖湘文化展示区、两型社会创新窗口、城乡融合试验平台"，打造成为高品质具有国际影响力的城市群绿心。

禁止并退出工业项目，严控房地产开发。

发展生态农业、旅游休闲业、高端现代服务业、创新型孵化型产业。

此次修改后的《总体规划》明确，将严格控制绿心区域的房地产开发，避免吸引外来人口造成规模的突破。规划至 2030 年，绿心地区城乡常住人口总量控制在 39 万人以内。区域内禁止工业和其他可能造成环境污染的建设项目，工业和其他可能造成环境污染的建设项目应当退出。

《总体规划》分生态保护与建设、环境保护、历史文化遗产保护、城乡融合与美丽乡村建设、产业发展与布局、综合交通、基础设施、公共服务设施、综合防灾减灾等九大领域，对"绿心"进行了具体规划。

绿心地区发展绿色产业，包括生态农业、旅游休闲业、高端现代服务业、创新型孵化型产业。区内产业发展应坚持"四个有利于"的发展方向，即发展有利于绿心保护条例实施的产业，有利于绿心生态保护的产业，有利于长株潭一体化提升的产业，有利于绿心保值增值的产业。

为加快长株潭一体化，将新规划昭山通用航空点、预留渝长厦快速铁路联络线等综合交通设施。

（作者：邓晶琎）

2019 年 9 月 23 日

图书在版编目（CIP）数据

现代化长株潭大都市圈／张萍编著. -- 北京：社会科学文献出版社，2020.10
ISBN 978 - 7 - 5201 - 7395 - 7

Ⅰ.①现…　Ⅱ.①张…　Ⅲ.①城市群－区域经济发展－研究－湖南　Ⅳ.①F127.64

中国版本图书馆 CIP 数据核字（2020）第 186842 号

现代化长株潭大都市圈

编　　著／张　萍

出 版 人／谢寿光
组稿编辑／邓泳红
责任编辑／吴云苓　张　超

出　　版／社会科学文献出版社·皮书出版分社（010）59367127
　　　　　地址：北京市北三环中路甲29号院华龙大厦　邮编：100029
　　　　　网址：www.ssap.com.cn
发　　行／市场营销中心（010）59367081　59367083
印　　装／三河市东方印刷有限公司

规　　格／开　本：880mm×1230mm　1/32
　　　　　印　张：16.5　字　数：349千字
版　　次／2020年10月第1版　2020年10月第1次印刷
书　　号／ISBN 978 - 7 - 5201 - 7395 - 7
定　　价／168.00元

本书如有印装质量问题，请与读者服务中心（010 - 59367028）联系